中青年经济学家文库

浙江省高校人文社科重点研究基地"决策科学与创新管理"资助（项目编号：RWSKZD02～201101）

教育部人文社会科学研究规划基金项目资助（项目编号：13YJA630074）

中小企业网络组织生态运行演化机制研究

沈运红 著

经济科学出版社

图书在版编目（CIP）数据

中小企业网络组织生态运行演化机制研究/沈运红著.
—北京：经济科学出版社，2013.9
（中青年经济学家文库）
ISBN 978 - 7 - 5141 - 3855 - 9

Ⅰ.①中…　Ⅱ.①沈…　Ⅲ.①中小企业 - 企业管理 -
研究　Ⅳ.①F276.3

中国版本图书馆 CIP 数据核字（2013）第 237088 号

责任编辑：李　雪
责任校对：隗立娜
责任印制：邱　天

中小企业网络组织生态运行演化机制研究
沈运红　著
经济科学出版社出版、发行　新华书店经销
社址：北京市海淀区阜成路甲 28 号　邮编：100142
总编部电话：88191217　发行部电话：88191537
网址：www.esp.com.cn
电子邮件：esp@esp.com.cn
北京汉德鼎有限公司印刷
华玉装订厂装订
710×1000　16 开　14.5 印张　300000 字
2013 年 9 月第 1 版　2013 年 9 月第 1 次印刷
ISBN 978 - 7 - 5141 - 3855 - 9　定价：49.00 元
（图书出现印装问题，本社负责调换。电话：88191502）

前　言

世界各国的实践和历史证明，中小企业对国民经济和社会发展具有重要的战略意义，在增加就业、促进经济增长、科技创新与社会和谐稳定等方面，具有不可替代的作用。各国对中小企业普遍比较重视，但中小企业是社会经济组织中的弱势群体，其生存和发展一直是一个世界性的难题。近年来，随着信息技术的发展、经济全球化以及消费的多样化，特别是社会经济活动的社会化、网络化、电子化、虚拟化，为中小企业提供了广阔的生存和发展空间。中小企业的网络化发展，是解决中小企业资金、技术、人才弱势的一条重要途径，在一些国家和地区显示出了极强的活力和市场竞争力，受到了广泛应用和研究。中小企业网络组织在深化专业分工、节约交易成本、共享企业资源和核心竞争力等方面发挥着积极的促进作用。

本书将生态学理论运用到中小企业网络组织的相关研究中，结合演化经济学、社会网络理论、复杂网络理论、博弈论等工具，系统分析了中小企业网络组织的生态运行演化机制。在此基础上，结合国内外中小企业网络组织生态发展的成功经验和前期理论研究基础，给出了浙江纺织产业创新网络的生态发展建议。

本书共分三篇：第一篇为文献综述与基本理论研究，包括第1章绪论（包括研究背景与意义、相关文献综述等）和第2章中小企业网络组织的基本理论研究（包括中小企业的界定、中小企业网络组织的界定、中小企业网络组织常见类型及其比较以及中小企业网络组织共生特性分析等）；第二篇是理论研究部分，包括第3章至第5章，是本书的核心内容。分别是中小企业的生态运行机制（包括合作竞争机制、互惠共生机制和集聚分散机制）、遗传机制（衍生机制、惯例遗传机制和知识扩散机制）和变异选择机制（结构演化机制、效率改进机制、层次互动机制等）；第三篇是实证研究部分，包括第6章国内外中小企业网络组织的实践分析，第7章浙江省纺织产业创新网络生态优化建议，以及第8章结论与展望。

本书的主要研究结论如下：

（1）阐述了中小企业网络组织生态运行演化机制的研究背景及意义；对国内外有关中小企业、网络组织和企业组织演化的研究文献进行了综述；界定了中小企业、网络组织以及中小企业网络组织的概念；分析了网络组织和中小企业网络组织的特性；对中小企业网络组织的常见类型及其共生特性进行了详细对比分析，提出了中小企业网络组织的竞争力与其灵活性和稳定性之和成正比的观点。

（2）提出了中小企业网络组织的生命周期模型，在此基础上把中小企业网络组织运行演化机制细分为运行机制、遗传机制、变异机制和选择机制。提出了中小企业网络组织的三大生态运行机制，即合作竞争机制、互惠共生机制和集聚分散机制，并分别进行了阐述。运用博弈理论分析了中小企业网络组织合作竞争的条件，分别论证了在无限次重复博弈和有限次重复博弈时，成员企业之间发生合作行为的机理；运用共生理论分析了中小企业网络组织和谐共生机制的体系、模式、稳定性、互动关系以及中小企业与大型企业互惠共生的内在机理；运用生态位理论分析了中小企业网络组织的集聚分散机理，提出了企业多维生态演化模型，把企业生态周期划分为四个阶段，分析了各生态阶段的主要特征及相应的中小企业发展战略。

（3）系统分析了中小企业网络组织的遗传机制。重点分析了中小企业网络组织的衍生机制、惯例复制机制和知识扩散机制。研究了中小企业网络组织中的企业衍生形式、惯例复制特性、以及知识扩散过程中的知识共享、知识转移和知识溢出机制，并讨论了知识扩散与中小企业创新策略间的关系。

（4）综合运用社会网络理论和复杂网络理论分析了中小企业网络组织的变异选择机制。分别讨论了中小企业网络组织的结构演化机制、效率改进机制和层次互动机制；提出了中小企业网络组织的伙伴选择思路；探讨了中小企业网络组织的进入退出机制，找出了影响其稳定性和进入退出行为的关键因素；从三个新的视角探讨了中小企业网络组织的稳定性。

（5）分析讨论了国内外中小企业网络组织生态发展的典型成功模式及其理论依据。详细分析了浙江省中小纺织创新网络的发展与演化过程，结合本书探讨的生态运行演化机制与国内外成功经验，有针对性地提出了其生态发展建议。

沈运红

2013 年 7 月于杭州

目　　录

第一篇　文献综述与基本理论研究

第二篇 理论研究

第三篇　实　证　研　究

第一篇　文献综述与基本理论研究

第 *1* 章

绪　　论

近年来，随着信息技术的迅猛发展以及经济全球化、一体化趋势的出现，网络组织形式应运而生，在日益复杂动荡的经济社会环境中，中小企业作为弱势群体，采用网络组织发展模式已成为其规避弱势、增强竞争力的一种必然选择。中小企业网络组织的研究已成为各国学者们的研究热点之一。

1.1　选题背景与意义

1.1.1　选题背景

无论是国外经验还是国内现实都表明，中小企业对国民经济和社会发展具有重要的战略意义，在增加就业、促进经济增长、科技创新与社会和谐稳定等方面发挥着巨大作用。根据中国中小企业国际合作协会发布的《中国中小微企业健康发展报告（2012）》，截至 2011 年年底，全国工商登记实有企业 1253.1 万户，个体工商户 3756.5 万户，其中中小微企业占全国企业总数的 99.7%。中小企业创造的最终产品和服务的价值已经占国内生产总值的近 60%，并提供了 75% 以上的城镇就业机会。中小企业已经成为中国经济发展、市场繁荣和扩大就业的重要基础。改革开放以来，我国 65% 的发明专利，75% 以上的技术创新，80% 的新产品是由中小企业完成的（欧新黔，2005）。因此，世界各国都非常重视本国中小企业的发展，但中小企业是社会经济组织中的弱势群体，从我国现状来看，中小企业普遍存在着企业订单不足、成本大幅上升、融资困难、税费负担较重等问题，中小企业的生存和发展一直是一个世界性的难题。

关于中小企业的发展思路主要有两条：一是向大型化发展，二是向网络化发展。大型化的发展思路受到两方面挑战，一方面，不是每一个中小企业都有可能发展为大型企业，另一方面，并非每一产业都适合大规模经营。因此，网络化发展成为中小企业的一种重要发展途径。网络化的出现绝非历史的偶然或巧合，而是有着鲜明的时代背景，是与信息技术的发展、经济全球化和市场环境的急剧变革相适应的必然结果。

首先，信息技术的发展。20世纪的后20年，信息技术经历了三次革命：PC机的出现完成了从"计算机"到办公设备和家电的变换；Windows操作系统将"PC机革命"的成果以良好的界面形式展现，方便了人们的操作和使用；尤其是互联网的出现极大地改变了人们的交流方式，将全球连接成为一个地球村，从生产方式、就业、文化及至时空观等方面全方位地改变着人类的生活方式。企业网络虽不是20世纪80年代以来的独特现象，但它的加速发展却得益于信息革命。

其次，经济全球化。信息化经济是全球性的，全球化的核心包括金融市场、国际贸易、跨国生产以及某种程度的科技和专业分工。中小企业形成合作网络能使自己在全球化生产系统中更具竞争力。这些网络与多国公司连接，彼此互惠地转包业务，形成了更大的企业网络。

最后，市场环境的急剧变革。20世纪80年代后，由于生活水平的普遍提高，人们的消费倾向日趋多样化、个性化。市场需求呈现出日益细分的特点。在生产技术和信息技术变革的带动下，与市场需求相适应，生产模式实现了"大量生产"到"弹性生产"的转变。及时生产、全面质量管理、敏捷制造等方法应运而生。生产方式的转变注定带来企业组织方式的变革，扁平化、柔性化和网络化成为潮流，企业之间的合作更加频繁和紧密，企业之间的边界变得模糊，企业网络化成为组织变革的重要趋势之一。

1.1.2 研究内容及其意义

本书的主要研究对象是中小企业网络组织，中小企业是网络组织的重要结点，研究主要是站在中小企业的发展战略角度来展开的。本书的主要研究内容是中小企业网络组织的运行机制和演化机制，目前国内外对于企业网络组织的研究主要集中于其形成机制等方面的研究，而对于运行和演化机制的研究则相对较少，缺乏系统性。本书将生态学的一些基本理论应用到中小企业网络组织的运行和演化机制的研究中，得出了一些有意义的结论，具有一定的创新性。

本书的选题意义具体表现在：

第一，中小企业是一支值得研究的主体。中小企业是市场经济中的一支重要力量，也是一支需要政府进行扶植的弱势群体，关于中小企业的深入研究，对于解决一个国家或地区的创新源泉问题、专业分工结构问题、就业人口问题、税收问题和经济柔性问题等，进而影响到一个国家或地区的经济发展，都有着重要的战略意义。

第二，中小企业网络组织是中小企业提高核心竞争力、实现生存和发展的必由之路。中小企业网络组织可以深化分工和专业化，通过相互合作达到整体最优；可以节约交易成本，实现"虚拟"的内部化，降低交易成本和生产成本；既可以将互补的各种核心能力聚集在一起，创造和共享企业核心能力，又可以保证各企业保证各企业核心能力的相对独立性；可以解决中小企业资源不足的天然缺陷，共享各类企业资源。

第三，对中小企业网络组织运行机制的研究可以深入了解中小企业网络组织的运行方式和内在机理，为中小企业网络化发展过程中各种关系的建立和协调提供参考，为中小企业的发展策略选择提供帮助。

第四，对中小企业网络组织演化机制的研究，可以进一步了解中小企业网络组织的演化方向和原因。掌握中小企业网络组织的结点、结构的长期演化趋势和特征，有利于中小企业在网络化发展过程中，把握好未来努力方向，制定相应的中长期发展战略。

第五，运用生态学理论以及复杂网络等工具分析中小企业网络组织的运行演化机理，可以得出一些新的、启发性的研究结论，有助于对中小企业网络组织的阶段特征、生态环境、内在机理等的把握。

1.2
相关研究文献综述

1.2.1 中小企业存在与发展理论综述

在自由竞争资本主义时期，与大工业对传统手工业的替代过程相适应，出现了"中小企业淘汰论"、"手工业或小企业的没落论"等观点。亚当·斯密指出，分工与专业化是规模经济产生的主要原因，"看不见的手"的作用必然导致对自由竞争，从而产生中小企业被吞并、淘汰。马克思在《资本论》中也论证了对剩余价值的追逐必然导致资本的积聚，而社会化大生产又必然导致资本的集中，从批判资本主义社会的角度对中小企业的生存环境也做了不容乐观的估计。在自由竞争资本主义末期，马歇尔在其 1890 年《经济学原理》第一版中明确指出，要通过大机器生产的竞争，淘汰和消灭以手工业和家庭手工业为代表的小型企业。之后，罗宾逊（J. A. Robinson）也在 1909 年发表的《产业制度论》中指出小企业存在的不合理性，从制度的角度出发，对中小企业的存在提出了批判。自 19

世纪末、20 世纪初至第二次世界大战间的半个世纪，垄断资本主义空前发展，企业兼并浪潮风起云涌，于是，随着生产和资本的集中与垄断，大规模化和现代化是企业发展的方向，中小企业将会由于逐渐被大企业吞并排挤而呈日渐消亡之势。然而，第二次世界大战之后的经济现实却并没有按这些学者的预言发展，在大企业发展的同时，众多的中小企业也蓬勃兴起，少数大企业和大量中小企业共存是多数国家企业规模结构的共同特征。并且，中小企业在各国国民经济中的地位和作用也更加突出，尤其是随着知识经济时代的到来，出现了个人创业的"大爆炸"。这些现象促使人们开始反思，有关中小企业的理论研究日益深入，从初期的"中小企业淘汰论"逐渐演变为"中小企业生存理论"和"中小企业成长理论"（林汉川，2003；李庚寅，周显志等，2003；万兴亚，2005；罗仲伟，2010）。

1.2.1.1 中小企业存在理论

（1）经济进化论。

最早用进化论思想解释中小企业存在的经济学家是马歇尔（Alfred Marshall），他在 1890 年的《经济学原理》第一版中肯定了中小企业衰退消亡的趋势，但在 1891 年该书的第二版中就修正了原有观点，指出"大企业排挤小企业的倾向，已经走得太远，以致用尽了最初促进这种倾向的各种因素的力量"，他借鉴进化论"生命周期"思想，解释在垄断资本主义时期中小企业存在和发展的现象。他认为，整个经济好比一片"森林"，中间既有参天的"大树"（大企业），也有幼弱的"小树"（中小企业）。"大树"在获取阳光、空气方面具有优势，"小树"在这方面的劣势导致其大量死亡，但残存下来的"小树"经过顽强挣扎，可以逐步长成"大树"，而原有的"大树"因老化终将死亡，让位给新的"大树"。即是说企业的发展有其"生成——发展——衰亡"的生命周期，大企业衰退后被中小企业所取代是自然法则，垄断不会无限蔓延下去，规模经济和竞争可以获得某种均衡。除此之外，马歇尔还从内部经济和外部经济的角度阐述了中小企业组织相对于大规模企业组织的一些优越性，即从中小企业经营特点上分析其存在的原因。在他看来，生产或销售同类产品的企业或存在着产业关联的上、中、下游的企业集中于特定的地方会使专门人才、专门机械、原材料产生很高的使用效率，而这种使用效率是处于分散状态的企业所不能达到的，这种高效率形成了外部规模经济，从而促使小企业集中在一起，形成"地方性工业"，即今天人们称为的"中小企业集群"。

20 世纪末期涌现的企业能力理论经济学家潘罗斯（E. T. Penrose）秉承了马歇尔的思想，认为企业没有最优的规模，因为企业连续不断地产业出新的资源，这些资源可用于有效拓展"邻近"的产品市场，单个企业往往处于由小到大的不断进化之中，周而复始。此外，穆勒（John Stuart Mill）、舒马赫（E. F. Schumacher）和日本一些学者也持相似观点。但侧重点有所不同，马歇尔和潘罗斯是借鉴进化论中"生命周期"思想，强调企业也有发生、发展、灭亡的过程；穆勒等人则借鉴进化论中的"物竞天择，适者生存"思想，强调企业对外界环境等的适应能力。他认为大规模企业未必在任何场合都具有超过中小企业的优势，适应性强是中小企业存在的根本原因，该理论类似于达尔文的生物进化论，因此又称为"生物学理论"。

（2）不完全竞争论。

1933 年罗宾逊夫人（Joan Robinson）和张伯伦（A. Chamberlain）对传统经济学的完全市场假设提出质疑，认为现实中的市场既非完全竞争亦非完全垄断，而是两者的混合，即不完全竞争（或垄断竞争），认为这种不完全的市场形式使得大量中小企业得以存在和成长。张伯伦特别强调"产品差别性"的重要性，认为即使是从事大规模经营的大企业，由于受"产品差别性"和"市场不完性"的阻碍，也不可能无限制地扩大规模，相反，中小企业正是由于这两者的作用而获得了生存空间（李玉潭，1992）。罗宾逊夫人认为不同的企业，由于参与竞争需要的具体条件不相同，最终都对市场价格产生一定程度的影响。因此，中小企业只要能发挥自身的竞争优势，同样可以对价格产生影响。这是不完全竞争市场条件下中小企业和大企业共存的原因（罗仲伟，2010）。持有相近观点的还有斯拉法（P. Sraffa）、哈罗德（R. F. Harrod）、威廉姆森（Oliver Williamson）和理查德·尼尔森（Richard Nelson）等学者。

（3）最佳规模论。

古典经济学理论往往将最大规模作为最佳规模，认为随着企业规模的不断扩大，市场份额的不断增加，产品生产成本的不断下降，形成垄断将是企业发展的最终目标。大型垄断企业已经主宰着整个工业及市场，并通过组织创新不断强化这种统治地位。中小企业则日益变身为无足轻重的大型企业的附庸。与之不同，现代企业理论则认为最大规模并不一定意味着最佳规模，盲目追求企业的高成长性只会断送企业的前途。在企业规模方面，经济学家们进行了广泛的争论。

奥斯汀·罗宾逊（E. A. G. Robinson）在 1931 年出版的《竞争的产业结构》中提出了企业最佳规模理论，他认为企业的大规模经济利益会被管理费用的增加及管理效率的降低所抵消，企业规模报酬递增有一个限度，超过此限度，将会出现规模报酬递减，所以中小企业同样可以达到最佳规模，只要达到最佳规模的企业就有较强竞争力，就能生存和发展。

日本末松玄六教授在全面研究和借鉴西方近代传统规模理论的基础上，结合日本实际也提出了"最佳规模论",他认为中小企业只要形成最佳规模,出现问题的可能性就小,而生存和发展的余地就比较大。他进一步把最佳规模分为最大收益规模的最佳规模(OSMRS)和最大效率规模的最佳规模(OSMES)。最大收益规模的最佳规模,就是在具有各种生产能力的情况下,把市场因素考虑进去,以最低成本从事生产,使产量和销售量达到一致的规模。这说明,市场风险的大小成为决定企业规模的基准,最大收益规模就是考虑市场条件后利润或附加值最大的经济规模。最大效率规模的最佳规模,就是把平均费用、销售利润率、总资本利润率、全员人均附加价值率、设备利润率等,按标准测定后,视其效率最大的规模。最大效率规模的概念,是表示中小企业存在最佳规模的依据;最大收益规模的概念,是指即使牺牲效率也要多获取利润额。只有最大效率规模才是企业竞争优势的真正体现。企业的最佳规模并非仅仅局限于一点,而是大量存在于一个空间,从最大收益规模到最大效率规模之间存在着一个发展中小企业的最适宜的"大地带"。

施蒂格勒(1958)则在《规模经济》一书中较深入地探讨企业最佳规模及其决定因素,提出了规模"生存法则"的经典表述。即在任一特定行业中,若某种规模的企业在市场长期竞争中生存下来,则意味着它是有效率的,进而,若某规模的企业数量(或产出量)在该行业中比重上升最快,则说明此规模为最佳规模。施蒂格勒运用这一生存法则,通过大量实证分析,得出结论:某一行业的最佳规模通常是一个区间而非一个点,因而企业长期成本曲线是浴盆曲线而非 U 型曲线,中小企业在最低区间内也能达到最优规模。

此外,新制度经济学创始人罗纳德·科斯(R. H. Coase)在《企业的性质》(1937)和《交易成本问题》(1960)中,新经济学家诺思(D. C. North)在《经济史中的结构与变迁》(1981)中均从不同角度解释了中小企业同样可以达到最佳规模,从而得以生存和发展。

(4)产业分工论。

施大莱(Staley)和莫斯(Morse)1965 年对美国产业组织结构作了实证分析后,认为从技术和经济两方面分析生产成本、规模经济、市场特性及地缘区位等因素,可知不同产业适于不同规模的企业经营,根据这些因素,他们归纳出 8 种适合中小企业经营的细分产业。日本学者太田一郎则将经济部门分为集中型部门和分散型部门,集中型部门往往需要大型设备或巨额投资或产品易标准化且量大而品种少,如钢铁、石化、电力、飞机、轮船等,较适合大企业经营,小企业即使存在,其市场占有率也很低,竞争优势很小或处于竞争劣势;分散型部门包括适合多品种、小批量生产的纺织品、副食品、家具、陶瓷等生产部门或是与大企业相关的金属模具、砖瓦等生产资料加工和零部件生产等部门以及运费和

（或）库存高的水泥、活鲜及易腐等销售波动剧烈的部门。分散型部门较适合中小企业生存和发展。

美国新制度学派代表人物加尔布雷斯（Galbraith）也支持这一观点。他在《经济学和公共目标》（1973）中认为，现代美国资本主义经济并非单一模式，而是由两组系统组成：一组是有组织的大企业，另一组是分散的中小企业。有些行业的事务可以由大企业完成，而另外一些行业的事务则更适合中小企业去经营。

产业分工论认为中小企业同大企业一样，均为适应现代经济发展的产业组织形式，中小企业已是社会经济发展不可或缺、不可替代的组成部分。实践上，中小企业作为大企业垄断价格的接受者，其生产规模为大企业所控制，而成为大企业剥削和转嫁危机的对象。

（5）原有产业振兴论。

原有产业振兴论产生于19世纪末的日本，其主要代表人物有前田正名（万兴亚，2005）。"原有"产业部门是指手工业和家庭工业等；"引进"产业部门则主要指通过引进国外先进技术而建立的大工业部门。前田认为，如忽视在输出方面占有重要地位、在促进日本经济成长中起着重要作用的原有产业，而一味强调依靠大企业，必然导致产业革命中的一些问题。因此，只有在发展大企业的同时，不断振兴原有产业，才是唯一合理的工业化道路。这样做不仅可以减少产业革命过程中的矛盾，而且可以充分发挥原有产业部门的作用，使大企业和小企业相互补充。

（6）"二重结构论"。

第二次世界大战前，日本学者就用"产业的二重结构"一词解释小规模农业、中小规模农业和中小规模工业的存在、小资本阶层的存在和大资本集中等现象。第二次世界大战后，日本经济学家有泽广已提出"二重结构论"（李玉潭，1992）。所谓"二重结构"是指在日本经济中，一方面存在着少数设备先进、经营管理高度科学化的现代化大企业；另一方面，还存在大量设备落后、经营管理十分原始的中小企业。"二重结构论"在日本经济存在大量中小企业和企业规模差距较大的基础上，把中小企业作为构成日本经济体系的重要组成部分，从经济体互相联系的角度考虑中小企业的存在和作用。沿着这一理论，伊东代吉、筱原五代平等人就中小企业与大企业的差距，提高中小企业现代化水平等问题在理论和政策上进行了研究。随后日本政府出台的"中小企业基本法"把提高中小企业技术水平和改善中小企业生存和发展环境作为该法的两大主要内容。

（7）中国的"中小企业存在论"。

中国的"中小企业存在论"主要形成于改革开放之后。改革开放后，理论界围绕"计划与市场"的关系展开了讨论，提出了"以公有制为主体，多种经济成分并存、共同发展"的理论。在个体私营经济、三资企业（当时多表现为中小企业）作为社会主义经济"补充"的理论前提下，中小企业主要在轻工业和第三产业迅速发展。同时，乡镇企业的迅速崛起，也成为中小企业的重要组成部分。1997年党的十五大报告又指出：非公有制经济是我国社会主义市场经济的重要组成部分。对个体、私营等非公有制经济继续鼓励、引导，使之健康发展。各地纷纷出台政策，中小企业的发展出现高潮。

（8）有关中小企业存在理论评析。

上述理论虽对中小企业大量存在这一现象进行了研究，但因受传统的"中小企业淘汰论"影响，这些研究始终是在大企业相对于中小企业具有优势，大企业代表着社会经济发展方向，即产业组织是以大企业为核心这一基调上进行的。

"经济进化论"借鉴生物学上进化论思想来解释中小企业存在的经济现实，具有开创性。但它在企业发展的目标上无疑是定位在"大树"，"小树"挣扎存活下来结果是逐渐长成"大树"。没有充分认识到中小企业在某些方面也存在着竞争优势，中小企业会在一定时期内与大型企业长期共存。

"不完全竞争论"从市场形态的角度论述了中小企业存在的原因，放宽了古典经济学完全竞争的假设，对经济现实的解释力大为增强，但它强调的"产品差别"和"市场不完全"，归根到底是因为需要的多样性和易变性，社会经济不可能形成完全垄断，从而使得中小企业能够在自己经营上的灵活性与之相适应来谋求自己的生存。强调中小企业可以通过寻找大型企业的"缝隙"来发展差异化策略。寻找大型企业的"缝隙"来发展一般只能是一种短期行为，这些中小企业起着"拾遗补缺"的工作，很容易受到大型企业产业转型的影响。另外，这一理论过分强调了中小企业的独立性，没有考虑与大型企业如何合作。

"最佳规模论"认为企业有一个最佳规模，中小企业达到这个规模就可以达到最大收益或最大效率。这一理论对中小企业没有达到最大收益或最大效率时的发展是有一定好处的，但当达到这一最佳规模时，中小企业如何不断发展壮大却没有涉及。而且在实际操作时，很难确定这个最佳值。就算确定了，各企业要想达到这一最佳值也是需要其他发展理论支持的，这一理论并没有直接给出适合中小企业发展之路。

"产业分工论"主张中小企业采用细分市场，找到适合自己发展的行业。这一理论明确界定了中小企业适合的产业，这对于中小企业进行行业选择以及政府制定中小企业有关政策提供了参考。但这一理论把中小企业置于大型企业的对立面，它鼓励中小企业在某些适当行业与大型企业进行竞争。它没有用变化的眼光来看待这一问题，只选择对了行业有时还不行，因为只要有利可图，大型企业也可能会进入这一行业，从而很快把中小企业挤垮。另外，这一理论对中小企业的经济学分析也不够深入。

"原有产业振兴论"和"二重结构论"是具有浓厚日本特色的中小企业理论。前一理论发生在日本产业资本初创时期，强调了中小企业在资本积累中的作用，但中小企业的积累目的仍是促进引进现代产业的发展，顺利实现产业革命。后一理论提出的目的是解决二重结构之间的"断层"，提高中小企业的效率，缩短其与大企业的差距，仍然把大型企业放在首要位置。

中国对中小企业的研究是随着市场经济的推进而深入的，主要是从所有制角度进行的，真正意义上的中小企业理论研究相对缺乏，更应该看作为一种发展中小企业的实践过程。

1.2.1.2　中小企业成长理论

进入 20 世纪 60 年代，尤其是 20 世纪 70 年代后，社会经济发生了一系列重大变化：创新日益重要和活跃，产业结构向以尖端技术为先导的知识密集型产业和轻薄短小型的软产业转移，消费结构逐渐多样化、高级化、专业化和个性化，产品乃至产业生命周期缩短，对企业的灵活性、适应性的要求提高。正是由于上述变化，中小企业在经历了前一时期不断萎缩之后，突然迅速增长起来，并在很多方面较之大企业显示出更多的优势，中小企业已成为现代经济体系中最重要的组成部分。因此，诞生于这一时期的"中小企业发展理论"，不再从中小企业是在大企业的夹缝中苦苦求生存去解释中小企业存在的原因，而是力图科学地论证中小企业适应现代经济的发展，在社会经济结构中发挥着不可替代的作用的机理。

这一阶段的主要理论有"社会分工体系论"、"大规模时代终结论"、"竞争簇群论"、"技术创新论"、"中产企业论"等。

（1）社会分工体系论。

R. T. 艾夫里特（R. T. Averitt）认为，现在经济存在着以垄断企业为核心的核心企业和处于其周围的中小外围企业两大企业群。核心企业是大规模、多元化、复合化的跨国公司，具有垂直合并企业间关系；外围企业是小规模的、市场密度低而经营时期短，具有成本高的性质。

日本为了减少二重结构在工业化过程中的摩擦，同时通过专业化协作来增强大企业的竞争力，提出了下包制的思想，即以大企业为顶点，以中坚企业为骨干，以广大中小企业为基础而组成的"垂直型"协作方式。第一层是发包企业，第二层是第一系列承包企业，有的兼第二层发包企业，第三层是第二系列承包企业，有的兼第三层发包企业，以此类推。大企业通过原材料供应、加工订货、技术指导把中小企业纳入到生产体系中来，而中小企业为其生产零部件或提供某种服务。其核心就是通过建立多层分包的生产经营体制，充分发挥不同规模、不同技术水平企业的优势，从而创造出大大超过各类企业独立生产经营的生产力，实现双赢。

（2）大规模时代终结论。

从 20 世纪 50 年代中期开始，日本进入了长达近二十年的以大型重工业为核心的"黄金增长阶段"，但进入 20 世纪 70 年代初期，由于内外环境的变化，特别是新技术革命的蓬勃发展，大企业的持续发展遇到阻力，"大规模时代"渐见衰退，多元化产业结构应运而生。在这种背景下，日本经济学家中村秀一郎提出了"大规模时代终结"理论。中村秀一郎在《大规模时代的终结——多元化产业组织》一书中批判了所谓中小企业论在大企业的支配和控制下处于不稳定和"无力化"状态的错误观点，认为随着现代资本主义的变化，大企业生产经营步履维艰，大规模时代已经终结。相反，中小企业有出现结构性大发展的可能性，促进中小企业存在和发展的客观基础正在形成。"大规模时代终结论"主要有两点：第一，消费结构的变化，导致了产业结构的多元化，从而为中小企业的生存和发展提供了广阔空间；第二，技术、知识在企业中的地位日益重要，许多中小企业仅凭借技术、知识优势就能获得丰厚的利润。中村秀一郎主要是从经济的角度，即产业结构和需求结构的变动来阐述人们对规模经济的怀疑和大规模时代的终结。

德裔英国学者舒马赫（E. F. Schumacher）于 1973 年发表了声讨现代工业文明弊病的经典著作《小的是美好的》。他主要从社会学的角度指出：专业化、大型化的生产模式，看上去解决了生产问题，但实际是一种假象，因而不能成为经济发展和工业发展的方向，必须重新选择一条发展模式和道路，需要一种崭新的思想体系，一种以人为重点而不是以物为重点的体系，即大众生产而不是大量生产。区域性管理的小项目、小企业具有更高的效率，要使社会持久发展，必须要走小型化、中间化的发展道路，特别是要发展小企业和"中间技术"。需要注意的是，舒马赫的主要目的是从宏观层面对现代工业大规模发展方式进行整体性的批判，强调小企业和"中间技术"不过是这种批判的必然结果。

美国未来学家托夫勒在《第三次浪潮》（1980）中也有类似的看法，他认为，第二次浪潮的特征是长期生产数百万件同一标准的产品，而第三次浪潮生产的却是短期的，个别的和完全定做的产品。适应这一潮流，大量的中小企业发展起来，人类正处于"分散——集中——分散"的发展过程之中的第二个过程。

（3）竞争簇群论。

作为交易费用经济学的创始人和代表性学者，威廉姆森（Williamson，1975、1985）以有限理性和机会主义假定为理论前提，对企业存在和企业与市场边界进行研究。他用资产专用性来解释企业的边界或规模。将市场与企业内部组织加以区别，认为市场不仅可以限制官僚性扭曲、降低管理费用，还便于实现规模经济或范围经济，而内部层级组织能够克服市场关系的机能障碍，具有较强的应变能力、节约交易费用。威廉姆森认为，在企业和市场这两种基本的制度形式之间，还存在着第三种组织活动的基本形式，即"组织间协调"或"中间性体制"，也就是一些组织通过战略联盟等形式形成集群以获得外部经济的好处。单个中小企业由于规模小、实力弱，难以与大企业抗衡，但可以结成"中间性体制"，既能获得外部经济效果，又能获得集体竞争优势，以整体力量与大企业竞争。

哈佛商学院教授迈克尔·E·波特（M. E. Porter, 2000）在《簇群与新经济学》一文中将"竞争簇群论"进一步系统化。他认为，由中小企业组成的专业化簇群较易获得规模经济。"竞争簇群论"将中小企业存在的形式、存在的领域及中小企业之间的竞争与协调的理论研究引入了一条新的途径。簇群既促进竞争又促进合作，竞争是为取胜和保留客户，合作则大多是垂直的，介于相关产业中的公司和本地机构之中。一个由相互独立而又非正式联盟的公司和机构组成的簇群，代表着一种富有活力的组织形式，这种形式具有效率、有效性和灵活性方面的优势。波特还指出，簇群一旦开始形成，就会出现一个自我强化的循环，这个循环能促进它的发展，尤其是当地方机构持支持态度和地方竞争富有活力时更是如此。

（4）技术创新论。

从 20 世纪 60 年代起，许多学者研究了中小企业在技术创新进程中的作用。曼斯菲尔德（E. Mansfield）通过对一些产业的实证分析，发现技术创新与垄断的关系因产业的不同而不同。谢勒尔（F. Soberer）的结论是专利发明（创新）并不与企业规模的增长成正比，伴随着企业规模的扩大，常常会出现活力的衰退。卡尔松（B. Carlson）认为技术的进步降低了生产的最小有效规模，即平均成本曲线向左移，也就是说中小企业也可获得规模经济，从而降低了中小企业市场进入壁垒。卡米恩（M. Kamien）和施瓦茨（N. Schwoutz）则指出：一个介于垄断和完全竞争的中型企业组成的、新企业可以随时进入的行业，最适合技术的进步。罗斯韦尔（R. Rothwell）则根据大企业和中小企业管理结构的不同特点，论证了中小企业在技术创新上的优势。阿科斯（Z. J. Acs）和奥德斯（D. B. Audretsch）对 1982 年美国 34 个创新最多的行业中不同规模企业的创新进行了比较分析，结论是：随着集中程度的提高，企业的创新趋于下降。在不完全竞争的市场中，大企业的创新优势比较明显；而在产业成长的早期，创新和熟练劳动力的使用相对比较重要的行业，以及近于完全竞争的市场中，中小企业的技术创新表现出明显的优势（李庚寅、黄广辉，2001）。温特（S. Winter）在上述研究成果上提出"企业家体系"和"常规体系"两个概念，其中资本密集型、广告密集型、高度集中行业属常规体系，而创新活动密集的、知识密集的、熟练劳动力相对重要的、竞争性较强的行业属于企业家体系。他认为，"企业家体系"的市场环境有利于中小企业的创新活动（刘东、杜占元，1998）。上述研究表明，中小企业在创新方面与大企业相比，并不处于劣势。高新技术企业的兴起以及信息化和网络技术的迅猛发展，更是为中小企业提供了广阔的发展空间。

（5）中产企业论。

这一阶段与中小企业研究联系密切而值得讨论的一个理论是"中产经济论"中的重要组成部分"中产企业论"。"中产经济论"应运而生于20世纪80年代的里根时代，与里根重返自由资本主义的新经济政策相呼应。"中产经济论"与中产阶级紧密联系，认为相对于垄断资本家和无产者，掌握现代知识和技能、追求生活稳定、收入有保障的中产阶级才是社会的中坚力量。与中产阶级相对应的企业概念即中产企业，自然也是微观经济的中坚力量。"中产企业论"强调市场自由竞争，反对国家对经济活动的干预和大企业对市场的垄断，呼吁保护和鼓励个人的创业活动和企业家的创新活动。"中产企业论"对于企业的分析并不是从企业规模上，而是从中产企业与"风险企业家"之间存在着命中注定的纽带关系，来论证其与大企业的本质区别。"中产企业论"认为，不同于大企业经理的"风险企业家"承担和决定着中产企业的发展。中产企业也不同于大企业，是依靠"风险企业家"本人而生存，以他为中心，交织着他的私有经济能力，并带有强烈主观感性来管理的独立企业。中产企业相对于大企业，有着不同的管理结构、资金规模和营销方式、生产和效益、组织形式和会议制度以及人员结构，从而表现出中产企业特殊的企业绩效和创造能力（罗仲伟，2010）。

（6）中小企业成长理论评析。

以上理论从不同角度分析了中小企业生存和发展的方式，每个理论都有其某一方面的优势，同时也存在着某些不足。

"社会分工体系论"不同于存在论的"产业分工论"，就在于它是从社会分工角度，论证了中小企业同大企业一样，均为适应现代经济发展的产业组织形式，认为中小企业是社会经济发展不可或缺、不可替代的组成部分。但社会分工论仍受"存在论"的影响，其分工是以大企业为核心作为前提的，主要强调中小企业发展要以大型企业为中心，为大型企业提供支持。我们不能说中小企业在比较弱小时以大型企业为中心是一种好的发展方式，但该理论过分强调中小企业对大型企业的依赖性，把中小企业完全置于被动地位，却是不利于中小企业长期发展的。

"大规模时代终结论"则认为中小企业较之大企业更具活力，也更有生命力，所以中小企业可能获得结构性大发展。应该说这一理论对中小企业的发展做了合乎情理的判断，但是，它对大规模经济的一笔抹杀，未免有失偏颇。对大型企业与中小企业长期并存，各有优势的局面没有给予正确的分析。

"竞争簇群论"主张中小企业形成企业集群或战略联盟，壮大对外实力，彻底打破了"规模经济"对中小企业发展的制约。它扩充了古典经济学完全竞争的假设，对经济现实的解释大为增强，但其优点从另一方面也构成了其不足之处，因为其理论无法解释在一些非常接近完全竞争市场形态的行业，如农业中存在大量中小企业的现象。这一理论只考虑了中小企业之间的集群式发展和战略联盟，却忽略了中小企业与大型企业之间的合作。

"技术创新论"对大企业在技术创新上占据优势的传统观念提出了质疑，并论证了与大型企业相比，中小企业在技术创新上并不处于劣势。相反，中小企业在很多时候有较强的创新能力，可以靠技术革新在市场上寻求机会。但中小企业的发展壮大是多方面因素综合作用的结果，单单有技术创新还远远不够。这一理论过分强调技术创新的作用，而忽略了其他因素的作用。

"中产企业论"跳出企业规模的限制，从"风险企业家"视角，探讨中产企业与大型企业的本质区别。认为中产企业是市场经济制度产生的根源，无论何时何地，只要中产企业占据支配地位，就会创造出一个市场充分竞争的、趋于稳定的社会经济结构。

事实上，中小企业的存在与发展是一个极为复杂的经济现象，其发展要受到多方面因素的影响，有经济方面的，也有政治方面的，还有社会文化和自然方面的，因而发展中小企业应该从各个角度出发，综合考虑各种影响因素，具体问题具体分析。以上所述的理论大多是从经济方面进行论证的，一方面，各种理论之间有一定的互补性，但对经济之外的其他因素论述甚少；另一方面，这些理论内容上存在交叉和重复，不能形成一个合理的体系。中小企业生长在一个真实的复杂环境中，上述每一个理论只是考虑了中小企业发展的一两个要素，某一理论一般只是解决一类问题，各种理论之间缺乏内在的统一和联系，很有可能会与其他理论存在矛盾。

1.2.2　国内外网络组织研究文献综述

1.2.2.1　国外网络组织研究概述

20 世纪 50 年代起，一些学者如纳得尔（S. F. Nadel）、伯纳斯（J. A. Barnes）等为了研究不同社会群体之间的跨界关系，开始系统地发展网络概念。从 20

世纪 80 年代以来，经济学家将网络分析方法借鉴并应用于经济领域的研究，并逐步形成了企业网络理论。研究主要集中在四个方面：网络组织的内涵研究、网络组织的特性研究、网络组织的形成机理研究以及网络组织的治理研究。

（1）网络组织的内涵研究。

从目前的经济文献看，人们对网络组织还缺乏明确和统一的定义。迈尔斯和斯诺（Miles & Snow，1986）将网络组织定义为在价值链的各个点上作出贡献的若干企业集体资源的结合。托雷利（Thorelli，1986）认为网络组织既含有企业的协调因素也含有市场的交易因素，但它既不是企业也不是市场，而是介于市场与层级制企业之间的一种组织形式。约翰森和马特森（Johanson & Mattson，1990）则认为网络组织是企业之间相互作用关系的复杂组合，是长期的、有目的的组织安排，它使企业获得长期的竞争优势。贝克（Baker，1992）认为网络组织是一个社会网络，它渗透了正式组织的边界，消除了正式群体和部门的限制因素，形成了不同类型的人际关系。帕德尼和佩奇（Podolny & Page，1998）从跨组织的角度来界定网络组织，他们认为网络组织是组织之间以"互相依赖"为纽带紧密联结在一起以提高组织的可依赖程度和满足大规模的生产需要（当组织基础相对较小的时候）。

丹尼斯·马莱特（Dennis Maillat，1993）等从四个维度对网络组织的概念进行了分析，即经济维度、历史维度、认知维度和规范维度。矢下和兰根（Yashino & Rangan，1995）则给出了网络组织的三个必要和充分的特征条件：第一，两个和多个企业联合致力于一系列目标，并在联盟后保持独立性；第二，合作区域分享联盟的收益并控制特定业务的绩效；第三，合作企业在一个或多个关键战略领域如技术、产品等方面持续做出贡献。

（2）网络组织的特性研究。

网络组织最大的特点在于：以市场、网络和企业的三分法替代了企业理论的两分法（Powell W. W.，1990）。里查德·拉森（Richard Larson，1993）从制度层次考察网络组织，建议用市场、组织间协调和科层的三级制度框架替代传统的市场与科层两级制度框架，并遵循亚当·斯密和钱德勒把市场和企业科层分别称为"看不见的手"和"看得见的手"之隐喻，形象地把组织间协调称作是"握手"。阿里斯特尼（Alystne，1997）从垂直一体化、信用与冲突解决、组织边界、任务基础、控制权威或影响模式、组织中的联系等方面分析，通过对层级组织、网络组织、市场组织的比较辨析网络组织的特征。

网络组织由结构、过程和目的要素所决定。结构方面，网络组织联合专用性资产（可能是无形资产）并进行共享控制。过程方面，网络通过它们在组织中的角色和职位来限制参与主体的行动，并且通过发展和分解（削弱）主体与其他主体的联系来使得主体的影响出现或弱化。目的方面，作为网络组织有着一个统一的目标，并且对于目标一致性有着明确的要求。

网络组织保持着可渗透的边界，不仅在企业内部单元之间而且存在于外部的企业之间（Applegate L. M et al.，1988），管理是非层级式的（Eccles & Crane，1987），权威源自专业知识而不是地位高低（Jarvenpaa & Ives，1994），于是也决定了网络的产出效益需要高的、无形的、本地的或专有的知识技术。沟通是直接的，点对点的而不是通过刚性的渠道或通路，出现的问题和机会可能源于多种多重的松散结合或弱连接，资源在给定的产品或服务范围内是专用的和可定制的（Doz & Prahalad，1991）。然而与层级式的组织相比，它们更少具有垂直一体化的特征，网络中有自己目标的参与主体会与其他主体和组织建立联系，为自己夺取控制权或阻止它的竞争对手这样做。任务多是由项目驱动而不是功能驱动（Malone & Rockart，1991），并产生短期和更加差别化的产品（Johnston & Lawrence，1988）。网络组织重新整合人员观念和运作流程，于是本地的事情由本地来关注和处理。本地决策的观念也意味着实施绩效驱动的项目激励，并对当地事务具有高度的所有权和控制权、决策权。因为有了机会主义的可能性，网络成员也需要高度的信任和在成员之间的承诺（Jarillo，1988）。这可以使得成员进行更加冒险的投资（Harrigan，1988），并转移未完成的货物，因为他们知道由不可预料因素引起的争论会以友善和公正的方式进行处理（Ring et al.，1992）。

（3）网络组织的形成机理研究。

斯诺、迈尔斯（1992）从组织演进的角度将其划分为一种新的组织形态：即第一种为功能型公司（19 世纪末至 20 世纪初）；第二种为部门型组织（20 世纪50 年代繁荣）；第三种为矩阵型组织；第四种为网络组织，它是在其前面的组织形态基础上演变而来的。

从组织理论的各种学派来看，古典组织理论、新古典组织理论、系统组织理论以及权变学派均从效率与适应性的维度探讨过组织内部的网络式协作问题（林润辉，2004）。

理查德·拉森（1993）通过深入研究组织间的关系以后认为，在较低的召集成本和较高的内在化成本或行为者之间信任程度高的情况下，不确定性、交易频率和特定资源依赖程度越高，资源依赖的协调可能由作为企业间契约的网络来协调，即通过"看得见的手"和"看不见的手"的"握手"来构筑网络组织的协调关系。

（4）网络组织的治理研究。

20 世纪 90 年代以来，随着网络组织形式和规模的拓展，人们把目光更多地投向网络治理这一领域。这方面的研究文献主要涉及几个方面（孙国强，2004；郑兴山、王莉，2004；朱向梅，2009）：网络组织治理内涵的研究、网络组织治理的意义研究、网络组织治理的关键要素研究以及网络组织治理模式的研究等。其中主要是对网络组织治理的关键要素的研究，这些关键要素主要包括网络组织的治理结构、网络组织的治理机制、网络组织的治理绩效三个方面。

第一，网络组织的治理结构研究。网络组织治理的最大挑战在于相互之间的关系领域，因而合作关系的治理成为网络组织治理的关键内容。古拉蒂（Gulati，1998）从社会网络观对战略联盟网络的形成、治理结构、动态演化及绩效进行了详细的研究，首次提出治理结构是用于组织伙伴关系的正式契约结构（formal contractual structures）。嵌入理论也为网络组织的研究提供了新的视角。梅斯纳等（Messner el al.，2000）概括了网络结构的三个特征：行为主体间的水平联结、跨组织关系和行为主体的互动。鲍姆和英格拉姆（Baum & Ingram，2002）综合了格兰诺维特（Granovetter）的弱联结（weak ties）理论与 Burt 的结构空洞（structure holes）理论，从企业与网络的嵌入、探索性与开发性的行为模式两个方面将网络组织结构分为四种形式。阿胡嘉和卡里（Ahuja & Carley，2002）主张要从概念上澄清、实证上检验虚拟组织网络结构的三个维度：层度（degree of hierarchy）、集中化（centralization）和层级（hierarchical levels），并总结出关于网络结构的理论：资源依赖与关联交易理论、散播理论、认知理论和网络组织形成理论。

第二，网络组织的治理机制研究。治理机制是学者们研究的一个焦点。阿尔特和黑奇（Alter & Hage，1993）提出了一个非常复杂的组织间协调理论，其核心内容是组织之间的协调是一种方法或过程，而不是结果。该理论有助于对网络组织中的合作结点协调的理解，但由于有意识地将协调结果排除在外，而无法判断什么样的治理机制更适合网络组织。琼斯等（Jones el al.，1997）等从需求的不确定性、资产的专用性、任务的复杂性与交易频率等四重维度入手，并结合结构嵌入（structural embeddedness）理论，提出了网络治理的社会机制（限制性进入、宏观文化、联合制裁、声誉），从经济学与社会学相结合的视角探讨具有自我治理特征的宏观治理机制。

米尔沃德和普拉万（Milward & Provan，2000）认为，网络组织治理的核心问题是治理机制（承诺、契约和合同），并定性地研究了治理与网络规则的含义，提出了"虚拟国家"（Hollow State）概念，探讨了稳定性与网络规制的关系、制度设计与稳定性的互动效果等。罗宾森赫和斯达特（Robinsonhe & Stuart，2000）认为，在战略网络这种复杂的交易关系中，治理机制的存在可抑制机会主义行为，而缺乏有效的治理机制，合作者的不同利益所引起的激励问题将会扭曲合作行为并使战略伙伴关系失效。

阿卡里等（Arcari el al.，2002）从战略密切程度与技术经济整合程度两个维度将网络组织划分为四个类型，进一步分析了财团、特许经营和长期分包的控制方式、对象与机制，还论述了其他不同的机制，如信任机制（Granovetter，1985；Killing，1988；Parkhe，1991）、分配机制（Hamel，1991；Parkhe，1993）、协调机制（Hakansson & Johanson，1988；Grandori，1998；Rank，2000）和学习机制（Grandori，1998；Nooteboom，1998）等。网络组织治理的核心问题是治理机制问题，机制到位，就能为网络组织的有序运作创造条件，为协同效应的充分发挥奠定基础。网络组织能成功运作的关键在于，其治理机制能否保证合作各方有足够的动机不去利用它们之间不对称的信息和不完全的契约来谋取私利，能否保证合作成员同步互动且有序高效协作。

康威等（Conway et al.，2001）对网络研究的分解也说明了同样的问题，他们精辟地提出网络研究分网络与相互关系两个层面，网络层面研究网络规模、多样性、稳定性和密度，关系层面研究网络的构成要素和网络活动，而网络活动则集中于其运行机制。由此可见，学术界实际上隐含地提出了"治理机制是取得网络协同效应的前提与基础"的理论假设，遗憾的是这方面的实证研究几乎不存在。

关于网络治理机制的学术分歧还表现在治理机制的选择模式上，有两类代表性的学术观点。一种是主张选择单一的"信任机制"作为网络的治理机制。Powell 等人认为，权力、市场与信任是三种基本的组织交易治理手段；另一种是主张选择多元化的治理机制作为网络的治理机制。包括布拉达奇和阿克斯等人在分析了信任在网络治理中的局限性后，得出了价格、权威和信任机制混合在组织内部和组织之间的互动是常态的结论（朱向梅，2009）。

第三，网络组织的治理绩效研究。治理绩效方面的研究相对深入，而且主要集中在网络组织的具体模式上。例如，日本的供应商与客户关系是学者们研究的热点问题之一。克拉克（Clark，1989）估计日本汽车制造商开发新型汽车的总研制时间（total engineering hours）要短于美国（其中的 1/3 是供应商的贡献），并发现供应商参与产品设计是日本竞争优势的主要来源。日本公司提供的零部件的缺陷率只有美国公司的 1/10（Cusumano & Takcishi，1990）。战略联盟运作绩效的研究相对集中。奥斯兰德（Osland，1993）等人综合其他学者的研究成果，提出了一个用于指导企业建立战略联盟的过程模式。在这个模式中，绩效评价使用满意与不满意两个指标。邓宁（Dunning，1998）将联盟称为折中范式（eclectic paradigm），认为联盟企业成功与否要从三个方面来判断：每一合作方的创新成长能力、各方互动合作的范围与程度、产业层面的合作效果。凯尔（Kale，2001）等人认为，联盟成功与价值创造的评估在企业层面包括长期联盟成功的管理评估、价值创造的股市测度两个方面。虚拟组织与供应链绩效也是一个研究的热点。卢姆斯（Lummns，1998）等人在描述制定战略供应链计划的七个步骤的同时，从供应、转换、交换和需求管理四个方面，列举了供应链绩效十个主要考核指标。罗杰（Roger，1999）认为，顾客服务质量是评估供应链整体绩效的最主要手段，并提出了十个方面的评价标准。阿胡嘉（Ahuja，2002）等人从任务特征、组织结构与绩效之间的关系入手，定量地研究了虚拟组织的绩效问题。

社会网络理论是研究网络组织的一个理论支点，学者们以该理论为基础探索治理绩效问题，并取得了一些进展。乌兹（Uzzi，1996）研究了结构性嵌入与绩效之间的关系，认为嵌入与网络结构会影响经济行为，组织网络在嵌入式交换逻辑中发挥作用，它可通过企业间资源整合、协作与适应来提高经济绩效，也可通过将企业锁定在网络之内，隔离来自网络之外的新的信息与机会，进而降低经济绩效。他综合组织理论与社会网络理论，利用人种研究（ethnographic research）创立了一个结构性嵌入理论框架。古拉蒂 Gulati（1998）认为，合作伙伴之间丰富的信息交流与对机会主义行为的自然制约使得具有社会性嵌入的联盟网络表现出更好的绩效，并从汽车产业的供应关系研究中得出关系嵌入越多绩效表现越好的结论。查希尔（Zaheer，1997）等人的实地调研也认为个人与组织间的信任会影响交易关系的绩效。

1.2.2.2 国内网络组织研究概况

国内对网络组织的研究相对晚一些，主要是从 20 世纪 90 年代末才陆续有一些文章发表，主要集中在以下 5 个方面：

（1）网络织组内涵及类型的比较研究。杨小凯等（1998）从分工和专业化演进的角度探讨了企业分工网络的形态和规模问题；王询（1998）、在《论企业与市场间的不同形态》中指出："企业与市场之间存在一片模糊的中间地带。在这一中间地带，各个不同的行为者之间既存在市场交易关系，也存在各种非市场的联系，而且至少有某些经济联系不是通过经济交易、而是通过非经济关系而实现。"贾根良（1998）、在《网络组织：超越市场与企业两分法》中分析了国外网络组织的最新发展趋势，及其对我国组建企业集团的意义。罗仲伟（2000）、认为网络组织是以专业化联合的资产、共享的过程控制和共同的集体目标为基本特性的组织管理方式。孙国强、兰丕武（1999）、分析了企业虚拟联合、战略联盟、兼并收购三种模式之间的异同以及他们的优势与不足。孙国强（2001）在综合已有研究成果的基础上，对网络组织的本质内涵进行了科学界定，并总结分析了其基本特征与构成要素。欧志明、张建华（2002）分析了企业网络的形成原因和类型划分及特点。黄泰岩、牛飞亮（1999）、在对西方企业网络理论研究的基础上，分析了企业网络与企业家成长互动作用，并分析了企业网络理论对我国企业家成长的借鉴意义。

（2）网络组织特性的研究及分析。罗仲伟（2000）认为网络组织的基本特性是专业化联合的资产、共享的过程控制和共同的集体目的。王丰、汪勇和陶宽（2000）认为网络组织的特征表现为富有活力的结点、超越格栅的管理联接和自由灵活的动态调适机制。林润辉、李维安（2000）认为网络组织的特征包括由活性结点以及立体连接方式构成的整体系统、围绕特定目标来运行并实现信息共享与无障碍沟通、专注于有形资源的整合与核心能力的培养、超结点组织但不一定是法人实体、具有自组织学习等特征。罗仲伟、罗美娟（2001）以比较的方式分析了网络组织的三个特性：专业化联合的资产、共享的过程控制和共同的集体目的。周晓燕（2002）认为企业网络组织的主要特征是信息技术为基础、结点具有决策能力、结点经济联系决定企业行为、动态开放自学习性等。全裕吉等（2003）在对中小企业网络组织的规模经济形成的原因探讨的基础上，对中小企业网络组织规模经济效益进行了系统分析。程德俊（2004）指出了网络组织在协调专用知识过程中的稠密性和灵活性。

（3）网络组织的形成和运行机制的研究。芮鸿程（2001）对网组织的形成与运作机理较早地进行了总结与分析。闫二旺（2005）在讨论网络的形成运行机制的基础上，进一步探讨了网络组织的多种形态特点。孙国强、王博钊（2005）提出基于资源部分让渡与共同拥有的重大合作事件的共同参与决策，基于知识分裂的分工业务的分散独立决策以及借助发达的信息网络技术的互动式相机协调，是网络组织治理中保证决策科学性的三大基石，并在网络组织治理逻辑框架内分析了企业网络化合作的决策协调机制及其作用机理。吕坚等（2005）运用网络组织理论探讨了不同网络组织类型及其所采用的管理机制之间的关系，指出其网络组织可按成员之间知识扩散密度的不同分为自给自足型、生产型和经营型三种，并归纳出网络组织控制其成员的机制类型，运用实证分析验证了网络组织类型及机制之间的相关性。

（4）网络组织治理机制的研究。孙国强、李维安（2003）明确了网络组织治理边界的基本内涵，并揭示了合作结点数量与网络组织治理边界之间的相关关系。芮鸿程（2003）认为确定治理边界的核心思想应该把具有核心竞争优势的活动纳入到整个网络中来，即将价值链上能实现最大增值的环节置于网络内部，并借助网络成员间的互信与稳定协作关系降低交易成本，网络内的各结点也同样依此原则形成其治理边界。从治理成本与资本专用性两个维度对市场、层级与网络三种组织进行比较，进而界定网络组织的治理边界。孙国强（2003）在扩展JM模型的基础上，利用系统科学理论构建以关系、互动与协同为主要内容的三维治理逻辑模型，进而分析了治理机制与治理逻辑之间的关系，使网络组织的治理实践落脚到治理逻辑的平台之上。

（5）网络组织创新机制的研究。韦福祥（2001）界定了网络、网络关系和网络组织及相互关系，并对网络组织的生成及创新机制进行了初探。郭跃华、尹柳营（2004）探讨了创新网络组织学习的动因、过程与特点，分析了创新网络组织学习的障碍因素，提出了适合创新网络组织学习的方法与策略。金祥荣、叶建亮（2001）指出企业知识的溢出和外部性的相互给予会造成企业网络集聚规模报酬递增现象。存在一个均衡的网络规模和最优的知识溢出水平使得整个网络组织的产出效率最大化。张毅、张子刚（2005）提出了企业网络与组织间学习的关系链模型，该模型包括两个方面：企业网络形成的组织间学习观和企业网络的组织间学习功能。过聚荣，茅宁（2005）运用进入权理论对企业技术创新的网络化治理作了尝试性分析与研究。认为企业技术创新的网络化治理的目的是促进网络参与者对技术创新网络的专用性投资并维护其完整性，从而提升增强企业的竞争力。

（6）网络组织风险传导机制的研究。叶建木等（2005）提出，企业之间如果存在利益链关系，企业之间风险就表现出动态传导性。他认为，传导与扩散是不同的，传导对于路径具有依赖性，扩散却无法预知其传播方向。同样，沈俊（2006）也认为：企业风险传导包括了传与导两个动态环节，并在此基础上给出了企业风险传导的定义。他提出企业风险传导的主要路径可分为三个层面，第一层面是企业内部部门之间的传导；第二层面是企业与外部企业之间的传导；第三层面则是外部企业之间的风险传导。

陈剑辉（2007）引入弹性系数，以供应链企业的价格为载体，通过 stackelberg 博弈模型分析生产商原料交割风险向生产商和零售商传递的价格风险和利润风险，并构建了供应链风险传导效应预警机制，建立了供应链风险传导效应预警指标体系并提出切实有效可行的措施。文进坤（2009）充分考虑了供应链中的风险传导效应，构建供应链风险传导模型，并在此基础上提出风险评估方法，实现对风险因素、节点企业和整个供应链网络的综合风险评估。关于供应链风险传导路径，国内学者也做了研究。程国平、邱映贵（2009）从风险传导的基本元素出发，通过归纳分析得出供应链风险的传导机理。以此为基础，并结合供应链的不同结构（链式结构和网状结构）研究了供应链风险传导的路径，提出五种供应链风险传导模式：供应链风险链式正向传导模式、供应链风险链式反向传导模式、网络中心辐射式（发散式）传导模式、网络集中式传导模式、网络交互式传导模式。

刘英杰（2008）剖析了产业集群风险的形成和传导机制，主要研究了产业集群风险的增强传导机制和不同结构类型的产业集群风险传导机制。余荣华、姜明君等（2008）则结合浙江产业集群发展现状分析产业集群风险传导的机制，提出了控制产业集群风险传导的措施。

此外，还有一些学者从其他角度对网络组织问题进行了研究。卢福财、胡平波（2005）从网络组织成员之间合作的博弈关系角度，构建了成员的声誉模型，分析了声誉对网络成员的激励效应以及声誉与网络组织治理绩效之间的关系。喻红阳等（2005）提出了网络集成论的命题，对其特征进行了探讨，并从目标集成、技术集成、信息集成、资源集成、知识集成、文化集成六个方面分析了网络组织集成的内容及关系。张帆、廖貅武和李垣（2009）提出网络组织的演化边界的概念，并从规模边界、交易边界、制度边界和社会资本边界四个维度阐解了网络组织的边界。孙国强、石海瑞（2011）对网络组织的负效应进行了探讨，他们从关系嵌入与结构嵌入两方面探讨负效应的来源，从锁定效应、多米诺效应与创新乏力效应三方面归纳负效应的表现，并利用问卷调查方法与社会统计分析工具进行了实证分析，提出"适度嵌入"的规避负效应观，进而给出相应的建议。罗珉、高强（2011）探讨了中国情境下网络组织中的网络封闭和结构洞的悖论，他们指出，封闭网络在中国网络组织中起到很重要的作用，主要原因在于中国人对人的基本假设与西方存在很明显的差异，对于中国儒家文化来说，网络封闭性是中国网络组织的典型特征和网络扩张的基础。他们认为，由于网络发展的路径依赖特征，中国企业家通常是以自身所处的封闭网络为基础，通过探寻该封闭网络中已经占据结构洞中介位置的强联结，并以此为中介与跨越封闭网络边界的其他关系区域建立合作，从而享受网络封闭和结构洞所带来的双重社会资本福利。

1.2.3　企业组织演论理论研究综述

组织演化理论产生于 20 世纪 60 年代初，早期主要强调组织对外部环境的适应行为，70 年代末期以后，随着生态理论和演化经济学的产生和发展，组织理论研究者的兴趣从适应转向了种群的选择上。后来的学者在综合适应与选择理论的基础上，提出了共同演化的思想（姜晨，2005；邓向荣，2004）。

1.2.3.1 企业组织演化的"适应"观点

早期的演化理论，主要从"适应"的角度出发，认为组织能够分析外部环境的机遇和威胁，并采取相应的策略和行动以应对变化的环境。支持组织适应理论的主要有权变理论、资源依赖理论、企业家精神理论、交易成本理论、制度理论和组织学习理论。

权变理论（Burns & Stalker，1961；Lawrence & Lorsch，1967；Galbraith，1973）认为不同环境对组织有不同的要求，结构与环境达到最佳配置的组织能更好地适应环境。

资源依赖理论（Adrich & Preffer，1976；Preffer & Salancik，1978）认为组织是一开放的系统，没有任何一个组织是自给自足的，所有组织必须为了生存而与其环境进行交换。获取资源的需求产生了组织对外部环境的依赖性。资源的重要性及稀缺性导致了外部的不确定性，组织通过兼并、合作等形式来解决对资源的依赖和外界的不确定性，组织能够在改变环境的同时对环境做出反应。

企业家精神理论（Schumpeter，1990；Drucker，1985；Timmons，1999）强调个性化的领导能力，推崇企业家个人行为，认为企业家能够敏锐察觉到竞争环境中存在的机会和威胁，冷静分析企业的优势和劣势。

交易成本理论（Coase，1937；Williamson，1975）关注的是企业内部交易和市场契约的比较。市场与科层组织在交易中可以相互替代。当通过组织实现某种交易成本过高时，人们就会离开组织，通过市场来达到目的，用市场形式来完成交易；反之，当组织交易成本过高时，人们会离开市场，把这种交易活动内在化。

制度理论（Meyer & Roman，1977；Di Maggio & Powell，1983；Greenwood & Hinings，1996）从组织环境的角度去认识和解释各种组织现象，认为对组织环境的关注不能只考虑技术环境，还应考虑制度坏境，即一个组织所处的法律制度、文化期待、社会规范、观念制度等为人们所"广为接受"（taken for granted）的社会事实。

组织学习理论（Levitt & March，1988；Lant & Mezias，1992；March，1991）认为组织学习是对组织惯例（Routines）的重复（Repeated）和修改（Modified）。惯例是包含了决定组织活动的那些因素，如意识形态、战略、体制、技术、文化和习俗等。

1.2.3.2　企业组织演化的"选择"观点

20 世纪 70 年代开始，环境选择对组织演化的作用，开始受到学者们的广泛关注。从社会学角度出发的组织生态理论和从经济学角度出发的演化经济学，是持"选择"观点的代表。

（1）组织生态理论。

坎佩尔（1969）借用生物学的观点，首先提出了种群生态学关于组织的基本命题，即组织类型（或形态）对环境的适应性决定了组织的存亡。种群生态学中种群演化所经历的变异、选择、存留三个自然选择过程在组织分析中得到移植和强调。阿尔瑞契（H. E. Aldrich）与费弗尔（J. Pfeffer）在 1976 年发表的"组织的环境"（Environments of Organizations）一文中提出了组织生态理论的思想，他们"假定环境因素选择组织特性，使组织与其环境能最佳匹配"。但现在多数学者认为组织生态理论是汉南（M. T. Hannan）和弗里曼（J. H. Freeman）创立的。它们在 1977 年发表的论文"组织的种群生态"（The Population Ecology of Organizations），被认为是组织生态理论的开端。生态理论强调环境的变化以及社会、经济及政治力量影响组织创建及生存的机会及资源。组织生态学研究的基本单位是组织、种群和社区。

汉南和弗里曼发表了一系列文章（Hannan & Freeman，1977，1984，1989，1992）来阐述组织生态理论的观点。他们把生物学的种群生态学理论应该到组织理论中，认为组织在环境中生存与否和生物的适者生存的规律一样，环境依据组织结构的特点以及其与环境的适应性来选择一些组织或淘汰一些组织。

在组织生态理论看来，企业组织的演化过程具有生物进化的类似特征：多样性、遗传性和自然选择性。多样性是指当企业组织进入演化创新过程时，这一特定企业至少会具备一个重要的区别于其他企业组织的显著特征；遗传性是企业组织内存在着某种类似生物基因特征的组织复制机制，在复制过程中，它会同时进行遗传的优化选择，以保证组织能自低向高单向进化；自然选择性则强调企业组织在演化竞争中所具有的适应系统的有效性。一些企业组织能适应环境的变化并得以发展，另一些组织则以不同的速度逐渐消亡。环境对不同组织形式自然选择的结果导致了组织变异，组织变异的结果产生了演化的变迁，在互相选择的过程中，组织与环境之间建立起新的和谐与平衡。一旦这种平衡被打破，新的选择过程就会重新开始。

（2）演化经济学观点。

用演化的范式来研究经济过程至少可以追溯到 20 世纪初期，马克思、马歇尔、凡勃伦（累积性因果思想）、熊彼特（企业家创新理论）以及哈耶克（自发扩展秩序原理）等都被认为是演化思想的先驱。但演化经济学的确立却是20世纪80年代以后的事情，特别是1981年博尔丁的《演化经济学》和1982年纳尔逊和温特（Nelson & Winter，1982）《经济变迁的演化理论》一书的问世，演进经济学才迎来了其日趋成熟的时期。

纳尔逊和温特综合了熊彼特的创新理论和西蒙的"有限理性"理论。在他们的经典著作中，提出了一个吸收了自然选择理论和企业组织行为理论相结合的综合分析框架，即借用达尔文生物进化论的基本思想"自然选择"思想。在自然界，物种竞争，优胜劣汰，适者生存。在工商界，也有"自然选择"，企业在市场中相互竞争，盈利的企业增长扩大，不赢利的企业收缩衰弱，直至被淘汰出局（邓向荣，2004）。

纳尔逊和温特提出了惯例的概念，从不同角度论述了惯例在组织演化过程中的作用。他们认为，惯例与生物进化中基因的作用一样，具有一定稳定性，它自身被控制、复制和模仿。如果惯例产生了满意的结果，这个惯例就被保留，如果导致了不满意的结果，就会引发对新惯例的搜寻。对现存惯例的"复制"是选择性的，而"变异"则是选择失败的结果。纳尔逊和温特将他们的理论称为"拉马克式"的，而不是达尔文式的（贾根良，2004）。

在他们看来，企业拥有具有积累性、遗传性特征的"惯例"，其基础是"意会性知识"。在长期的知识积累过程中，惯例表现为对改进效率有益的经验、技能和技巧的记忆。在环境选择机制作用下，由惯例构成的企业知识基础决定着企业之间竞争行为的结果。如果竞争导致企业的盈利下降到一定水平，企业就会"搜寻"更好的技术和惯例，从而导致技术和管理的创新。更为一般的演化企业理论认为企业是一个知识集合体，通过解决问题的技巧和行为规范，知识得以产生、复制和增加。演化理论认为企业理论的核心问题，很大程度上是研究什么样的企业组织能够更好地促进知识的创造和传播以及企业内部个人和团队之间的互动学习和沟通（罗仲伟，2010）。

在演化经济学看来，一个产业是由具有不同刚性和专业化日常惯例的企业所构成。一方面它强调企业被假定处于适应性的学习过程，企业领导在面对能否适应环境的挑战时，不得不选择和引入内部变革。另一方面，企业屈从于经济的"自然选择"。选择是由竞争产生的，环境从各个惯例中选择最能提高企业存活的惯例。演化过程的结果是环境塑造了企业的种类。企业演化实际上是被惯例适应过程影响的企业所经历的一场变异、选择和保留过程。

1.2.3.3 "适应"与"选择"的融合

近年来，许多学者更倾向于融合"适应"和"选择"两种观点，"共同演化"成为组织演化理论的最新热点。

卡罗等（Carrol el al.，1994）试图用组织生态的理论方法来解释战略管理中有关企业建立的两种观点。基于资源的能力观主张企业利用多角化策略进入新的市场，创业理论则认为全新的企业更能适应新的环境，因为不受以前形成的惯例的束缚。卡罗等（1994）利用组织生态理论的"密度依赖"（density-dependent）模型对 1885～1981 年美国 2197 家曾经生产汽车的企业进行了实证分析，结果证明：开始时创业企业具有一定的劣势，但随着时间的推移，由于惰性的存在，原来利用多角化策略进入的企业引以为豪的惯例和资源变得不再有优势，而创业企业表现出更大的适应性，更不易失败。鲍姆（Baum，1996）通过对多伦多日间托儿中心面对竞争如何改变组织的市场赢利点以及这些变化对组织生存影响的研究，提供了选择与适应如何在组织演化中共同作用的例子。巴奈特和汉森（Barnett & Hansen，1996）整合了组织生态理论和组织学习理论来研究组织的成长，认为竞争引发了组织学习，组织学习又导致了竞争加剧，其结果是组织为适应加剧的竞争而再学习。他们称这种自我刺激（self-exciting）的动态过程为"红皇后"。列文和沃伯达（Lewin & Volberda，1999）认为，组织生态理论关心的是群体层面的变种、选择和保留，忽视了作为个体组织层面的适应情况；相反，适应理论关注于个体组织的行为和绩效，其理论和实证研究主要围绕在作为个体的组织如何适应环境上。他们在整合组织适应理论与组织生态理论的基础上提出了组织—环境共同演化理论。他们认为，共同演化是管理意向（managerial intentionality）和环境及制度影响共同作用的结果。该理论把组织、群体和环境看作管理活动、制度影响及其他影响（技术的、社会政治的和其他环境现象）共同作用的结果。企业战略和组织适应随着环境（竞争态势、技术和制度的）、组织种群和形态的变化而共同演化，新组织形态从现存的组织种群中变异产生。

结合这些学者的研究，"共同演化"具有多层次性、多向因果关系、非线性、正反馈和路径依赖等特征。

从以上对中小企业、网络组织和企业组织演化理论研究文献的综述，可以发现现有文献存在的一些不足和值得进一步研究的内容：第一，对网络组织的研究一般是针对各种规模的企业组织形式的，对于中小企业发展的指导针不强，专门针对中小企业网络组织的研究很少。第二，从现有的网络组织研究来看，对网络组织的内涵与外延仍然存在较大争议，对各种网络组织形式的认识也存在较明显的交叉和含混不清之处，为相关研究带来许多不便，因而系统地比较各种组织形式之间的差别显得格外重要。第三，缺乏对网络组织的运行和演化机制的深入分析，较多的研究停留在对表面现象的分析上。第四，对企业组织演化的研究，较多的文献集中在企业层面，而网络层面的研究则相对缺乏。

本研究主要针对以上问题展开。

1.3

研究内容与结构安排

本书把生态学的有关思想运用到中小企业网络组织的运行演化机制的研究中，主要研究内容及体系结构如下：

第1章说明了本书的研究背景、研究内容和意义，对国内外中小企业、网络组织和企业组织演化的相关研究文献进行了总结分析，找出了现有研究的不足，确定了本书的研究思路与重点。

第2章是中小企业网络组织的基本理论研究。界定了中小企业、网络组织以及中小企业网络组织的概念，对中小企业网络组织的基本类型及其共生特性进行了比较分析。从共生视角，提出了提高中小企业网络组织竞争力的发展思路。

第3章到第5章是全书的研究重点与核心，系统分析了中小企业网络组织的生态运行演化机制。第3章分析了中小企业网络组织的生态运行机制，提出中小企业网络组织的三大生态运行机制：即合作竞争机制、互惠共生机制和集聚分散机制。运用博弈论思想，分析中小企业网络组织的合作竞争机制；运用共生理论和生物学的 Logistic 模型分析了中小企业网络组织的互惠共生机制和形成机理；运用生态位理论分析了中小企业网络组织集聚力与分散力的均衡条件，构建了二维生态演化模型。

第4章研究了中小企业网络组织的遗传机制。运用演化经济学有关思想，重点分析了中小企业网络组织的企业衍生机制、惯例复制机制和知识扩散机制。

第5章研究了中小企业网络组织的变异选择机制。运用社会网络理论与复杂网络理论探讨了中小企业网络组织的结构特性及其演化特征，分析了其效率改进机制、伙伴选择机制和进入退出机制，并对中小企业网络组织的稳定性进行了系统分析，找出中小企业的网络化发展思路。

第6章，深入分析了八个国内外中小企业网络组织的成功实践，总结了其成功经验，并进行了对比分析。

第7章，以浙江省中小纺织产业集群为例，对其中小纺织企业创新网络的发展和演化进行了深入分析，并结合本书研究结论和国内外成功经验提出了其生态发展建议。

第8章是对全书的总结与展望，总结了全书，提出了本书的主创新点，并对今后的研究进行了展望。

本书的结构安排如图 1-1 所示。

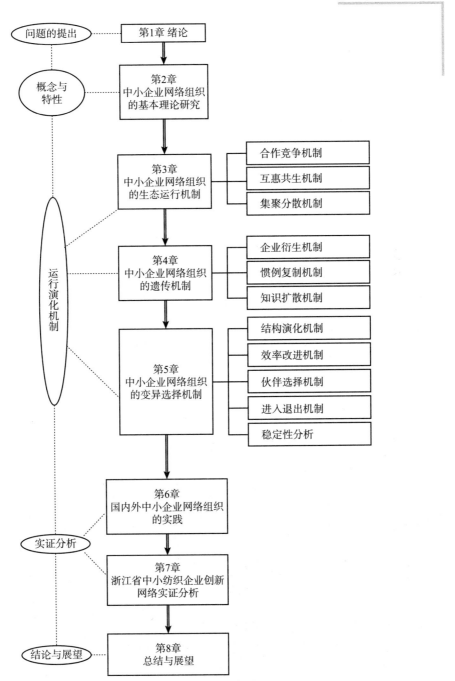

图 1-1 本书的结构安排

1.4

本章小结

　　本章主要介绍了本书的研究背景及意义，从中小企业理论、网络组织理论，以及企业组织演化理论三个方面对国内外相关文献进行了综述，指出了要进一步研究的问题，并说明本研究的思路、方法及内容。

第 2 章

中小企业网络组织的基本理论研究

长期以来，由于中小企业网络组织的表现形式多种多样，却又有着较大的相近之处，造成人们对各种类型的中小企业模式之间常常存在着概念混用的现象，每个学者对中小企业各种模式的界定不尽相同，所以有必要对中小企业网络组织常见模式进行归纳、比较，认清各种模式的优缺点，为进一步的深入研究奠定基础，同时也可以为中小企业网络化发展提供帮助。

2.1
中小企业的界定

2.1.1 中小企业的界定原则

中小企业是一个较为含混的概念，一般来说，难以给出一个规范统一和适应所有行业的定义。目前中小企业的界定标准有定量、定性以及定量定性相结合三种方式。大多数国家都采用了定量界定的方法，只有少数国家如美国、加拿大、德国、英国、以色列和印度尼西亚等国家采用了定性界定的方法，而且也是和定量界定结合在一起使用的。

定性界定从质的方面对中小企业加以界定，以说明它们的共性与特点。如美国1953年颁布的《小企业法》规定："小企业是独立所有和自主经营，并在其经营领域不占支配地位的企业。"英国界定中小企业的标准为：市场份额较小；所有者依据个人判断进行经营；所有者（经营者）独立于外部支配。以色列认为业主亲自执行大部分或全部管理职能的企业为中小企业。各国对中小企业的定性界定标准主要包括活动范围有限、所有权集中、独立决策、自主经营和业主直接管理等方面。但最核心的只有三点：独立所有、自主经营和较小的市场份额。"独立所有"是多数定性定义的必要条件，但各国间亦有细微差别。如美、德都强调独立所有，但美国认为只要业主持有50%以上股权，就可"看作"独立所有，而不管企业是否上市。德国则认为上市公司不是独立所有，不属中小企业。"自主经营"指业主本人控制自己的企业，但各国把握此标准方法不一。如英国强调所有者（经营者）必须不受外部支配，以色列则强调业主亲自承担全部或大部分管理职能。"较小市场份额"，意在防止垄断、鼓励竞争。德国则通过"不能以资本市场融资"和"对企业进行个人或家庭管理"两条件作了间接表达，因为这两个条件必须有碍于企业的扩张和市场份额的扩大（林汉川，2003）。由以上分析亦可看出，即使是定性标准，亦存在一定的相对性。

定性界定的标准具有以下一些优点：第一，与定量标准相比，该标准反映了企业内部具有生命力的特征，更具稳定性，有助于从长远角度把握中小企业这一范畴。第二，就本质而言，中小企业备受关注，主要是由于其在竞争中先天的弱势地位，政府扶持中小企业正是为了弥补市场缺陷，保护公平竞争以促进效率的提高。定性标准以是否在行业中占垄断地位作为一条分界线，为政府政策提供了决策论据。第三，定性标准与定量标准结合，可使政府政策具有更多灵活性，为一些想扶持的企业提供更多帮助。

然而，定性标准的缺点也是显而易见的。首先，若只采用定性标准，而不采用定量标准的话，会造成各级部门执行政策的模糊性和随意性，给中小企业扶持政策的执行带来很大不便。其次，定性标准无法进行数据统计，这样，国家制定相应的中小企业扶持政策时就缺乏有说服力的政策依据。

从定量角度界定中小企业是各国普遍采用的方法，定量标准主要有从业人数、资产总额、年销售收入三项指标，但各国的标准又有所不同。有的国家采用单一标准进行界定，如巴西采用雇员人数，斯里兰卡采用设备投资额；有的国家采用复合标准，如比利时采用雇员人数和营业额，保加利亚采用雇员人数、固定资产和年营业额。在采用复合标准的国家里有的要求同时符合两个或三个标准，如德国规定凡在以下三项条件中符合两项的，即视为中小企业：一是，营业额小于1062万马克为小型企业，小于4228万马克为中型企业；二是，资产总额小于531万马克为小型企业，小于2124万马克为中型企业；三是，从业人员平均人数少于50人为小型企业，少于250人为中型。不同的国家采用的界定指标也不相同。

刘东、杜占元（1998）认为，确定中小企业的概念，有两点需要特别强调。一是中小企业的实际规模随行业的不同有很大不同。但不管采用什么样的标准，中小企业的实际规模总与行业差别有关，因此，中小企业的规模标准应能充分反映每个行业的特点。二是中小企业只是一个相对的概念。一方面，在时间上是相对的，虽然确实一个企业的大小规模总可以用诸如就业人数、收入、营业额、产值等一些较为客观的数据来实现，但用这些数据所确实的企业规模标准会随时间的变化而不断变化；另一方面，一个企业的规模只有与其他企业的规模相比较时（通常是在同一行业进行比较），才可能确定其真实定义。因此，在很多情况下，相对性比某些客观规模指标更为重要。

从以上分析可以看出，对中小企业的定义，质的规定应该以企业在所处行业中不占主导地位为主，核心标准为独立自主、自主经营和较小的市场份额；量的指标应采用从业人员数、营业额和资本额等指标，中小企业界定标准应当是一个多指标体系，其中包括定性指标和定量指标，这样才能全面刻画中小企业的特征。中小企业在其所处行业中不占主导地位或在市场上不居支配地位，应该是中小企业界定的基本判断准则。

2.1.2　各国中小企业的界定标准比较

世界各国对中小企业的界定无论是在指标选取，还是在具体标准上都存在一定差距。下面是美国、日本、欧盟和中国台湾地区的中小企业界定标准的比较（如表 2 - 1 所示）。

表 2 - 1　　　　美、日、欧盟和中国台湾中小企业最新界定标准一览表

国家或地区	最新中小企业标准
美国	雇工人数不超过 500 人
日本	制造业等：从业人员 300 人以下或资本额 3 亿日元以下 批发业：从业人员 100 人以下或资本额 1 亿日元以下 零售业：从业人员 50 人以下或资本额 5000 万日元以下 服务业：从业人员 100 人以下或资本额 5000 万日元以下
欧盟	雇员人数在 250 人以下并且年产值不超过 4000 万欧元，或者资产年度负债总额不超过 2700 万欧元，并且不被一个或几个大企业持有 25% 以上的股权。 其中：雇员少于 50 人、年产值不超过 700 欧元，或者资产年度负债总额不超过 500 万欧元并且有独立法人地位的企业为小企业
中国台湾	制造业：长期雇员人数在 200 人以下或资本额在 0.8 亿元新台币以下 矿业与土石开采业：经常雇员人数在 200 人以下或资本额在 8000 万元新台币以下 服务业：长期雇员人数在 50 人以下或营业额在 1 亿元新台币以下

资料来源：林汉川主编．中国中小企业发展机制研究［M］．商务印书馆 2003 年版，第 10 页。

从表 2 - 1 中可以看出，美国当前中小企业界定标准最突出的特征是简单明了，有利于在各个不同部门形成统一认识，协调行动。但也有其缺点，它不能反映不同行业的不同特征，也限制了政府制定政策时的灵活空间，因而实践中有些

部门有可能采取相应的变通措施。

日本当前中小企业的界定标准具有两个特征：一是分行业制定界定标准，考虑了不同行业的具体情况，分别制定标准，较为合理。二是采用了复合标准，即从业人员和资本额的复合，而且符合任一条件的企业便可视为中小企业，这样就增加了政府制定政策时的伸缩余地。相比之下，日本的中小企业界定标准不如美国的标准那样简单明了，但更能反映经济现实，又增加了政府的灵活性，因而应该是更为合理的做法。

欧盟当前中小企业界定标准具有三个特征：一是界定标准的复合性，欧盟的复合性特征又不同于日本中小企业界定标准的相应特征，由于受到同时具备两个次级条件的限制，其灵活性要小于日本的做法。二是将小型企业界定标准单独列出，这样就可以制定专门针对小型企业的扶持政策，从而在一定程度上增加了政府政策的选择空间。三是一定程度上考虑了企业的法人地位，体现在"不被一个或几个大企业持有25%以上股权"和"有独立法人地位"，这样就将一些大型企业（集团）的全资子公司、控股子公司和分公司排除在中小企业行列之外。

中国台湾当前的界定标准总体上与日本相应标准的特征接近，都是具有分行业特征和复合性特征。中国台湾中小企业界定标准中对行业的划分与日本不同，日本采用的是"制造业等行业、批发业、零售业和服务业"的四分法，而中国台湾采用的是"制造业、矿业与土石开采业和服务业"的三分法。就复合性而言，日本各行业的复合标准都是从业人员和资本额的复合，中国台湾略有不同，制造业和矿业与土石开采业采用了经常雇员人数和资本额的复合，服务业则采用了经常雇员人数和营业额的复合。

总体而言，美国、日本、欧盟和中国台湾的最新中小企业界定标准各有特色，但也都有不足之处。通过比较可知日本和中国台湾的做法更值得借鉴。

2.1.3 我国中小企业界定标准的形成与演进

新中国成立以后，我国对中小企业的界定先后进行了九次规定和修改（林汉川，2003）。

第一次是新中国建立初期，按固定资产价值划分企业规模。

第二次是1962年，改为按作业人员标准对企业规模进行划分：企业职工在3000人以上的为大型企业，500~3000人的为中型企业，500以下的为小企业。

第三次是1978年，国家计委发布《关于基本建设项目的大中型企业划分标准的规定》，把划分企业规模的标准改为"年综合生产能力"。

第四次是1984年，国务院《国营企业第二步利改税试行办法》对我国非工业企业的规模按照企业的固定资产原值和生产经营能力创立了划分标准，主要涉及的行业有公交、零售、物资回收等国营小企业。

第五次是 1988 年，由国家经贸委等五部委颁布了《大中小型工业企业划分标准》，按不同行业的不同特点分别作了划分，将企业规模分为特大型、大型（分为大一、大二两档）、中型（分为中一、中二两档）和小型四类六档。当时中小企业一般指中型二档企业和小型企业。具体划分标准为：凡产品比较单一的企业如钢铁企业、炼油厂、手表厂、水泥厂等按生产能力标准划分；一些企业（如发电厂、棉纺厂），习惯上以生产设备数量为标准划分；对于产品和设备比较复杂的企业，以固定资产原值数量为标准划分。

第六次是 1992 年，对 1988 年的划分标准做了补充，增加了对市政公用工业、轻工业、电子工业、医药工业和机械工业中的轿车制造企业的规模划分。

第七次是 1999 年，对原标准再次修改，而将销售收入和资产总额作为主要考察指标：分为特大型、大型、中型、小型四类，其中年销售收入和资产总额均在 5 亿元以下，0.5 亿元以上的为中型企业，年销售收入和资产总额均在 0.5 亿元以下的为小型企业。参与划型的企业范围原则上包括所有行业各种组织形式的工业企业。

第八次界定与修改是在 2003 年，它包括了定性界定和定量界定两个方面。2003 年 1 月 1 日开始实施的《中华人民共和国中小企业促进法》对中小企业进行了定性描述：在中华人民共和国境内依法设立的有利于满足社会需要，增加就业，符合国家产业政策，生产经营规模属于中小型的各种所有制和各种形式的企业。中小企业的划分标准由国务院负责企业工作的部门根据企业职工人数、销售额、资产总额等指标，结合行业特点制定，报国务院批准。2003 年 2 月，为贯彻实施《中华人民共和国中小企业促进法》，国家经济贸易委员会、国家发展计划委员会、财政部、国家统计局联合颁发了我国《中小企业标准暂行规定》，见表 2 - 2。

表 2 - 2　　　　　　　　　　我国中小企业标准暂行规定（2003）

类型		标准
工业	中小型	职工人数 2000 人以下，或销售额 30000 万元以下，或资产总额为 40000 万元以下
	中型	其中，中型企业须同时满足职工人数 300 人及以上，销售额 3000 万元及以上，资产总额 4000 万元及以上；其余为小型企业
建筑业	中小型	职工人数 3000 人以下，或销售额 30000 万元以下，或资产总额为 40000 万元以下
	中型	其中，中型企业须同时满足职工人数 600 人及以上，销售额 3000 万元及以上，资产总额 4000 万元及以上；其余为小型企业

类型			标准
批发和零售业	批发	中小型	职工人数 200 人以下，或销售额 30000 万元以下
		中型	其中，中型企业须同时满足职工人数 100 人及以上，销售额 3000 万元及以上；其余为小型企业
	零售	中小型	职工人数 500 人以下，或销售额 1500 万元以下
		中型	其中，中型企业须同时满足职工人数 100 人及以上，销售额 1000 万元及以上；其余为小型企业
交通运输和邮政业	交通运输	中小型	职工人数 3000 人以下，或销售额 30000 万元以下
		中型	其中，中型企业须同时满足职工人数 500 人及以上，销售额 3000 万元及以上；其余为小型企业
	邮政	中小型	职工人数 1000 人以下，或销售额 30000 万元以下
		中型	其中，中型企业须同时满足职工人数 400 人及以上，销售额 3000 万元及以上；其余为小型企业
住宿和餐饮业		中小型	职工人数 800 人以下，或销售额 15000 万元以下
		中型	其中，中型企业须同时满足职工人数 400 人及以上，销售额 3000 万元及以上；其余为小型企业

注：工业包括采矿业、制造业、电力、燃气及水的生产和供应业。本规定以外其他行业的中小企业标准另行制定。

资料来源：根据 2003 年 2 月 19 日国家经济贸易委员会、国家发展计划委员会、财政部、国家统计局联合颁发的《中小企业标准暂行规定》整理而成。

第九次（最近一次）对中小企业标准的修改是在 2011 年。2011 年 6 月 18 日，工业和信息化部、国家统计局、国家发展和改革委员会、财政部四部门联合发布《中小企业划型标准规定》（详见附录）。在中型和小型企业的基础上，增加了微型企业标准。具体标准根据企业从业人员、营业收入、资产总额等指标，结合行业特点，以统计部门的统计数据为依据对企业类型进行划分，见表 2-3。

表 2-3　　　　　　　　　　　　我国中小企业划分标准

行业名称	指标名称	计量单位	中型	小型	微型
农、林、牧、渔业	营业收入（Y）	万元	$500 \leqslant Y < 20000$	$50 \leqslant Y < 500$	$Y < 50$
工业	从业人员（X）	人	$300 \leqslant X < 1000$	$20 \leqslant X < 300$	$X < 20$
	营业收入（Y）	万元	$2000 \leqslant Y < 40000$	$300 \leqslant Y < 2000$	$Y < 300$
建筑业	营业收入（Y）	万元	$6000 \leqslant Y < 80000$	$300 \leqslant Y < 6000$	$Y < 300$
	资产总额（Z）	万元	$5000 \leqslant Z < 80000$	$300 \leqslant Z < 5000$	$Z < 300$
批发业	从业人员（X）	人	$20 \leqslant X < 200$	$5 \leqslant X < 20$	$X < 5$
	营业收入（Y）	万元	$5000 \leqslant Y < 40000$	$1000 \leqslant Y < 5000$	$Y < 1000$

续表

行业名称	指标名称	计量单位	中型	小型	微型
零售业	从业人员 (X) 营业收入 (Y)	人 万元	$50 \leqslant X < 300$ $500 \leqslant Y < 20000$	$10 \leqslant X < 50$ $100 \leqslant Y < 500$	$X < 10$ $Y < 100$
交通运输业	从业人员 (X) 营业收入 (Y)	人 万元	$300 \leqslant X < 1000$ $3000 \leqslant Y < 30000$	$20 \leqslant X < 300$ $200 \leqslant Y < 3000$	$X < 20$ $Y < 200$
仓储业	从业人员 (X) 营业收入 (Y)	人 万元	$100 \leqslant X < 200$ $1000 \leqslant Y < 30000$	$20 \leqslant X < 100$ $100 \leqslant Y < 1000$	$X < 20$ $Y < 100$
邮政业	从业人员 (X) 营业收入 (Y)	人 万元	$300 \leqslant X < 1000$ $2000 \leqslant Y < 30000$	$20 \leqslant X < 300$ $100 \leqslant Y < 2000$	$X < 20$ $Y < 100$
住宿业	从业人员 (X) 营业收入 (Y)	人 万元	$100 \leqslant X < 300$ $2000 \leqslant Y < 10000$	$10 \leqslant X < 100$ $100 \leqslant Y < 2000$	$X < 10$ $Y < 100$
餐饮业	从业人员 (X) 营业收入 (Y)	人 万元	$100 \leqslant X < 300$ $2000 \leqslant Y < 10000$	$10 \leqslant X < 100$ $100 \leqslant Y < 2000$	$X < 10$ $Y < 100$
信息传输业	从业人员 (X) 营业收入 (Y)	人 万元	$100 \leqslant X < 2000$ $1000 \leqslant Y < 100000$	$10 \leqslant X < 100$ $100 \leqslant Y < 1000$	$X < 10$ $Y < 100$
软件和信息技术服务业	从业人员 (X) 营业收入 (Y)	人 万元	$100 \leqslant X < 300$ $1000 \leqslant Y < 10000$	$10 \leqslant X < 100$ $50 \leqslant Y < 1000$	$X < 10$ $Y < 50$
房地产开发经营	营业收入 (Y) 资产总额 (Z)	万元 万元	$1000 \leqslant Y < 200000$ $5000 \leqslant Z < 10000$	$100 \leqslant Y < 1000$ $2000 \leqslant Z < 5000$	$Y < 100$ $Z < 2000$
物业管理	从业人员 (X) 营业收入 (Y)	人 万元	$300 \leqslant X < 1000$ $1000 \leqslant Y < 5000$	$100 \leqslant X < 300$ $500 \leqslant Y < 1000$	$X < 100$ $Y < 500$
租赁和商务服务业	从业人员 (X) 资产总额 (Z)	人 万元	$100 \leqslant X < 300$ $8000 \leqslant Z < 120000$	$10 \leqslant X < 100$ $100 \leqslant Z < 8000$	$X < 10$ $Z < 100$
其他未列明行业	从业人员 (X)	人	$100 \leqslant X < 300$	$10 \leqslant X < 100$	$X < 10$

注：划分企业类型时其下限必须同时满足两条件，上限至少满足一个条件，农林牧渔业与其他未列明行业除外。

资料来源：根据 2011 年 6 月 18 日工业和信息化部、国家统计局、国家发展和改革委员会、财政部四部门联合发布的《中小企业划型标准规定》整理。

总体来讲，我国中小企业的界定标准越来越趋于合理，顺应了我国的经济发展状况，但界定标准变动较快，也给政策的执行带来了一定困难。

2.2

中小企业网络组织的概念与特性

2.2.1　网络组织与中小企业网络的概念

从 20 世纪 80 年代，有关网络组织的研究文献大量出现，但直到现在还没有对网络组织的定义形成统一认识。一般认为（Miles & Snow，1986；Podolny & Page，1998 等），网络组织（network organization）介于层级组织和市场组织之间，其特性也介于层级组织的特性和市场组织的特性之间，但绝不是两者特性的简单综合，网络组织兼有层级组织和市场组织的优点，在现代经济社会中已成为一种必不可少的组织形式。

网络组织是基于主体之间各种正式的和非正式的关系的建立而发展起来的，由于分析的角度不同，网络组织的定义有多种说法。国内外对网络组织的定义已不下几十种。在第 1 章的文献综述中，已经总结了国内外一些学者对网络组织的不同定义与认识。

综合考虑国内外学者的观点，网络组织既不同于层级组织，又不同于市场，而是介于市场与层级组织之间的一种新的组织形态，它吸收了传统的科层组织与市场运作模式的优点，但并不是二者之间一个简单的中间形态，它具有层级组织的明确的目标，又引入了市场的灵活机制，因此它比市场稳定，比层级组织灵活。网络组织的边界具有可渗透性和模糊性。它以专业化的资产、共享的过程控制和共同的集体目的为基本特性（黄泰岩、牛飞亮，1999）。因此，网络组织的内涵可以这样表述：以独立个体或群体为结点，以彼此之间正式或非正式的连接关系为线路，而形成的介于企业与市场之间的一种制度安排。由于本书把讨论的范围限定在企业范畴内，所以在本书中的网络组织是特指企业网络组织。

基于上述认识，笔者认为，只要是企业之间或企业与社会组织之间的跨界经济联合都应纳入网络组织的研究范畴，如虚拟企业、战略联盟、企业集群、企业外包、兼并收购、企业集团、企业联合体、垄断性组织、互惠贸易协定、供应链协作网络等都是网络组织的具体模式。

同时，笔者还认为企业网络组织与企业网络是具有相同含义的概念，只不过出现的场合可能不同，当比较注重网络作为一个整体的时候，就用企业网络组织，而当比较注重结构状态时，则用企业网络，但其含义是一样的。

中小企业网络组织则是以中小企业为参与主体的一类特殊网络组织。中小企业网络组织的结点可以是中小企业、大型企业，也可以是中介机构、服务机构或政府机构，但在这个网络中，中小企业是必不可少的，而且占据着重要地位。中小企业网络成员企业之间往往具有稳定的关系，且不一定需要明文的契约来维持，而主要是通过相互之间信任和承诺来协作。

因此，笔者对中小企业网络组织的界定为：中小企业网络组织是指一批相互联系又各自独立的中小企业为了生产经营的需要，通过信任关系、承诺或契约所建立起来的一种相对稳定的交易关系。这种交易关系可以是垂直联结，也可以是水平联结，在保持网络组织内中小企业结点高度灵活性的情况下，通过协作追求规模经济和范围经济，并分享由中小企业网络组织带来的网络经济性。

中小企业网络内的成员企业可以获得比网络外的企业更多的竞争优势，这是它们合作的初始动力。中小企业网络组织的形成一般是源于中小企业为谋求改变自身的生存环境所结成的"联盟"。

2.2.2　网络组织的特性

2.2.2.1　网络组织的基本特征

网络组织是由一群彼此依赖的独立活性结点间通过联系所形成的整体系统，各结点之间存在着信息流动。它既具有科层企业的计划性，又具有市场的灵活性，但不是两者的简单折中，它在结构和功能上具有自己的一些特征。

（1）协同增值性。构建网络组织的最终目的是获得单个企业独自运行所无法获得的价值，产生"1 + 1 > 2"的效果，即协同增值性。由于协同增值性的存在，整个网络的价值大于所有结点企业价值的简单加和（喻红阳，2005）。网络组织的增值性通过建立网络产生的规模经济效益、范围经济效应和集聚效应的获得来实现。协同增值性是网络组织存在的意义所在。

（2）计划性与灵活性的统一。网络组织集成了企业科层组织和市场组织的优点，既有企业科层组织的计划性、协调性，同时也能对外部环境的不确定性作出迅速反映，快速决策，提高市场占有率。这样的特点使网络组织在要求对客户需求进行迅速反映的一些行业得到了更广泛的应用。

（3）竞争与合作的统一。网络组织的成员企业间既存在竞争关系，同时更多地表现为互惠合作关系。网络组织追求的运行目标是信息共享和无障沟通。竞争合作是实现增值的重要手段。

（4）开放性、自我管理和自适应性。网络组织在运作过程中，往往处于十分复杂的动态环境变化中，企业经营者必须不断根据环境的变化做出适应性调整，成员企业自主控制与网络的关系、自主决定与网络之间联系的建立、中断、加强或减弱，所以要求网络组织具有开放性，能通过自我学习、自我管理和自我适应建立起一种适应动态变化的学习能力（喻红阳，2005）。

（5）边界的模糊性和可渗透性。网络成员结点主要是靠协议、契约和信任等联结，成员合作普遍存在，错综复杂的合作关系使得企业边界相对模糊，为了实现合作，也要求企业的边界具有一定的柔性和可渗透性。

（6）个体具有法人地位，但整体一般不具有法人地位。网络组织的各结点组织一般都保留原来的法人资格。但网络组织一般不具有法人地位。在地位不对等的网络组织中，核心结点往往起着主导作用，对网络组织运作有更多的控制权；在地位对等的网络组织中，合作各方平等参与、共同管理，网络组织一般不具备法人地位。

（7）动态直接联结。网络组织的动态性表现为组织形式上的动态性与运作上的动态性。网络联结常常随着市场和产品的变化而调整。网络成员的联结是直接的和点到点的，不像科层组织那样存在层级关系，发现问题和机会常常由这些松散的联合或不太紧密的直接联结获得。

（8）更加关注无形资源的整合。网络组织是建立在信用基础上以合作为目的的一种契约关系，所以它不仅是对有形资源的整合，更加专注于网络组织核心能力的构造和培养，信用基础、网络文化、协议或潜规则的和谐是网络组织发展的持续动力。

2.2.2.2 网络组织的复杂特性

圣塔菲研究所（SFI）是复杂系统和复杂性研究的先驱，学者们试图通过学科之间深入的探讨和相互影响，在各种不同的系统间找出一些称为"复杂性"的共性，从而突破一直统治科学领域的线性、还原论的思维模式，以一种新的观点认识并应对复杂的世界。复杂系统由相互作用的实体构成，表现出自组织、演化和持续创新特征，存在于我们这个世界的各个领域，如物理系统、生物系统和人类社会系统。作为由多个结点相互作用而构成的企业网络组织同样也表现出复杂系统的一些特征：

（1）结构多样性。网络组织的结构复杂性主要体现在结点的复杂性、联结方式的复杂性以及边界模糊渗透性三个方面。网络组织由具有决策能力的活性结点构成，结点可以是中小企业、大型企业、研究所、大学、金融机构、服务支持社团、甚至政府部门等，结点具有信息加工和处理能力，结点的数量不一、结点的决策特征不同，决策模式多样，决策素质各异，网络组织结点间的联结方式多种多样、联结效果也不尽相同。网络组织结点间具有非线性、即时的联结机制。创新源于决策结点活性和结点之间的相互作用。网络组织的边界具有模糊渗透性，各成员之间相互嵌入，物质、资金、信息和文化等在成员企业间相互流动与共享。

（2）动态性。网络组织的动态性体现在三个方面。首先，网络组织所处的环境是动态多变的，组织承担的社会责任、消费者需求模式的改变、经济全球化的挑战以及科学技术的迅猛发展给组织带来一个更为复杂多变、更加不确定的环境。网络组织通过与环境交互作用、向环境学习、与环境匹配来推动自身的演进；其次，网络组织的边界具有时变性，某些新企业的成立和原有企业的消失使网络结点发生变化，而且也会导致不同结点之间连通性的增加或减少，从而使结点之间交互影响模式发生改变；最后，随着外部环境的变化和结点间交互模式的改变，不同结点在网络中的地位也会发生改变。

（3）开放性。网络组织是开放型组织，它使合作的范围边界真正具有柔性、模糊性的特征，能逐渐融合企业之间的技术标准、价值观、文化理念等差异，从而使结点组织之间由敌对竞争的关系向合作竞争的关系转化。不仅网络组织的结点成员如企业、科研院所、政府、中介机构等可以根据自己的意愿进入或退出某一网络组织，而且网络组织与外界环境之间以及不同网络组织之间都存在着物质、能量和信息的流动。

（4）非线性作用。网络组织通常是由许多子网络组成，子网络之间以某种或多种方式发生复杂的非线性相互作用。非线性不仅在时间上而且在空间上产生了各种复杂的相关结构。结点联结的非线性机制造成混沌和复杂，从时空结构上有一个生存、发展、优化的过程。从网络层面上看，它具有长期不可预测性，网络组织在整个生命周期内，其对网络内外企业或组织的吸引力的变化是非线性的。从网络组织内部来看，各结点企业之间既存在着竞争，又存在着合作，两种力量交织在一起形成非线性的相互作用，由技术创新和知识创新所引起的企业竞争力的提高也是非线性的。

（5）自学习性。学习是网络组织演进的动力，是其生存发展的永恒主题。网络组织适应环境、改造环境的过程是网络组织的学习过程；网络组织结点之间的相互学习、协作创新的过程是网络组织结点学习的过程；网络组织成员的终身学习是对其成为网络成员、求得自身发展的必然要求。

（6）自相似性。网络组织的结点本身也可以是另一层次的网络组织，同时，网络组织之间构成的联系也可能构成"网络之网络"，形成更高层次的网络组织。不同层次网络组织之间具有相似的网络结构、相似的功能。每个层次的结点都以专业知识、经验技能、专有信息为基础，以信息处理、整合、协作、创新为核心能力，以与其他结点合作、协作创新为目标，以主动发挥自身积极性与创造性为生存方式等共同特性作为网络组织功能自相似性特征。

（7）非对称性。在具有一定类型对称性的复杂系统中常常会发生对称性破缺的现象。企业网络组织中存在不同规模的子网络或结点集团，它们在结构上与整个网络是相似的，但各自呈现出不同特征，使网络整体表现为非对称性。

（8）自组织性。网络组织是一个开放的复杂系统，它与外界环境进行物质、能量和信息交换，是一个耗散结构。于是，它可以由内部非线性机制驱动从初始状态发展到有序结构，而不是无序结构。网络组织是企业与组织相互联系、相互作用的结果，其形成、运行与发展有着一定的规律，达到相对稳定的状态。

2.2.2.3　网络组织与市场及层级组织的比较

网络组织是介于层级组织和市场之间的一种新的组织形式，它兼有层级组织和市场的一些特性，但它既不同于市场，又不同于层级组织，还不是两者的简单叠加。

Marshall Van Alstyne（1997）从 15 个方面系统地比较了网络组织、市场以及层级组织三者之间的区别与联系，见表 2 - 4。

表 2 - 4　　　　　　　　层级组织、网络组织和市场的比较（一）

组织特征	层级组织	网络组织	市场
目的	● 上级部门利益优先	● 兼顾各合作者的利益	● 提供交易场所
资产和资源	● 资产专用性高 ● 松散资源 ● 固定、大型的有形资产	● 适度高资产专用性 ● 非松散资源 ● 柔性、较多的无形资产	● 低资产专用性 ● 易于交易
垂直一体化	● 高 ● 生产投入所有权集中化	● 可变 ● 所有权单元分散化	● 无 ● 生产投入所有权分散化
信用	● 低	● 中等偏高	● 低
交易	● 长期时间模式 ● 高概率反复	● 中等偏长期 ● 可变的反复	● 短期时间模式 ● 低概率反复
产权转移	● 生产时引起工资索取权 ● 生产投入或未来收入流的劳动索取权小或无	● 分散的/持续的产权转移 ● 协商/常常共享的收入流索取权	● 销售时产生的工资或收入索取权，由产权决定
冲突解决	● 详尽的合约 ● 行政命令	● 关系的、经常的合约，共同协商，互让互惠	● 市场规范 ● 法庭、法律体系
边界	● 固定、刚性、内外分明 ● 强，典型的静态连接	● 柔性，可渗透，相对，潜在连接 ● 强和弱，常动态连续	● 具体、完全细致 ● 不明显，公平，一次性连接或联合
联系	● 不间断 ● 通过渠道（垂直） ● 一点到多点或多点到一点	● 当需要时 ● 直接 ● 多点到多点	● 短期存在 ● 直接 ● 多点到多点
任务基础	● 功能导向	● 项目导向	● 一致性（当事人从开始直到结束）
激励	● 低，预先确定过程和报酬	● 较高，业绩导向	● 高，强调销售业绩或退出市场
决策	● 高层，远距离	● 共同协商，接近现场	● 即时，完全自主

续表

组织特征	层级组织	网络组织	市场
信息收集	• 静态环境中的较低搜索度 • 通过专业化机构	• 分布式信息收集 • 中等搜索度	• 通过价格传达信息 • 价格向量极其重要，需要寻找价格
产品	• 大量生产，大规模经济	• 更定制化，规模/范围经济	• 允许巨大变化的现货合约
控制/权威/影响模式	• 地位或规则为基础 • 命令/服从关系	• 专业技能或声誉基础，重信念 • 通过连接影响控制	• 通过价格机制取得共识

资料来源：Marshall Van Alstyne. The state of network organization：a survey in three frameworks. Journal of Organizational Computing，1997，7 (3).

通过深入分析，我们还发现，网络组织与层级组织、市场之间在以下 10 个方面也存在一些差别，见表 2 - 5。

表 2 - 5　　　　　　层级组织、网络组织和市场的比较（二）

组织特征	层级组织	网络组织	市场
主要表现形式	• 一般企业 • 跨国企业 • 连锁企业	• 集群 • 战略联盟 • 虚拟企业 • 企业集团 • ……	• 市场
合作方式	• 命令控制方式	• 协作	• 市场规范
合作程度	• 合作	• 竞争与合作	• 激烈竞争
运作基础	• 权威	• 契约或价格	• 价格
演化方式	• 他组织	• 自组织	• 自组织
治理方式	• 科层治理	• 网络治理	• 市场治理
调节方式	• 强制调节	• 联合调节	• 自动调节
协调成本	• 组织成本	• 组织成本与交易成本	• 交易成本
调节的力量来源	• 计划	• 谈判	• 供求
合作稳定性	• 强	• 较强	• 弱

资料来源：沈运红、王恒山. 中小企业网络组织生态运行演化机制初探 [J]. 科学学研究. 2006 (s1)：246 - 249.

Richard Larsson 通过深入研究组织间的关系后，建议用市场、组织间协调和层级组织的三级制度替代传统的市场与科层的两级制度框架。遵循亚当·斯密和钱德勒把市场和企业科层分别称为"看不见的手"和"看得见的手"的隐喻，形象地把组织间协调（网络组织）称为看不见的手与看得见的手的"握手（Handshake）"，并将 Williamson 的三维规制理论与资源依赖的观点相结合，设定七个状态变量，对"三级制度框架"中各级所具有的相关特征做了进一步的分析（见表 2-6）。他认为，在较为，在较低的内在化成本和行为者之间信任程度低的情况下，不确定性、交易频率及特定资源依赖程度越高，这些资源依赖越可能由"看不见的手"所协调；在较低的外在化成本情况下，不确定性、交易频率和特定资源依赖程度越低，这些资源依赖越可能采用市场"看不见的手"之方式实现；在较低的召集成本和较高的内在化成本或行为者之间信任程度高的情况下，不确定性、交易频率和特定资源依赖程度越高，资源依赖的协调越可能由作为企业间契约的网络来协调。

表 2-6　　　　市场、组织间协调和层级组织三种制度安排适用环境的因素比较

状态变量	看不见的手（市场）	握手（组织间协调）	看得见的手（层级组织）
不确定性	低 ——————————————————→ 高		
交易频率	低 ——————————————————→ 高		
专用性	低 ——————————————————→ 高		
信任		高 ←—————————— 低	
内部化成本		低 ——————————→ 高	
召集成本	高 ←————————— 低 ————————→ 高		
外部化成本	低 ———————————————→ 高		

资料来源：Richard Larsson. The handshake between invisible and visible hands ［J］. Int. Studies of Man age-ment & Organization, 1993, 23（1）：87 106.

　　构成网络组织的一个重要基点是非正式组织能充分发挥效力。正式组织与非正式组织间相互联结，扩充组织的活动规模与空间，扩散组织的边界，触发治理环境的变化。而治理环境的变化，使治理任务所依赖的路径发生改变，引发治理形式的渐变，即由以科层组织为基础，股东会、董事会与经理层为主体的治理结构向以中间组织状态为基础，网络治理形式的方向演化。这导致一种明显不同于传统的科层与市场的治理形式——网络治理形式的产生与形式（Powell, 1990）。表 2-7 对网络治理与科层治理之间的差异进行了综合的比较（李维安, 2003）。

表 2-7　　　　　　　　　网络治理与层级治理的比较

比较对象	科层治理	网络治理
理论基础	企业理论	网络组织理论
治理目标	股东或利益相关者利益最大化	网络整体价值最大化，网络的整合、协同和维护
治理机制	激励机制、约束机制	有组织的市场机制、有市场的组织机制
治理内容	企业控制权和索取权的制度安排	企业间的关系安排
组织形式	正式组织，权威结构	正式或非正式组织，关系链接
治理时效	滞后	及时
治理渠道	少	多
治理成本	高	低
治理行为	被动与消极	主动与积极
制度形态	企业内的制度安排	参与者间的关系安排
治理的环境分析维度	非确定性、资产专用性状况，交易频率状况	不确定性，任务复杂性，交易属性，人力资本的专用性

资料来源：根据李维安等. 网络组织——组织发展新趋势. 经济科学出版社，2003：264，整理而得。

2.2.3　基于交易费用理论的网络组织产生原因分析

市场和企业是对分工进行组织、整合的两种规制结构，由此产生的对资源配置的管理，分别导致了管理成本和交易成本。管理成本是指企业组织和协调生产所耗费的费用。交易成本包括调查和信息成本、谈判和决策成本以及制定和实施政策的成本，即一切不直接发生在物质生产过程中的成本（杨蕙馨、冯文娜，2004）。

一项交易由企业内部科层组织花费的成本之所以低于外部市场组织花费的成本，主要原因是内部组织交易降低了交易的不确定性，或内部控制的效率比较高。假定某企业内部组织交易的成本用 C_f 表示，即 C_f 代表由一项特定活动的不完全或完全的内在化而引起的管理成本。而由市场组织同样内容的交易所费成本用 C_m 表示，即 C_m 为一特定的以市场为基础的活动的交易成本。由市场来组织的收益用 B_m 表示，即 B_m 描绘销售收入超出所有的生产、销售和管理成本的部分，而不仅仅是 C_m 包含的成本。由企业内部组织交易的收益用 B_f 表示。

管理活动的增加会引起企业的收益和生产成本的相应变化。企业规制结构的一般模型如图 2-1 所示。

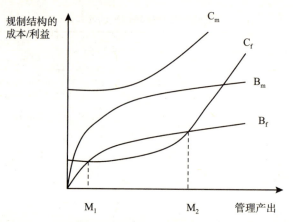

图 2-1　企业结构的成本/收益随管理产出的变化关系图

从图 2-1 中可以看出，在区域 $M_1 \sim M_2$，因为 $B_f > C_f$，而 $B_m < C_m$，说明企业组织这项交易的管理成本低于市场组织同样交易的交易成本，企业在这种情况下是有效的整合方式。

而市场规制结构的一般模型如图 2-2 所示。

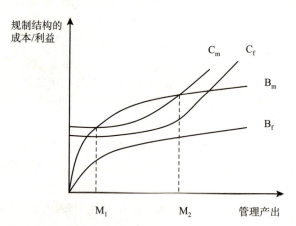

图 2-2　市场结构的成本/收益随管理产出的变化关系图

图 2-2 中，在区域 $M_1 \sim M_2$，因为 $B_m > C_m$，而 $B_f < C_f$，说明市场组织这项交易的成本要低于企业组织同样交易的成本，市场在这种情况下是有效的整合方式。

现在假设出现图 2-3 所示的情况，这时，$B_m < C_m$，且 $B_f < C_f$，即不管是企业还是市场来组织这项活动都大于收益，这时除非政府存在补贴，否则不会有企

业或市场来组织此项活动，是不可行的规制结构。

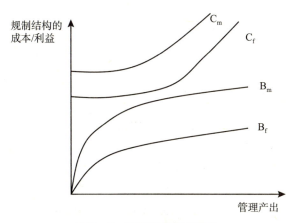

图2-3 不可行的规制结构

网络组织规制结构的一般模型如图2-4所示。

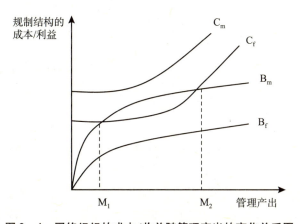

图2-4 网络组织的成本/收益随管理产出的变化关系图

图2-4中，$C_f < C_m$，即内部科层组织一项交易的成本小于通过外部市场来组织该项交易的成本，内部化是有效率的。但是 $B_f < C_f$，即内部化后组织这项交易的收益小于成本，内部化是无利可图的，也就是该项交易实行企业内部组织的办法是不可行的。$C_m > B_m$ 意味着以市场为基础的关系使外部购置成为不可行的。从图2-4中还可以看出，内部组织在控制该项交易上有着成本上的优势，建立在长期合作和信任基础上的契约有助于通过外部市场来组织该项交易的成本

（C_m）向下移动（C_f方向），从而使兼具市场与企业规制结构优势的经济关系成为可行（陈守明，2002）。由于外部市场组织这一交易的收益大于内部组织的收益，即 $B_m > B_f$，因此，在区域 $M_1 \sim M_2$ 之间将外部市场的收益优势和内部组织控制成本的优势相结合，构建一种兼具企业与市场二者优势的规制结构就是自然而然的。这也正是网络组织能够产生的原因。

随着外部环境的快速变化、客户需求的日益个性化以及信息技术的迅猛发展，完全按照企业或市场进行交易的行为将越来越难以适应这种变化，更多的交易行为会表现为介于企业和市场之间的网络组织形式。

2.2.4　中小企业网络组织的特性分析

以中小企业为主构成的网络组织，是中小企业避免竞争劣势的一种有效手段，它既有网络组织的一般特性，同时又与一般网络组织不完全相同，呈现出一些自身的特性。

（1）资源互补性。与大型企业相比，中小企业在资金、人才、技术等方面存在着明显的劣势，选择网络组织形式可以实现资源共享，充分发挥各自现有优势，提高核心竞争能力。所以资源互补性是中小企业网络的一大特点，也是中小企业网络组织存在的前提。

（2）边界模糊性。网络组织中，许多项目或功能是跨越企业边界的，需要多个企业或单位配合来完成，这一点在中小企业网络组织中体现得更加明显。在中小企业网络组织中，企业边界变得更加模糊，项目共同参与的企业更多，成果被更多的企业共同所有。同时中小企业的边界也更具时变性，随着任务的不同，合作伙伴的不同，合作时期的不同，企业边界也不断变化。边界模糊时变性是中小企业网络组织保持竞争力的关键。

（3）动态选择性。中小企业网络组织内外部环境总是处于变化之中，外部技术或市场具有不确定性和不可观测性，网络内中小企业破产、被兼并等现象不可避免，所以中小企业网络组织虽然在一定时期内具有相对稳定性，但随时都有可能为了适应内外部变化而重新进行选择。一方面网络结点不断变更，新结点会不断进入，原有结点也有可能退出；另一方面原有网络关系也随时有可能改变。所以中小企业网络总是处在不断的动态选择之中，动态选择性是中小企业网络组织实现自我更新的基础。

（4）平等互利性。在中小企业网络组织中，无论是中小企业与中小企业之间，还是中小企业与大型企业之间，只有建立起柔性、平等、独立的合作关系，才能使网络组织更好地实现信息交流与共享。互惠互利，平等共享是成员企业长期合作的基础。那些受到核心经济主体控制，以强凌弱，不能合理分配合作成果的网络组织，一般很难保持长期稳定。平等互利性是中小企业网络组织和谐运行的条件。

（5）复杂演化性。这一特征在中小企业网络组织中体现得很突出，首先是环境复杂性。小企业合作的目标之一便是通过集体的力量应对环境变化，取得与其他大企业、企业网络相当的竞争优势地位。中小企业网络组织中众多结点的交互作用形成了一个大维数的网络结构，也大大提高了中小企业网络组织的结构复杂性。其次，中小企业网络组织是在整个宏文化的规制下，通过结点之间的互动推动中小企业网络组织的演进，体现出中小企业网络组织的自学习、自组织特征，从而将复杂性特征显著地体现在结点的个体行为、群体行为及整个中小企业网络组织行为上，揭示了中小企业网络宏观文化对结点行为的约束机制、群体动力机制以及中小企业网络组织自组织演进、创新涌现等特征（林润辉，2004）。

2.3

中小企业网络组织常见类型

张丹宁、唐晓华（2008）从主体、行为、资源三个网络要素出发，构建了产业网络的组织分析框架。在此基础上，选取"嵌入式"、"浮游式"、"主导式"、"群居式"、"竞争式"、"合作式"、"紧密式"和"开放式"八个标准对产业网络进行分类，是目前国内外关于产业网络组织较全面的一篇文献。从表现形式来看，中小企业广泛采用的网络组织形式主要有：中小企业集群、战略联盟、虚拟企业、下包制、供应链协作网络和企业集团等（李维安等，2003；刘东等，2003），下面分别进行讨论。

2.3.1　中小企业集群

企业集群（Enterprise Clusters），又称产业群（Industrial Clusters）、企业簇群等，是产业的空间集聚现象。企业面临的市场环境决定了特定产业的企业尤其是中小企业在某个地区集聚从而产生企业集群。集群内部各成员企业分别进行专业化生产，可以获得专业化的雇员和供应商的支持，快速交换和积累专业化信息、技术和管理知识，实现较高的生产率，因此企业集群是一种有利于分工协作的企业网络。由于每个学者所处背景时代不同，给出的定义和内涵也有差别。

迈克尔·波特（Michael E. Porter，1990）在其竞争优势理论基础上对中小企业集群（SME Clusters）进行了研究。他认为中小企业集群是指某一特定领域内相互联系的中小企业及机构大量聚集于一定的地域范围内，形成的稳定的、具有持续竞争优势的集合体，认为企业集群是某一特定领域内互相之间具有产业联系的、在地理位置上相对集中的公司和机构的集合，它包括：聚集在一起的企业、供应商、厂商以及相关机构。波特认为集群在空间布局上是一种新的组织形式，这种形式一方面处于保持距离型的市场之间，另一方面又处于等级或垂直一体化之中（Michael E. Porter，1998）。波特还进一步给出了垂直企业集群和水平企业集群的定义。他认为，垂直企业集群是通过买卖关系来联结的众多企业所形成的企业集群，水平企业集群是由包括共享终端产品市场、使用共同技术、技巧及相似的自然资源的企业所组成的集群。

伯卡蒂尼和森根伯格（Becattini & Sengenberger，1992）对意大利集群进行审视，认为集群是因自然或历史的原因，在一个特定的地理区域由活跃的社区和大量的企业所组成一个社会区域系统。1999 年英国贸易工业部（DTI）、经济合作与发展组织（OECD）都将企业集群定义为是由众多相互依赖的企业、知识生产机构、中介服务机构以及客户组聚集在某一区域，形成的一种生产网络，彼此之间既竞争又合作，目的是取得协作效应降低风险。卡米松和福瑞斯（César Camisón & Beatriz Forés，2011）指出企业集群是信息和知识的转移所形成的一个空间范围内的密集网络，群内企业可以获得和共享成员间的关系和群内大量的专业化人力资本。彼得和德拉根（Peter W & DE Langen，2004）提出集群是人口及相关的企业单位、协会或公共（私人）组织经济专门化的集中（肖冰，2012）。

集群对企业及其产品竞争优势特有的好处，不再是传统的基于成本的自然禀赋等外生因素，而是区域内因集聚、竞争、合作、创新、"干中学"等动态因素而产生的内生因素优于其他区域的内生因素。这些内生因素的作用比外生因素往往更为重要，而且内生优势往往更持久（傅京燕，2003）。

中小企业集群内企业之间是以平等的市场交易方式联结的，相互间的关系比较松散，不包含垂直一体化的刚性层级组织机构。在中小企业集群中，更多采用的是双边规制机制，主要是靠集群内部企业之间的信任和承诺等人文因素和非正式契约来维持长期交易关系。

综上所述，可以将中小企业集群界定为由众多自主独立而又相互关联的中小企业，依据专业化分工和协作关系建立起来的，并在某一地理空间高度集聚而形成的介于纯市场组织和层级组织之间的一种中间性产业组织。中小企业集群的产生与群内企业之间信息沟通的难易程度紧密相关。中小企业间的沟通因地理位置的靠近而变得更加方便与快捷，从而降低了交易成本。

2.3.2　战略联盟

战略联盟（Strategic alliance）的概念最早是由美国 DEC 公司总裁简·霍普兰德和管理学家罗杰·奈格尔提出的，并引起了管理学界和企业界的广泛关注。目前尚无统一认可的定义，一般认为，战略联盟是指不同的企业为了实现共同的利益和建立竞争优势，将各自拥有的不同的核心资源结合在一起，建立的一种以契约为纽带、优势互补、风险共担、分工协作、要素双向或多向流动的长期而松散的企业网络化联合体（李新春，2000）。战略联盟是追求长期、共同、互惠利益的一种松散型战略伙伴关系。战略联盟多为自发的、非强制的，联盟各方仍旧保持着原有企业的经营独立性。结成战略联盟的企业必须都拥有自己的一定数量的资产、运行功能，当他们合作时，会形成新的经营价值，而新价值的产生根源于合作方之间的功能及资源的差异性，而非同质性。

20 世纪 80 年代以来，战略联盟迅速发展，在 1987～1997 年期间，联盟的数量以每年 25% 的速度递增。在战略联盟不断涌现的同时，战略联盟又以很大的速度和频率在解体和消失。尽管联盟的失败率非常高，但是联盟的数量还是在不断增加。由于战略联盟的复杂多样性，人们对战略联盟的认识也不一样。从经济学角度来看，交易费用理论把战略联盟看做是介于市场和一体化组织之间的形式。而从管理学角度出发，蒂斯（Teece，1992）把战略联盟定义为：两个或更多的合作伙伴，共同承诺为了实现一个共同的目标，汇集它们的资源和协调它们的行动。也有人把战略并购也作为战略联盟的形式，将兼并（Merger）和收购（Acquisition）称为结构性的战略联盟，而将组织间的其他合作方式称为非结构性的联盟。尽管这种分类法有一定的道理，但笔者认为并购并不应理解为战略联盟的一种形式，因为被并购的企业在战略上已经不能作为一个独立的企业而存在。

从不同的角度，战略联盟可以有不同的分类：从联盟的直接动机来看，可分为技术合作的战略联盟、生产合作战略联盟和营销战略联盟三类；从组织方式来看，可以分为股权性战略联盟和契约性战略联盟两类；从联盟方向来看，可分为横向战略联盟和纵向战略联盟两类（刘东等，2003）。第一种分类方式最为常见，也有更多的实际意义。

中小企业是市场竞争中的"弱势群体"，相对于大型企业而言，中小企业在资金、技术设备和人才等方面处于劣势，因而，它们面临的竞争环境更加残酷，选择战略联盟是中小企业摆脱竞争劣势的一个有利手段。作为中小企业，只有选择一个与自己相匹配和相容的联盟结构和联盟伙伴，才能有效弥补自身的战略缺口，从而取得竞争优势和实现战略目标。

中小企业组建战略联盟的主要优势有：有利于开拓市场；有利于获取技术和人才资源；有利于减少风险；有利于实现规模经济；有利于缩短产品创新周期；有利于控制中小企业组织的运行成本；有利于解决中小企业的资金短缺问题；有利于降低中小企业的研究开发费用（马越峰，2005；谢仁寿，2005）。

中小企业战略联盟组织的具体形式可以多种多样，包括合资企业、互相持股、合作企业、R&D 合约、合作开发、联合生产和营销、加强与供应商合作、渠道协议以及特许协议等。不同的合作协议不仅取决于合作者的结构偏好，而且主要取决于企业现有的价值资源。联盟的本质是既有竞争又有合作，在合作中，联盟合作者可能会采取非合作行为，以提高本公司的利益，这样，基于信用基础上的战略联盟由于信息的不对称性，就给企业带来了道德风险、信用风险和产生投机主义行为的风险。因此，选择合适的联盟原则、方式和合作伙伴是联盟构建中最为困难而又最为重要的工作（芮杰明，周勃，2003）。

2.3.3 虚拟企业

虚拟企业（Virtual enterprise 或 Virtual corporation），最早称为"虚拟组织"（Virtual organization），是由美国里海（Lehigh）大学的艾科卡（Iacocca）研究所学者普瑞斯（K. Preiss）、戈德曼（S. L. Goldman）和内格尔（R. N. Nagel）于1991 年在向国会提交的一份研究报告《21 世纪的生产企业研究：工业决定未来》中首次提出。当时的含义很简单，仅作为一种比较重要的企业系统化革新手段被加以阐述（王信东、纪寿文、李振杰，2006）。

目前，虚拟企业还没有形成一个完全统一的定义，学者们从运行方式、技术、虚拟产品和服务、地理特征及工作手段等各个角度，或从虚拟企业的"联盟"特性、"外包"特性等方面给出了许多定义。

1992 年，大卫多（W. H. Davidow）及马隆（M. Malone）发表了他们的专著《虚拟企业》，对虚拟企业概念进行了丰富。他们认为虚拟企业是由一些独立的厂商、顾客甚至同行的竞争对手，通过信息技术联成临时的网络组织，以达到共享技术、分摊费用以及满足市场需求的目的。它没有中央办公室，也没有正式的组织图，更不像传统的企业那样具有多层次的组织结构。此后，虚拟企业作为一种组织形态受到广泛关注，并引起学术界的研究兴趣和企业界的实践兴趣。

虚拟企业既有"虚"的一面，更有"实"的一面。所谓"虚"的一面，是虚拟企业区别于实体企业的主要特点，即以信息流驱动物流，以信息的高效传递和沟通保证和促进企业运行；而"实"的一面是指虚拟企业所实现的企业功能是完整的，是通过每一个加盟的实体企业的现实运行来实现的（包国宪、贾旭东，

2005）。

　　虚拟企业的最大特点在于突破了传统企业的有形界限，强调通过对外部资源的系统整合实现企业的目标。这些外部资源包括竞争者、供应商、客户及传统价值链之外的其他企业和个人。由于整合的对象和形式多种多样，所以虚拟企业在现实中的表现形式也是多种多样的。但从基本形态上可分为两类，一种是组织结构虚拟的企业，另一种是功能（资源）虚拟的企业。

　　在组织结构虚拟型的虚拟企业中，找不到办公大楼，而是通过信息网络和契约关系把相关的、分布于不同地方的资源连接起来。许多人从技术角度理解的虚拟企业就是这种类型，包括互联网上的销售公司、银行等。高度知识化的企业也可通过这类虚拟企业进行。组织结构虚拟型的企业可划分为联邦模式（Federation Mode）、星形模式（Star-like mode）和平行模式（Parallel mode）三种（陈剑、冯蔚东，2002）

　　在功能（资源）虚拟型的企业中，其机构所在地是存在的。这类企业在运作时也有完整的功能产生，如生产、营销、财务、设计等。但是在本企业内仅保留核心或关键功能，而其他功能则根据业务需要，借助外部企业来实现。

　　虚拟企业的主要特征有：组织界限模糊性；地理位置的分布性；市场机遇的快速应变性；组织构成的动态性和可重构性；资源的互补性；对信息技术的依赖性。

2.3.4　下包制

　　20 世纪 90 年代以来，随着科学技术与信息技术的飞速发展，社会分工日益细化，产品交换的渠道和方式日趋复杂多样，企业所面临竞争环境变得更为复杂多变。外包逐渐成为企业在新的竞争形势下的主要战略。

　　外包制（Outsourcing）是指将某些生产环节，主要是制造环节，从原来一体化企业中分离出来的生产方式，也即通常所说的 OEM（Original Equipment Manufacturing）。原生产企业，仍然从事产品研制、开发、设计工作以及承担市场研究和营销工作，但是由专门的制造企业加工生产。

　　OEM 式生产方式意味着原来由企业内部通过组织力量来控制、协调的部分活动的外化，主要是制造加工的外化，但是这种交易活动不同于传统的外协采购活动，它是企业深入其间、进行网络化经营形成的网上结点。无论在制造企业的选择、维护与制造企业的关系，还是在与产品的加工制造有关的其他问题上，原企业都有深度介入。

　　制造、技术、品牌和营销管理各方面的效率在各个企业是不同的，一个企业很难在所有各个环节上都保持最有效率的状态。具有品牌优势和技术优势的原企业将产品的加工制造从企业中分离出去，交给那些劳动力成本更低廉、自然资源更丰富、更接近市场的国家或地区的企业，增强了产品的竞争力。

外包就是将原本在组织内部完成的功能和职能交由外部组织完成的行为，外包企业与承包企业之间的关系既不同于市场机制中纯粹的"买卖关系"，也不同于企业内部的"层级关系"，而是一种以重复交易为前提，以外包为载体，建立在信任基础之上的，长期合作、相互沟通、彼此信任、共担风险、合理划分收益的特殊合作关系。通过外包，企业一方面可以集中资源与力量，经营自己擅长的业务；另一方面还可以突破企业内部资源的约束，充分利用承包企业的优势资源以及基于企业间关系的网络资源来培育企业的核心竞争力，从而提高企业的绩效（周丽红，2010）。

外包制在日本也称下包制，它与虚拟企业有许多相似之处，但又不完全相同，详见第2.4.5节的对比分析。

2.3.5 供应链协作网络

一个完整产品的生产依赖于从投入到产出价值链各个环节的工作，响应消费者需求的速度依赖于价值链各个环节中处理事务的时间量；企业提供的产品的效用取决于供应链上增值服务的设计。某一价值链往往可能由多个作为独立产权单位的企业构成。在竞争日益激烈的今天，尽快的速度、可靠的质量、超值的效用是战胜竞争者的有力武器，供应链协作网络（Supply Chain Network）的产生成为必然。供应链伙伴之间是一种超市场的关系，它是指客户与供应商之间建立长期的亲密关系，以团队合作优于竞争为原则，保证为客户提供最好的服务，来实现最高的商业利益。

供应链合作关系围绕客户驱动的原则来建立，而合作伙伴之间协调的内容涉及多方面：首先，让供应商尽早参与，平行进行设计开发，缩短开发时间；其次，客户驱动的质量要求可以贯彻到产品生产的全过程，特别是将力量集中在决策过程的前端，加强预防，降低整个组织中的总失败率；最后，严格供货程序，保证供货可靠性。

2.3.6 企业集团

企业集团（Enterprise Group）是由多个中小企业法人组织共同组成的经济联合体，它的主体是有着资本联系的母子公司的系统，对外具有统一的商业形象，在经营上进行各种层次的协作，发挥多个企业联合体的整体优势。

根据企业产生的原因，特别是企业集团中企业间所属行业关系，企业集团可以分为三个不同的基本类型：

（1）行业内企业集团。这是为了充分利用特定行业相关知识和无形资产在行业内横向扩展而产生的企业集团。集团中中小企业同属一个行业，相互之间横向关联。

（2）产业关联的企业集团。这是为了减少交易成本、获得整体优势而产生的企业集团。集团中各中小企业处于纵向联系中。

（3）跨行业多元化的企业集团。这是为了获得多元化优势、财务效应等产生的企业集团。

对于具体的一个企业集团来说，它的产生可能是多方面原因共同作用的结果，所以多数企业集团可能不纯粹属于某个类型，而是各种类型相互嵌套、相互融合的状态。

本书认为企业集团应该是企业网络的一种特殊形式，它也是处于市场和层级组织之间，而且非常接近层级组织。原因有以下两点：第一，企业集团不像层级组织那样，具有纵向的层级关系，它可以是纵向关系，也可以是横向关系，即使是与层级组织类似的纵向关系，也不存在过多的制度性安排。第二，企业集团内的各中小企业都是独立法人，财务上独立核算，业务上相对独立。

目前，企业集团作为独立的企业网络形式的性质已经越来越明显。大公司不再作为集团内一元化领导的实体，而是演变为中小公司联合体的做法，正在成为一种潮流，并且有进一步发展的趋势。

2.4

中小企业网络组织常见类型的比较

中小企业网络组织的形成原因各异，组织形式也各不相同，这些形式之间既有区别，也有联系（李维安，2003；刘东，2003；戴淑芬、侯巍伟，2005；陈殿阁，2000）。对各种形式进行仔细区分有利于更加深入的针对性研究工作的开展。

2.4.1　战略联盟与虚拟企业

虚拟企业与战略联盟有许多相同或相似之处，如都是为了实现互惠互利，提高企业的运作效率和效益，共同承担风险，创造更多的学习机会，获得规模和范围经济，实现更低的成本等，二者的主要特征都表现为组织的松散性、合作的平等性、系统的开放性和管理的复杂性等。这两个概念在许多场合被交叉使用，但二者还是有着许多不同之处的，主要表现在以下几方面（李维安，2003）：

（1）合作关系的长短不同。虚拟企业一般是为了迎合明确的或可预期的机遇而产生的新型生产组织形式。组织间的合作相对短暂，完成暂时的目标后虚拟企业就会解散，等待下一次机会的来临或寻求新的组合，虚拟企业间的合作是暂时性的，所以合作伙伴之间不受长期契约的约束，将可能产生许多不利的机会主义行为；战略联盟针对的是持续的战略目标、经常性的业务能力和需求，选择相对固定的合作伙伴，合作时期一般较长，不是对瞬间变化所作出的应急反应，因此合作关系在契约执行期间是连接的、平稳的。

（2）合作范围与深度不同。虚拟企业成员间的合作一般是暂时性，所以更多地体现在经营层，只是为了某一具体的项目而合作，不涉及企业各自的长远发展，更多地体现为一种市场交易的契约；而战略联盟成员间的合作关系则主要是在战略层上，是长期的、深层次的合作。它可以在生产运作层面展开，也可以在资本运作方面形成各种形式的资本融合等。

（3）合作企业的类型不同。虚拟企业侧重于互补性业务活动，更强调核心能力，一般是由不同行业的企业组织起来的联合经营体，在生产、销售、技术开发等关键环节进行有机结合，实现人才、资金、技术、信息等方面优势互补。虚拟企业更侧重于纵向联合；战略联盟则侧重于同种业务活动的合作，一般为同行业或生产同种产品的竞争对手的联合，实现协同效应。所以战略联盟更侧重于横向联合（陈殿阁，2000）。

（4）运作基本条件不同。虽然虚拟企业与战略联盟都强调企业的核心资源，但虚拟企业着眼于某一具体任务，更强调各成员企业核心资源的协调性，而战略联盟则着眼于企业长远发展，强调各成员企业互补性非核心资源的共享性。

（5）联盟成员间的关系不同。虚拟企业一般有一个盟主和若干盟员企业，虽然在构成联盟体的身份和地位各企业是平等的，但对虚拟企业的经营方向的影响各企业是不同的。盟主企业对虚拟企业的经营方向起着决定性的作用。战略联盟参与成员的各自业务方向较为复杂，很多成员企业的业务方面可以是一致的，各个企业具有单独向社会提供最终产品或服务的能力。战略联盟也可以存在主导企业，但其影响力远没有虚拟企业中的盟主企业那么大。

（6）利益协调和利益冲突的关系不同。虚拟企业的各成员企业间业务方向相差较大，它们一般有着很强的运行功能的互补性，业务方向上不存在竞争或很少，因此合作的内动力较强，发生利益冲突的机会较少，冲突一般容易协调，虚拟企业发生解体，有些是由于企业合作的矛盾造成的，更多的解体是由于盟主企业更换或企业的业务方面更换造成的。战略联盟成员企业之间往往有着近似的企业分工，发生利益冲突时协调难度较大，联盟的解体多数是由利益协调失败引起的。

2.4.2　战略联盟与企业集团

企业集团与战略联盟作为两种企业间组织形式，在很大程度上有着相近甚至相同的特征，二者最为本质的区别就是联系纽带不同，或者说是企业之间合作关系赖以维持的基础不同。其中，企业集团是一种通过产权关系连接为主、由众多法人组成的经济联合体，如财团型企业集团和产业型企业集团。战略联盟是一种主要以契约为纽带、通过各种协议结成的相对松散的组织形式，各组织成员具有较大的自主性和灵活性。当然，战略联盟也可以伴有一定的产权安排，一般的形式是合资或参股、变换股权等（何畔，2000）。但企业集团中股权联系更紧密，更接近一体化的层级组织。

（1）合作关系稳定性不同。企业集团以股权联结内部各企业，相互关系相对更持久、稳定。战略联盟虽然也是企业之间的长期契约，有的战略联盟也相对稳定，但这种契约关系相对更容易出现合作伙伴的机会主义行为。在实际中，极少数战略联盟能够形成长期的成功合作关系。正因如此，在某些特定的行业或领域，如在涉及专利技术的领域、涉及商业秘密的领域以及有后续发展潜力的技术项目等时，企业往往选择以集团内合作的形式而不是战略联盟的方式进行合作。

（2）成员构成范围不同。由于企业集团的存在需要有股权上的结合，因而需要一定资金的投入，一定程度上限制了企业集团成员的数量，影响了成员成分的广泛性；而战略联盟的优势在于不需要动用大量资金，就可以在不扩大企业规模、不增加管理负担的情况下灵活借助外部资源，形式更为松散地联结各种成分的成员。

（3）成员地位关系不同。企业集团内部是层级式结构与市场机制的结合。一方面，各成员都是独立法人，相互间是平等互利的市场经济关系；另一方面，由于股权联系，又形成母子公司，呈现出一些层级特征。战略联盟各方在资源共享、优势相长、相互信任、各自独立的基础上，通过契约所结成的一种平等关系，展现出横向聚集的结构形态。虽然在那些实力相差悬殊的战略联盟中也有以强凌弱的局面出现，但这样的联盟是不稳定的，易破裂的，势均力敌的强强联盟往往可以维持更长的合作时间，具有更大的成功可能性。

（4）产生方式不同。企业集团可以产生于单体企业之间的横向、纵向、混合的联合、购并，是一种"准兼并"，原来企业间的地位由平等的市场交易关系演变为控制关系或影响力关系，但被兼并企业仍具有独立法人地位；战略联盟则一定是来自企业之间强强或强弱的相关业务的横向或纵向联合。一般通过契约关系自愿形成。

（5）业务跨度不同。战略联盟一般是基于战略考虑、就某一领域进行的广泛的合作，因此，合作者的业务往往是有较强关联性的类似活动或互补活动，或共同开发一项技术、研制一种产品，或针对同一产品进行产销联合等；而企业集团不但可以通过纵向、横向的联合，购并经营同类和相关性强的业务，还可以通过混合联合，并购经营跨度较大的，甚至不相关的行业。企业集团以多企业联合体的形式，在统一利益目标引领下，通过各成员形成的紧密的网络进行多角化经营，体现范围经济性。

2.4.3　战略联盟与中小企业集群

战略联盟与中小企业集群存在一些相似之处，主要体现在二者都具有获得外部规模经济和范围经济的作用，但二者同时都不丧失内部机制的灵活性；从内部企业之间的关系上看，二者都是竞合关系，面临竞争与合作双方面的影响；从形成最终目的上看，都是为了增强自身的竞争优势等。但二者之间的区别也是比较明显的，主要有以下几方面：

（1）形成方式不同。中小企业集群一般是指处于相同或相近地理位置的中小企业的聚集现象，它的最大特征就在于大量中小企业在空间上的集聚；而战略联盟则对地理位置没有限制，主要考虑企业自身核心资源的互补性，企业的空间距离可远可近。

（2）联系纽带不同。中小企业集群是以信任和承诺等人文因素来维持的，企业相互之间的结合较为松散，进入和退出壁垒都较小，集群内部企业的决策高度自主，各个企业在所有制、隶属关系、投资渠道方面保持不变；战略联盟则以契约或股权为联系纽带，相互之间的联系更加紧密，契约或股权对企业形成了一定的制约。

（3）成员统一性不同。虽然二者均位于威廉姆森的"中间性组织"谱系中，但中小企业集群和战略联盟内企业发展与经营中采用策略的统一性程度不同，战略联盟倾向于层级组织一侧，而中小企业集群则更靠近市场组织一侧。

（4）企业动机不同。中小企业进入集群常以其进入和退出障碍小、投资少、交易成本低、容易找到客户、原料供应商和专业人才为动机；而中小企业加入战略联盟则一般是出于以下动机：提高竞争能力，分担研发资金，弥补自身产业知识的不足，欲进入封闭市场等。

2.4.4　企业集团与中小企业集群

企业集团与中小企业集群相比，企业集团靠近层级组织一端，而中小企业集群则更靠近纯市场的另一端。企业集团与中小企业集群虽然在网络背景下产生了一定的融合，但二者的区别还是比较明显的，主要表现在以下几个方面：

（1）联系纽带不同。中小企业集群的建立无须股权的融合，甚至无须依靠契约，而是以信任和承诺等人文因素来维持集群的运行。企业间的结合较为松散，退出和进入集群的障碍较小，集群内部企业的决策高度自主，各个企业在所有制、隶属关系、投资渠道方面保持不变，没有共同、固定的层级组织结构；企业集团的组建则必须通过控股、参股形成紧密层、半紧密层，同时，依靠较为长期的契约关系来维系与松散协作层企业的关系，具有一定的层级结构。集团内部各成员通过生产、技术、资金等要素互相渗透并集结起来，形成利益共同体，进入或退出集团具有较高的成本。

（2）组织及成员个体规模不同。中小企业集群的成员一般是规模相对较小的企业，加之由于中小企业集群功能相对局限在一定的地域范围内，从而整体的规模也是有限的；而企业集团一般都围绕着核心企业经营，这一核心可以是大银行、大财团，也可以是大型工业企业，还可以是大财团与大企业的结合。也就是说，企业集团至少包含一个实力强大的核心企业。

（3）行业适用性不同。在某些要求一定规模的企业进入的行业中，居于主导地位的常常是大企业或以大企业为核心的企业集团。企业集团一定程度上解决了大型企业的"大组织病"困境，通过股权、契约将独立核算、自负盈亏的多个法人企业组织成协调行动的一支"联合舰队"，比"单行独骑"往往来得更为安全。企业集团可以利用其核心大企业以及紧密层实现"产品规模经济"，又可以利用其联结的众多的半紧密层和协作层实现"多企业规模经济"。主要包括资金密集型和技术密集型等需要较大规模资金和技术投入的行业等；而中小企业集群则主要集中在生产规模经济不显著的行业、产品制造流程可分离性程度较高的行业以及产品多样化、小型化的行业等。

2.4.5　虚拟企业与外包制

虚拟企业与外包制具有较多的相似性，均是通过外部协作来完成一定任务，都是具有灵活契约关系的企业间协作，但二者又不完全相同。

（1）形成目的和协调机制不同。虚拟企业是多个中小企业为了应对个性化需求和快速变幻的市场而组成的高度柔性、反应迅速的虚拟联合组织，它主要根据市场进行协调，多个中小企业之间相互协商运作。外包制是虚拟企业常常使用的一种重要形式，但其外包制一般指有一个核心外包主体，尤其是对于日本的下包体制来说，核心企业往往在外包过程中占据主导地位，而分包企业由核心发包企业协调，会受制于发包企业。

（2）企业边界的清晰度不同。虚拟企业由于为了同一目的而存在多种协作关系，各企业的部门和人员之间通常需要相互配合、交叉协作，所以企业边界变得相对模糊；而下包制中的企业边界则相对清晰，企业间的联系主要通过企业间的外包契约来体现，各成员企业各自的组织结构并没有交叉，各自拥有不同的核心技术，仅仅提供一种产品供求关系。

（3）对企业间联系的要求不同。虚拟企业主要以信息技术、互联网和现代化通信设备等为主要通信手段，企业间交流信息较多，要求信息传递快速高效；而外包制则没有这一特点，相对来说，企业间交流信息较单一，一般并不一定要求大量即时信息交换，相对来说，对企业间的即时通信联系要求不是很高。

2.4.6 中小企业网络组织常见类型的综合比较

在第2.4.1节～2.4.5节中比较了几对容易混淆的概念，为了能够更加全面清楚地说明这几种常见网络组织形式的区别，下面从协调机制、目的、资本纽带、合作导向、稳定性、联合性质、一体化程度和边界清晰度等八个方面一一对比分析（沈运红、王恒山，2006），详见表2-8。中小企业可以根据自身情况和环境需要选择适合自己的一种网络发展模式，也可以综合采用多种模式的组合。

表2-8 　　　　　　　　　　中小企业网络组织常见类型比较

比较项目 ＼ 类型	中小企业集群	虚拟企业	战略联盟	外包制	供应链协作网络	企业集团
协调机制	企业分工	共同项目	共同战略目标	核心企业	同一供应链	共同目标
目的	社会资本的快速流动，降低交易成本	灵捷生产快速响应	共享市场优势互补分担成本降低风险	突出核心竞争力，发挥各自优势	实现供应链各环节利益共享	形成统一形象，发挥多个企业联合优势
资本纽带	一般无	一般无	契约性或股权性	一般无	多数无	紧密的资本联合，相互持股

续表

比较项目　　类型	中小企业集群	虚拟企业	战略联盟	外包制	供应链协作网络	企业集团
合作导向	同一地域分工合作	项目导向	战略导向	优势互补	同一供应链上下游合作	集团分工合作
稳定性	中等偏临时	临时性，动态性	中等偏长，相对固定	临时	中长期，较稳定	长期，最稳定
联合性质	地理位置接近的企业自组织	可分别与不同企业建立虚拟联合	可同时加入不同联盟	发包企业主动性较强，承包企业竞争	只能在同一供应链内	必须与总体目标一致，不能同时加入若干集团
一体化程度	纵向，横向	纵向，横向偏纵向	横向，纵向偏横向	纵向	纵向	纵向，横向
清晰度边界	相对清晰	模糊可渗透	相对清晰	相对清晰	柔性	模糊，高度渗透

资料来源：沈运红、王恒山. 中小企业网络组织共生模式及其特性分析. 商业研究，2006（21）：86～88. 略有修改。

2.5

中小企业网络组织常见类型的共生特性分析

"共生"是生物学中的一个概念，最早是由德国真菌学家德贝里在 1879 年提出的。目前，对共生现象的研究，已经超越了生物学的范畴，拓展到生态、社会、经济等领域中，尤其是企业共生现象的研究已成为一个热点（Douglas，1994；袁纯清，1998；冯德连，2000；吴飞弛，2002 等）。

2.5.1　企业共生模式分析

共生单元、共生关系（共生模式）、共生环境构成共生的三要素（袁纯清，1998）。共生单元是指构成共生体或共生关系的基本能量和交换单位，是形成共生体的基本物质条件。共生单元随分析的层次变化而有所差异，本书主要是指企业。共生单元的特征由两个参数表示：一是象参量，反映共生单元的外部特征；二是质参量，反映共生单元内在性质。共生关系（共生模式）是指共生单元之间所建立的联系形式，它反映了共生单元之间作用的方式、强度以及物质信息交流和能量互换关系。共生环境则是指共生单元以外所有因素的总和，共生环境是共生关系赖以存在和持续的基础，这里主要是指市场环境、政策环境、经济环境、法律环境等。

从行为方式上看，企业共生关系，可分为寄生关系、偏利共生关系和互惠共生关系，而互惠共生关系又有对称互惠与非对称互惠共生两种。从联系程度上看，则有点共生、间歇共生、连续共生和一体化共生等几种状态。如果用 $\vec{S}(\vec{M}, \vec{P})$ 表示系统状态向量，其中 M 为组织模式向量，P 为行为模式向量，那么从理论上可以得到 16 种企业共生系统状态（见表 2-9）。

表 2-9 　　　　　　　　　企业共生组织系统的状态

行为　　　　　联系	点共生模式 M_1	间歇共生模式 M_2	连续共生模式 M_3	一体化共生模式 M_4
寄生 P_1	$S_{11}(M_1, P_1)$	$S_{12}(M_2, P_1)$	$S_{13}(M_3, P_1)$	$S_{14}(M_4, P_1)$
偏利共生 P_2	$S_{21}(M_1, P_2)$	$S_{22}(M_2, P_2)$	$S_{23}(M_3, P_2)$	$S_{24}(M_4, P_2)$
非对称互惠共生 P_3	$S_{31}(M_1, P_3)$	$S_{32}(M_2, P_3)$	$S_{33}(M_3, P_3)$	$S_{34}(M_4, P_3)$
对称互惠共生 P_4	$S_{41}(M_1, P_4)$	$S_{42}(M_2, P_4)$	$S_{43}(M_3, P_4)$	$S_{44}(M_4, P_4)$

资料来源：沈运红，王恒山. 中小企业网络组织共生模式及其特性分析. 商业研究，2006（21）：86~88.

寄生，是企业之间一种特殊的共生形式，寄生企业依靠"食取"寄主企业的资本或收益而生存。寄生企业不能离开寄主企业生存，寄主企业却不需要寄生企业。企业之间的寄生只有单向的价值活动，表现为价值或物质从寄主企业流向寄生企业。寄生存在的稳定性与两个因素有关：一个是寄生企业价值消费速度与寄主企业价值的生产速度的对比值，另一个是寄生企业性状和功能的演化。如果对比值较小，且寄生者性状、功能不变，则稳定性较好；如果对比值较大，或寄生企业性状和功能不断变化，则稳定性较差。偏利共生模式是指只对共生双方一方有利，对另一方无利也无害。企业偏利共生的稳定性主要取决于共生介质，介质越稳定，对偏利共生的调节能力越强，共生关系的稳定性也就越好。寄生和偏利共生，由于利益流动的单向性，非受益方没有动力维持这一状态，所以稳定性都不高，这两种共生模式一般只在短期或局部存在。在经济社会中，长期大量存在的则是互惠共生模式，即对共生双方都有利，如果双方利益均等，称为对称互惠共生，否则称为非对称互惠共生。非对称互惠共生是企业共生最常见的模式，对称共生则是较理想的状态。由于共生双方都可以从共生中受益，都希望这一关系维持下去，所以互惠共生模式稳定性较好。

点共生模式，是指企业之间一次一次的偶然合作关系。经常会发生在中小企业初创期，初创企业在一次一次的点共生关系中寻找生存空间，寻找可以依赖的战略伙伴。此外，在开发新产品，或捕捉市场机遇，进行产品模仿创新时，因市场前景不确定，为了节约投资，避免可能存在的风险，也往往与其他企业形成点共生关系。点共生关系的共生界面的形成具有随机性、不稳定性。间歇共生是中小企业为各自发展需要，间断性地与其他企业所形成的一种短期松散的合作关系。在一次合作结束，下一次合作尚未形成之前，双方对对方都没有义务和权利。与点共生关系相比，间歇共生对象具有特定的指向性，具有一定程度的稳定性，不是点共生关系的简单累积。间歇共生在界面上已脱离完全随机性。虽然还存在随机的成分，但从整体上看，界面生成已具有某种必然性和选择性。与间歇共生关系相比，连续共生界面生成具有内在必然性和极强的选择性，合作更具稳定性和连续性。连续共生模式一般为成长期和成熟期中小企业所广泛采用。企业一体化共生关系与其他共生关系的根本差别在于共生企业之间形成了一种独特的共生界面，这种共生界面由一组共生介质组成，其最大特点是共生企业与环境的交流只通过一个共生界面进行。共生关系双方已不具有任何机会主义倾向，双方共生介质完全一致，是最稳定的共生关系。

2.5.2　中小企业网络组织常见类型的共生特性分析

中小企业网络组织之间一般多为非对称或对称互惠共生。寄生和偏利共生两种形态一般只在短期或局部存在，只有互惠共生才是稳定状态。中小企业集群之间多为点共生或间歇互惠共生（S_{31}，S_{41}，S_{32}，S_{42}）。战略联盟一般是间歇互惠共生（S_{42}，S_{32}），虚拟企业一般是连续互惠共生（S_{33}，S_{43}），由于形成虚拟企业的各中小企业核心竞争力不同，一般处于不同位置，如果没有统一的分配机制，则企业之间很难保持完全对称，所以虚拟企业以连续非对称互惠共生偏多。外包制和供应链协作网络多为连续互惠共生。相比之下，外包制具有较多的灵活性，偏向于间歇共生；而供应链网络则更偏向一体化共生。企业集团则是标准的一体化互惠共生模式。许多学者认为，存在着"点共生→间歇共生→连续共生→一体化共生"这种逐步演化的发展方向，但这种观点只考虑了稳定性一种因素，而没有考虑灵活性的因素。网络组织之所以产生，并被广泛采用，其原因也在于此。市场组织具有高度的灵活性，但稳定性差，层级组织具有高度的稳定性，但灵活性差。网络组织兼有稳定性高和灵活性好的特点，因而被广泛采用。这种关系可以用图 2－5 来表示。

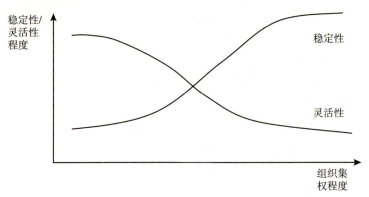

图 2-5　中小企业网络组织常见形式的稳定性与灵活性程度示意图

　　因此，笔者认为中小企业网络组织的竞争力与稳定性和灵活性之和成正比，而不是以前大多数人认为的只与稳定性成正比，尤其是在市场快速变化、客户需求多样，同时全球经济一体化、网络化日益增强的今天，网络组织的竞争优势更不能仅用稳定性一个指标来衡量。中小企业网络组织发展也应该兼顾稳定性和灵活性，把提高稳定性和灵活性之和作为努力目标。

　　中小企业网络组织，在目前中小企业发展过程中已经成为一种提高竞争力和成功率的有效组织形式。随着经济的进步，中小企业网络组织形式也不断变化，各类新的形式层出不穷。每一种新的形式都有自身的优势，中小企业可以根据自身特点和外部环境变化，选择最适合本企业的发展模式。

　　从共生模式的分析中，笔者认为中小企业网络组织的竞争力与稳定性和灵活性之和成正比。中小企业网络组织的发展不能只考虑提高稳定性，而应该兼顾组织的稳定性和灵活性，在提高稳定性的同时，尽可能保持灵活性，在提高灵活性的同时，也要考虑稳定性。

2.6

本章小结

　　本章对中小企业的概念进行了界定，分析了各国中小企业的界定原则和界定标准，给出了美、日、欧盟、中国台湾地区和我国大陆地区的最新界定标准。

　　结合国内外对网络组织有关概念的研究，给出了本书中对网络组织和中小企业网络组织的界定，对网络组织的一般特征和复杂特性进行了分析，对网络组织、市场、层级组织三种规制结构进行了详细对比分析，同时，利用交易费用理论分析了网络组织产生的原因，并分析了中小企业网络组织的特性。

给出了中小企业网络组织的六种常见类型：即中小企业集群、战略联盟、虚拟企业、外包制（下包制）、供应链协作网络、企业集团，在对易混淆概念仔细分析比较的基础上，从八个方面对这六种类型进行了综合对比。

最后利用生物学的共生理论，分析了中小企业网络组织的共生特性，指出中小企业网络组织的竞争力与稳定性和灵活性之和成正比，中小企业网络组织的发展应该兼顾稳定性和灵活性，把提高稳定性和灵活性之和作为努力目标。

第二篇 理 论 研 究

第 3 章

中小企业网络组织的生态运行机制

中小企业网络组织在运行过程中，呈现出许多与生物界相近的特性，利用生物学的一些基本理论来分析中小企业网络组织的生态运行机制，可能会得出一些有益的结论。

3.1
中小企业网络组织的生命周期模型

3.1.1　生命周期理论

中小企业生命周期理论是从 20 世纪 60 年代逐步发展起来的一种管理理论，它以研究企业成长阶段模型为核心内容。这种理论的核心观点是：企业像生物有机体一样也有一个从生到死、由盛到衰的过程。国外许多学者从不同视角对企业生命周期进行了考察和研究。迄今为止，至少有不下 20 种生命周期阶段模型问世，不同观点之间存在的差异较大，划分的阶段数、划分依据以及所用术语都有所不同（Greiner，1972；Galbraith，1982；Churchill & Lewis，1983；Quinn & Cameron，1983；Miller & Friesen，1984；Scott & Bruce，1987；Kazanjian，1988；Adize，1989）。划分阶段从三个阶段到十个阶段不等，划分的依据则主要是企业年龄、规模、成长速度、关键管理问题等，所用术语有生命周期阶段、发展阶段、成长阶段等。该领域主要的学者及其观点见表 3 - 1。

表 3 - 1　　　　　　　　　　国外主要生命周期理论模型比较

学者	所用术语	阶段数	阶段划分依据
Adize，1989	生命周期阶段	10	年龄、规模、过渡问题
Churchill & Lewis，1983	发展阶段	5	年龄、规模、成长速度、主要策略
Flamholtz，1986	成长阶段	7	年龄、规模、成长速度、关键发展任务

学者	所用术语	阶段数	阶段划分依据
Galbrain，1982	生命周期阶段	5	年龄、规模、成长速度、任务
Greiner，1972	成长阶段	5	年龄、规模、成长速度、管理焦点
Kazanjian，1988	成长阶段	4	年龄、规模、成长速度、主要管理问题
Lippit，1967	发展阶段	3	组织结构复杂程度
Miller & Friesen，1984	成长阶段	5	年龄、雇员数、销售增长等
Smith、Mitchell & Summer，1985	生命周期阶段	3	年龄、规模（销售、雇员）、成长速度、最高管理层优先权
Quinn & Cameron，1983	生命周期阶段	4	年龄、规模、组织有效性标准
Scott & Bruce，1987	成长阶段	5	年龄、规模、成长速度、产业阶段、关键问题

资料来源：根据 Hanks S H、Watson C J、Jansen E、Chandler G. Tightening the life-cycle construct：A taxo-nomic study of growth stage configurations in high-technology organizations ［J］. Entrepreneurship Theory and Practice，1993，18（2）：5 – 29. 凤进、韦小柯. 西方企业生命周期模型比较 ［J］. 商业研究，2003（7）：179 – 181. 两篇文献整理。

其中影响比较大的有爱迪斯（Adize）的十阶段理论、葛雷纳（Greiner）的五阶段理论以及奎因（Quinn 和卡迈隆 Cameron）的四阶段理论等。

目前对企业生命周期的研究已经比较充分，但对网络组织生命周期的研究文献却相对较少，我们在研究中小企业网络组织生态运行演化机制之前，有必要首先对中小企业网络组织的生命周期进行一些简单探讨。

3.1.2 中小企业网络组织的生命周期模型

其实中小企业网络组织从形成到解散也如生命体从诞生到衰亡一样有一个生命周期过程，按时间顺序中小企业的生命周期可以分为孕育、形成、运行、修正、解散五个阶段（如图 3 – 1 所示）。

孕育阶段是中小企业网络组织形成的前期准备阶段，主要包括商机分析与方案选择两个过程。中小企业首先要找到合适的市场机会，进行商业机会分析与评价，并选择最佳方案。

形成阶段包括伙伴定位、伙伴选择、谈判协商以及确定伙伴关系四个过程。选择好市场机会以后，就需要分析企业需要什么样的合作伙伴，是需要共同研发，共享资源，还是供应链合作，或是战略联盟。不同的合作类型需要不同的合作伙伴。确定了合作伙伴类型之后，就需要在这种类型的若干可选企业之中，选择最适合本企业的合作伙伴。然后进行谈判协商，如果不能达成协议，则重新进

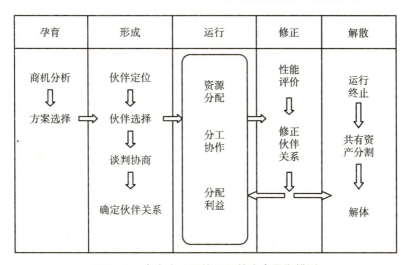

图 3 - 1　中小企业网络组织的生命周期模型

资料来源：本图参考了文献 Strader T J，Lin F R，Shaw M J. Information infrastructure for electronic virtual organization management ［J］. Decision Support System，1998，23：75 - 94.

行选择，如果达成协议，则建立起合作伙伴关系，进入网络组织的运行阶段。

运行阶段是中小企业网络组织联盟的最主要的阶段，也是联盟成员真正受益的阶段。在这一阶段，各成员企业在保持各自核心竞争力的基础上，共享资源与信息，分工协作，共同设计、生产、开拓市场，同时，对于共同合作取得的收益根据协议进行合理分配。

中小企业网络组织建立的合作伙伴不会是一成不变的。一方面，外部环境，如国家政策，经济周期，竞争对手、客户需求等都有可能随时间而改变；另一方面，中小企业网络组织内部环境也会发生变化，如成员企业的经营情况，相对竞争实力，贡献大小等都有可能改变，新成员有可能进入联盟网络，老成员由于经营不善、利益分配不均等原因而退出，所以中小企业网络组织往往会进入一个修正阶段，中小企业会对所建立的网络组织的性能进行评价，通过调整伙伴合作关系，改变利益分配方案等，来改善那些不利于中小企业网络组织发展的因素，促进中小企业网络组织长期有效运行。

中小企业网络组织运行过程中不可必然地会产生各种矛盾。在出资，合作，或利益分配中，各成员企业都想尽可能地以最小的投入来分享尽可能多的利益，这时就会产生冲突，有的冲突可以通过协商解决，维持以前的网络合作关系；有的则由于种种原因，无法通过协商解决，不得不终止合作关系，网络组织进入解散阶段，对共同拥有或共同创造的资产进行分割。各成员企业重新选择合作伙伴，建立新的网络关系。

3. 2
中小企业网络组织的合作竞争机制

竞争是企业生存必然面临的基本环境，同时也是企业发展的动力。但随着知识经济的到来以及现代商业环境的动态化与复杂化，传统的竞争模式已不能满足企业生存发展的需要，企业与同行参与者、企业与供应商、企业与顾客以及企业与其他群体的关系发生了深刻的变化，由单纯的竞争、对抗转变为既有竞争、对抗，又有协同、合作，即合作竞争关系，或称竞合关系。

3.2.1 合作竞争的概念

合作竞争（Co-opetition）是由美国耶鲁大学教授内勒巴夫（B. J. Nalebuff）和哈佛大学教授布兰登勃格（A. M. Brandenburger）提出，他们在 1996 年出版的《合作竞争》一书中用博弈论描述了包含竞争与合作两个组成部分的现象，并且基于波特行业结构分析模型基础上提出了第六种力量——互补者，主要是指与企业合作为顾客提供服务的企业。

格兰特（Robert M. Grant）认为，"一个参与者可能会承担多个角色"。例如，微软和网景为了浏览器的市场支配而争得你死我活，与此同时，这两家公司又互相合作，以建立一些安全阀门来保护隐私和预防网上信用卡恶性透支。同样，就顾客和供应商关系而言，虽然这些参与者在创造价值方面本质上是一种伙伴关系，但他们在分享价值时也会讨价还价（Robert，1991）。

中小企业作为市场竞争中的弱势群体，形成企业网络已成为一种必然。中小企业网络是系统的整体（合作）与个体的差异性（竞争）的结合体。竞争是为了更好地发展，合作也是为了更好地发展，竞争与合作的统一是中小企业网络组织发展的原动力。

3.2.2 中小企业网络组织合作竞争的条件分析

假定中小企业网络中两个企业具有完全的行为理性，且具有完全的信息，即各自不仅完全知道自己每个行为的收益，而且也完全知道当对方选择某个策略时的收益以及应对策略。此时，其博弈矩阵如表 3-2 所示。

表 3 - 2　　　　　　　　　　　企业 1 与企业 2 的博弈收益矩阵

企业 2 ＼ 企业 1		企业 1	
		合作	竞争
企业 2	合作	b_1，b_2	d_1，a_2
	竞争	a_1，d_2	c_1，c_2

通常情况下，企业合作比竞争时的收益要大，即 $b_1 > c_1$，$b_2 > c_2$，而一方合作，另一方采取竞争行为时，则采取竞争行为一方利用对方的合作可以谋取额外收益；同时，由于一方的不合作行为，采取合作一方的利益就会受损，所以 $a_1 > b_1$，$a_2 > b_2$；同时 $d_1 < c_1$，$d_2 < c_2$。因此，各种收益关系是：$a_1 > b_1 > c_1 > d_1$，$a_2 > b_2 > c_2 > d_2$。一方合作，另一方竞争的行为不会长期持续下去，合作方不会任由本企业的利益受损，所以从长期来看，$a_1 + d_1 \leqslant 2b_1$，$a_2 + d_2 \leqslant 2b_2$。

当一次博弈或有限次重复博弈时，很容易得出最终的纳什均衡结果为（c_1，c_2），各企业以自身最大利益为目标，无法达到整体利益最大，这就是中小企业网络组织面临的囚徒困境。

下面我们假设：第一，市场机遇是无限的；第二，资源网的存在是长期的，而且中小企业对其网络伙伴具有一定的依赖性；第三，各成员是追求永续发展的。这时，中小企业网络组织的博弈就可以看做是无限次重复博弈。同时我们假定博弈双方都采取冷酷战略（grim strategy），在第一阶段都采取合作战略，但如果一方采取了不合作（竞争）行为，那么另一方从下一阶段开始以后的所有阶段永远采取不合作行为。设双方下次合作的概率相同且为 θ（$0 < \theta < 1$），θ 越接近于1，则表示博弈方越对未来合作充满信心，反之，则更注重眼前利益。

可以证明，双方在无限次重复博弈中始终选择（合作，合作）策略是子博弈完美纳什均衡。从而有理性的双方将会在对选择合作与竞争策略下所得收益进行比较后进行抉择。

若始终选择（合作，合作）策略，则企业 1 的总收益 $\prod_1$ 为：

$\prod_1 = b_1 + \theta b_1 + \theta^2 b_1 + \theta^3 b_1 + \cdots$，即 $\prod_1 = b_1 + \theta \prod_1$，因而：

$$\prod_1 = \frac{b_1}{1 - \theta} \qquad (3-1)$$

若某一阶段，企业 1 采取不合作策略，将一次得到收益为 a_1，但以后引起企业 2 的触发策略后，企业 2 以后永远选择不合作，这样企业 1 以后也只能选择不合作，每一阶段的收益将永远只有 c_1。其期望收益为：

$$U_1 = a_1 + \theta c_1 + \theta^2 c_1 + \theta^3 c_1 \cdots = a_1 + \theta \frac{c_1}{1 - \theta} \qquad (3-2)$$

当 $\prod_1 \geq U_1$，即 $\dfrac{b_1}{1-\theta} \geq a_1 + \theta\dfrac{c_1}{1-\theta}$ 时，企业 1 将采取合作策略。也就是说，当 $\theta \geq \dfrac{a_1 - b_1}{a_1 - c_1}$，企业 1 采取合作策略，否则采取竞争策略。

同理，可以得出企业 2 采取合作策略的条件为 $\theta \geq \dfrac{a_2 - b_2}{a_2 - c_2}$，否则采取竞争策略。

因此双方采取合作的条件为 $\theta \geq \dfrac{a_1 - b_1}{a_1 - c_1}$ 和 $\theta \geq \dfrac{a_2 - b_2}{a_2 - c_2}$ 同时成立，即：

$$\theta \geq \max\left(\frac{a_1 - b_1}{a_1 - c_1}, \ \frac{a_2 - b_2}{a_2 - c_2}\right) \tag{3-3}$$

可见，只要中小企业网络组织中成员企业以后的合作机会足够大，双方在博弈中将采取合作行为。

下面针对中小企业网络组织的实际情况作进一步分析：在中小企业网络组织中，由于中小企业自身能力有限，单独在市场中竞争难度较大，靠骗取合作方的一次性收益也相对有限，所以常常会出现这样的情况，当一方采取合作行为，另一方采取不合作（竞争）行为时获得的收益并不比双方都合作的收益大多少，即 a_1 和 b_1 的值比较接近。另外，由于企业合作的收益会大于各自竞争时的收益，即 $b_1 > c_1$，所以，$(a_1 - b_1)/(a_1 - c_1)$ 或 $(a_2 - b_2)/(a_2 - c_2)$ 将是一个较小的接近于 0 的数值，这时，即使双方对未来合作的期望不是很大，双方也可能采取合作策略。

3.2.3 基于 KMRW 模型的中小企业网络组织有限重复博弈的合作竞争分析

上述合作竞争的实现是基于无限次重复博弈条件的，而现实生活中，大量存在的却是有限重复博弈，且博弈双方往往对未来的预期是有限度的，往往更注重眼前利益，也就是说，θ 取值一般会比较小，所以上述讨论的条件有时在现实经济与生活中难以实现。但大量现实合作的成功案例表明，在有限重复博弈时，也常常出现合作结果。单从个体理性的观点无法解释上述现象的存在，但在网络内，一般中小企业更多地表现为结构理性，即追求目标最大化是以企业的关系为单位的，既考虑到经济资本，又要考虑到声誉、信任等网络中的社会资本损益。所以，从个体理性角度出发选择的最优方案，如果站在结构理性的角度来看可能是不合理的；同样，从结构理性角度出发选择的最优方案，如果站在个体理性的角度可能也无法解释。中小企业虽然站在个体理性的角度来考虑，不合作行为

（竞争或欺骗）是最佳选择，但考虑到中小企业的不合作行为（竞争或欺骗），只能带来一次有限收益，而一旦其机会主义行为被网络内其他企业发现的话，就会失去与其他企业今后的合作机会，从而失去获得长久收益的可能性。

下面我们利用 Kreps，Milgrom，Roberts 和 Wilson 的声誉模型（KMRW 模型）进行详细说明（Kreps、Milgrom、Roberts & Wilson，1982；全裕吉，2003）。我们假定企业 2 只能选择"针锋相对"（Tit-for-Tat）战略的概率为 p，而可以选择完全信息重复博弈中任何可行战略的概率为 $1-p$，我们称后一种类型的企业 2 为"理性的"。一旦企业 2 偏离了"针锋相对"战略，则"企业 2 是理性的"就成为共同知识，于是此后就不会有参与者再选择合作。

为了给 KMRW 模型中的内在机制提供一个简单说明，我们假定 p 足够大，使得在一个短期重复博弈的均衡中，双方参与者除了最后两个阶段之外都选择相互合作。我们从此阶段的情况开始分析，时间顺序为：

第一，自然为企业 2 赋予一种类型。企业 2 只能选择"针锋相对"战略的概率为 p，可以选择任意战略的概率为 $1-p$。企业 2 了解他的类型，但企业 1 不知道企业 2 的类型。

第二，企业 1 与企业 2 进行囚徒博弈，双方参与者在这一阶段中的选择为共同知识。

第三，企业 1 和企业 2 第二次（也是最后一次）进行囚徒困境博弈。

第四，双方得到各自的收益。企业 1 和企业 2 的收益为各自阶段博弈的收益之和（不考虑贴现）。阶段博弈收益仍由表 3-2 给出。

和完全信息有限重复博弈囚徒困境中最后一个阶段的情况相同，在这里的两阶段非完全信息博弈的第二阶段，不合作 D 也严格优于合作 C。这对理性的企业 2 和企业 1 是一样的。由于企业 1 肯定在最后一阶段选择 D，对理性的企业 2 来说，也没有任何理由在第一阶段选择合作。最后，针锋相对的战略使博弈始于相互合作，那么，需要确定的唯一行动便是企业 1 第一阶段的行动（X），它将在第二阶段因针锋相对而被模仿，如表 3-3 所示。

表 3-3　　　　　　　　　　　　两阶段非完全信息博弈

选择　　　　　　　　　　阶段	$t=1$	$t=2$
针锋相对	C	X
企业 2	D	D
企业 1	X	D

通过选择 $X = C$，企业 1 在第一阶段得到期望收益 $p \times b_1 + (1-p) \times d_1$，且在第二阶段得到 $p \times a_1 + (1-p) \times c_1$（由于针锋相对的和理性的企业 2 在第一阶段选择的行动不同，企业 1 在第二阶段开始时就会知道企业 2 是针锋相类型还是理性的，第二阶段的期望收益则反映企业 1 在决定第一阶段是 C 还是 D 时对企业 2 类型的不确定性）。通过选择 $X = D$，与之相反，企业 1 第一阶段获得 $p \times a_1 + (1-p) \times c_1$，并在第二阶段得到 c_1。因此，式（3-4）成立时，企业 1 将在第一阶段选择合作

$$p \times b_1 + (1-p) \times d_1 \geq c_1 \qquad (3-4)$$

现在，考虑三阶段的情况。给定 $p \times b_1 + (1-p) \times d_1 \geq c_1$，如果企业 1 和理性的企业 2 都在第一阶段选择合作，则第一阶段和第二阶段的均衡路径将由表 3-3 给出，只需令 $X = C$ 并更改一下阶段的表示数字。可推导企业 1 和理性的企业 2 在第一阶段相互合作的充分条件，在此条件下第二阶段的均衡路径如表 3-4 所示。

表 3-4		三阶段博弈（一）	
选择　　　　　　阶段	$t = 1$	$t = 2$	$t = 3$
针锋相对	C	C	C
企业 2	C	D	D
企业 1	C	C	D

在这样的均衡中，理性的企业 2 的收益为 $b_2 + a_2 + c_2$，企业 1 的期望收益为 $b_1 + p \times b_1 + (1-p) \times d_1 + (1-p) \times c_1$。如果理性的企业 2 在第一阶段选择 D，则企业 2 是理性的就成为共同知识，于是在第二阶段和第三阶段两参与都选择 D。那么，理性的企业 2 第一阶段选择 D 可得到的总收益为 $a_2 + c_2 + c_2$，它要低于均衡收益 $b_2 + a_2 + c_2$，于是理性企业 2 没有动机去背离表 3-4 中隐含的战略。

下面我们考虑企业 1 是否有动机背离。如果企业 1 在第一阶段就选择 D，则针锋相对将在第二阶段选择 D，理性的企业 2 也将在第二阶段选择 D，因为企业 1 肯定会在最后阶段选择 D。在第一阶段之后，企业 1 必须决定在第二阶段是合作还是继续不合作。如果企业 1 在第二阶段也不合作，则针锋相对型在第三阶段将选择不合作，于是博弈的进行将如表 3-5 所示。企业 1 从这种背离中得到的收益为 $a_1 + c_1 + c_1$，它小于企业 1 均衡的期望收益的条件为：$b_1 + p \times b_1 + (1-p) \times d_1 + p \times a_1 + (1-p) \times c_1 \geq a_1 + c_1 + c_1$。给定 $p \times b_1 + (1-p) \times d_1 \geq c_1$，企业 1 不选择这一背离战略的充分条件为：$b_1 + p \times a_1 - p \times c_1 \geq a_1$，即：

$$p \geqslant (a_1 - b_1)/(a_1 - c_1) \tag{3-5}$$

这与式 (3-3) 是一致的。

表 3-5　　　　　　　　　　　三阶段博弈 (二)

选择 ＼ 阶段	$t = 1$	$t = 2$	$t = 3$
针锋相对	C	D	D
企业 2	C	D	D
企业 1	D	D	D

另一种情况是,企业 1 的背离战略可以是在第一阶段不合作,但在第二阶段合作,这时针锋相对将在第三阶段选择合作,于是博弈如表 3-6 所示,企业 1 这种背离战略的收益小于企业 1 均衡期望收益的条件为:$b_1 + p \times b_1 + (1-p) \times d_1 + p \times a_1 + (1-p) \times c_1 \geqslant a_1 + d_1 + p \times a_{11} + (1-p) \times c_1$。给定 $p \times b_1 + (1-p) \times d_1 \geqslant c_1$,企业 1 不选择这一背离战略的充分条件为:

$$a_1 + d_1 \leqslant b_1 + c_1 \tag{3-6}$$

显然根据参数一定范围取值,此式成立。

表 3-6　　　　　　　　　　　三阶段博弈 (三)

选择 ＼ 阶段	$t = 1$	$t = 2$	$t = 3$
针锋相对	C	D	C
企业 2	C	D	D
企业 1	D	C	D

现在看式 (3-4)、式 (3-5)、式 (3-6) 成立的具体条件,为了简便,设 $c_1 = 0$,$b_1 = 1$,则图 3-2 描述的博弈为三阶段因徒困境博弈一个精炼贝叶斯均衡下的均衡路径。

对一个给定的 p 值,如果收益 a_1 和 d_1 的值处于图 3-2 中的阴影部分,则满足式 (3-4)、式 (3-5)、式 (3-6)。随 p 趋于 0,这一阴影部分将会消失。正式地,如果 a_1、d_1 和 p 满足式 (3-4)、式 (3-5)、式 (3-6),则对任意有限的 $t > 3$,在 t 阶段重复博弈中存在一个精炼贝叶斯均衡,其中理性的参与人直到 $t-2$ 阶段之前都选择合作,在其后的 $t-1$ 阶段和 t 阶段则如表 3-3 所示。

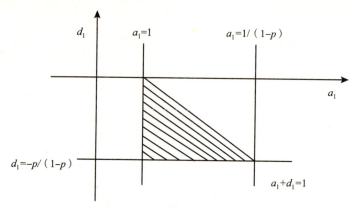

图3-2 三阶段囚徒困境博弈的均衡路径

3.3

中小企业网络组织的互惠共生机制

与生物界一样，中小企业网络组织与经济社会之间存在着互惠共生现象，对中小企业网络组织互惠共生机理以及共生机制的讨论分析有助于我们进一步深入了解中小企业网络组织的运行机理。本节运用生物学的阻滞增长模型分析中小企业与大型企业的互惠共生机制的形成机理。同时运用共生理论分析中小企业网络与政府、社会、生态、大型企业、其他中小企业网络和网络内部共生机制。

3.3.1 中小企业与大型企业互惠共生机制的形成机理

中小企业与大型企业的互动关系是影响中小企业发展的关键因素，从 20 世纪 90 年代起开始有些文献从生态共生的角度来研究中小企业与大型企业之间的关系。目前这方面的研究还处于起步阶段，定性描述的文献相对比较多（林汉川，2003；Douglas，1994；袁纯清，1998；吴飞弛，2002，冒海燕，2008），定量研究的文献比较少（周浩，2003；陶长琪，2004；夏建如，2006）。周浩（2003）给出了卫星式和网状式两种集群模式达到稳定共生的条件和经济学解释，之后，陶长琪（2004）指出了周浩（2003）中存在的三处问题，然后给出了 IT 企业集群的核心企业与核心企业之间、核心企业与卫星企业之间以及卫星企业与卫星企业之间替代或互补关系模型。从现在已发表的文献来看普遍存在两个问题：一是在讨论共生稳定性时只分析一两个平衡点，而忽略了对其他平衡点的分析；二是对共生关系的描述不是很全面，一般只讨论竞争与互惠两种关系。另外，多数文献只针对企业集群内部进行研究，并且假定中小企业是无法独立生存的，而实际上 Logistic 模型完全可以推广到一般意义上的企业共生关系研究。笔者正是基于这样一个思想，来探讨更为广泛意义上的中小企业与大型企业的共生关系，把中小企业与大型企业的互动关系分成四种模式，分别进行讨论，提出了中小企业各种模式下的相应发展策略，并进一步解释了中小企业与大型企业采取互惠共生策略的必然性。

中小企业与大型企业的互动关系可以分为以下四种模式：第一种模式是中小企业与大型企业相互竞争、相互制约，对双方都不利（恶性竞争）；第二种模式是对大型企业影响不大，但对中小企业却很有利（寄生关系）；第三种模式是对大型企业非常有利，却对中小企业不利，大型企业靠吞食兼并中小企业发展壮大（捕食关系）；第四种模式是对大型企业和中小企业双方都有利（互惠共生），见表3-7。

表3-7　　　　　　　　中小企业与大型企业互动关系利益得失表

	大型企业	中小企业
恶性竞争	—	—
寄生关系	0 或—或 +	+
捕食关系	+	—
互惠共生	+	+

注：表中"＋"表示有利，"—"表示不利。
资料来源：沈运红、王恒山．中小企业与大型企业互动策略选择研究．系统工程理论方法应用，2006（5）：417-420.

由于中小企业与大型企业的相互关系与生物界种群之间的关系相似，所以笔者应用生态学的 Logistic 模型对以上四种模式进行数学描述，求解各种模型的稳定条件，通过分析给出各种模式下中小企业策略选择思路及其理论依据。

3.3.1.1　模型的建立

把中小企业和大型企业看成两个种群，当它们独自在一个自然环境中生存时，产出水平的演变均遵从 Logistic 规律（姜启源，1993；陈天乙，1995），假设 $x_1(t)$、$x_2(t)$ 分别是中小企业和大型企业 t 时刻的平均产出水平或市场容量（下面为叙述方便，只考虑产出水平），它本身与很多因素有关，包括技术、信息、专业化分工、交易成本、企业制度等，这里为了分析方便，只假设它为时间的函数或把 t 赋予更多的内涵而简化为 t 的函数，r_1 和 r_2 是它们的产出水平在独立生存状态下的平均增长率，N_1 和 N_2 是它们独立生存状态下的平均产出最大值，于是对于中小企业和大型企业有：

$$\dot{x}_i(t) = r_i x_i \left(1 - \frac{x_i}{N_i} \right) \quad i = 1, 2 \tag{3-7}$$

当 $t \to \infty$ 时，$x_i(t) \to N_i$，$i = 1, 2$。其中 $\frac{x_i}{N_i}$ 是实际产出占最大可能产出的比例，称为独立产出饱和度。当中小企业与大型企业在同一环境中生存时，则会产生相互影响，需要在因子 $\left(1 - \frac{x_1}{N_1} \right)$ 中再增加一个影响因子，这个影响因子可能为正，也可能为负，这取决于中小企业采取的不同发展策略，下面分别进行讨论。

3.3.1.2 互动关系模型分析

（1）恶性竞争。此时中小企业与大型企业相互竞争，对双方都不利，因而需要增加一个负的影响因子，此时可表述为：

$$\begin{cases} \dot{x}_1(t) = r_1 x_1 \left(1 - \frac{x_1}{N_1} - \sigma_1 \frac{x_2}{N_2} \right) \\ \dot{x}_2(t) = r_2 x_2 \left(1 - \frac{x_2}{N_2} - \sigma_2 \frac{x_1}{N_1} \right) \end{cases} \tag{3-8}$$

这里 σ_1 表示大型企业的独立产出饱和度对中小企业产出水平提升的贡献，σ_2 表示中小企业的独立产出饱和度对大型企业产出水平提升的贡献（$\sigma_1 > 0$，$\sigma_2 > 0$）。为了研究中小企业与大型企业竞争的结局，即 $t \to \infty$ 时，$x_1(t)$、$x_2(t)$ 的趋向，可以采取线性化方法对方程（3-8）的平衡点进行稳定性分析。假设：

$$\begin{cases} f(x_1, x_2) \equiv r_1 x_1 \left(1 - \frac{x_1}{N_1} - \sigma_1 \frac{x_2}{N_2} \right) = 0 \\ g(x_1, x_2) \equiv r_2 x_2 \left(1 - \frac{x_2}{N_2} - \sigma_2 \frac{x_1}{N_1} \right) = 0 \end{cases} \tag{3-9}$$

得到 4 个平衡点：$P_1(N_1, 0)$，$P_2(0, N_2)$，$P_3 \left(\frac{N_1(1-\sigma_1)}{1-\sigma_1\sigma_2}, \frac{N_2(1-\sigma_2)}{1-\sigma_1\sigma_2} \right)$，$P_4(0, 0)$。

按照判断平衡点稳定性的方法（姜启源，1993）：

$$系数矩阵 A = \begin{bmatrix} f_{x1} & f_{x2} \\ g_{x1} & g_{x2} \end{bmatrix} = \begin{bmatrix} r_1 \left(1 - \frac{2x_1}{N_1} - \frac{\sigma_1 x_2}{N_2} \right) & -\frac{r_1 \sigma_1 x_1}{N_2} \\ -\frac{r_2 \sigma_2 x_2}{N_1} & r_2 \left(1 - \frac{2x_2}{N_2} - \frac{\sigma_2 x_1}{N_1} \right) \end{bmatrix}$$

$$p = -(f_{x1} + g_{x2}) \big|_{p_i}, \quad i = 1, 2, 3, 4$$

$q = \det A \big|_{p_i}$, $i = 1$, 2, 3, 4

当 $p > 0$, $q > 0$ 时稳定，得到如表 3 - 8 所示的稳定条件。

表 3 - 8 恶性竞争时，中小企业与大型企业稳定条件分析

平衡点	稳定条件
$P_1(N_1, 0)$	$\sigma_1 < 1$, $\sigma_2 > 1$
$P_2(0, N_2)$	$\sigma_1 > 1$, $\sigma_2 < 1$
$P_3\left(\dfrac{N_1(1 - \sigma_1)}{1 - \sigma_1\sigma_2}, \dfrac{N_2(1 - \sigma_2)}{1 - \sigma_1\sigma_2} \right)$	$\sigma_1 < 1$, $\sigma_2 < 1$
$P_4(0, 0)$	不稳定

这里有三个平衡点，P_1、P_2、P_3。P_1 点稳定的条件是 $\sigma_1 < 1$, $\sigma_2 > 1$，其中 $\sigma_1 < 1$ 表示大型企业对中小企业产出水平的贡献比中小企业对自身的阻滞作用小，$\sigma_2 > 1$ 表示中小企业对大型企业产出水平的贡献比大型企业自身的阻滞作用大，显然这种情况在现实生活中较少出现，即大型企业的竞争优势不如中小企业，此种情况只在局部地区、局部行业出现，所以 P_1 点的稳定条件不易达到。同理 P_3 点稳定时也要求 $\sigma_1 < 1$，即大型企业在中小企业涉及的领域内不具备优势。只有这样才能保证中小企业与大型企业共存，显然这种情况也只是在局部出现。而且此时由于恶性竞争的结果，大型企业的生态收益 $\dfrac{N_1(1 - \sigma_1)}{1 - \sigma_1\sigma_2} < N_1$，而中小企业的生态收益 $\dfrac{N_2(1 - \sigma_2)}{1 - \sigma_1\sigma_2} < N_2$，即各自为竞争而付出了代价。

一般来讲，较常出现的情况是 $\sigma_1 > 1$, $\sigma_2 < 1$，所以只有 P_2 点稳定容易实现，此时表明如果中小企业采取与大型企业恶性竞争的策略则会造成中小企业逐步走向灭亡。虽然中小企业采取与大型企业正面竞争的策略也会对大型企业造成一定的负面影响，但最终被淘汰还是处于竞争弱势的中小企业。例如 1998 年温州柳市低压电器集群内爆发的价格大战，有一千多家企业竞相压价，造成了三百多家中小企业倒闭，正泰、德力西等大型企业受到的影响却不大，最终不断发展壮大（夏晓军，2003）。

（2）寄生关系。寄生关系时，中小企业靠从大型企业那里获取利益而生存，如果没有大型企业其自身无法独立生存，所以我们设其自然增长率为负，此时，中小企业对大型企业的影响有三种情况：有利、有害以及既无利也无害，由于寄生关系时一般中小企业与大型企业相比规模较小，无论有利或有害对大型企业来说实际影响都不大，所以我们假设中小企业对大型企业既无利也无害（其他情况

也可以得到类似结果）。

$$
\begin{cases}
\dot{x}_1(t) = r_1 x_1 \left(-1 - \dfrac{x_1}{N_1} + \sigma_1 \dfrac{x_2}{N_2} \right) \\
\dot{x}_2(t) = r_2 x_2 \left(1 - \dfrac{x_2}{N_2} \right)
\end{cases}
\tag{3-10}
$$

线性化求解的平衡点为：

$P_1(N_1, 0)$，$P_2(0, N_2)$，$P_3(-N_1, 0)$，$P_4(N_1(\sigma_1-1), N_2)$

同理，可以得到稳定条件（见表3-9）。

表3-9　　　　　　寄生关系时，中小企业与大型企业稳定条件分析

平衡点	稳定条件
$P_1(N_1, 0)$	不稳定
$P_2(0, N_2)$	$\sigma_1 < 1$
$P_3(-N_1, 0)$	不稳定
$P_4(N_1(\sigma_1-1), N_2)$	$\sigma_1 > 1$

理论上有两个平衡点：P_2 和 P_4。P_2 点达到平衡要求 $\sigma_1 < 1$，即大型企业对中小企业产出水平的贡献比中小企业对自身的阻滞作用小，这时中小企业寄生于大型企业，靠大型企业的经营缝隙或找到适合中小企业生产的领域来得到发展，但中小企业总有被兼并或收购的趋势，无法独立长大。P_4 点的平衡条件是 $\sigma_1 > 1$，这种情况普遍存在，中小企业为大型企业提供一两道工序或一两个中间产品，依靠从大型企业那里获得的利益而不断发展，此时对大型企业本身影响较小，大型企业可以从这些中小企业中进行选择，但中小企业却没有别的机会。如宝钢、一汽、二汽、青岛海尔等大型企业周围都有许多中小企业，这些中小企业依靠给大型企业提供相关服务而生存，大型企业（核心企业）把相关业务外包给中小企业（卫星企业）。每一个中小企业对大型企业的贡献相对较小，有的对大型企业有益，也有的对大型企业可能有害，由于这种寄生关系主要是中小企业单方受益，对大型企业影响不大，所以这种关系维持的基础不牢固，随时有解散的可能。

（3）捕食关系。大型企业对中小企业进行的兼并、收购等行为，与生态学中的捕食关系类似，此时我们假设中小企业可以独立生存，双方互动的结果对大型企业有利，而对小型企业有害，所以方程组可写为：

$$\begin{cases} \dot{x}_1(t) = r_1 x_1 \left(1 - \dfrac{x_1}{N_1} - \sigma_1 \dfrac{x_2}{N_2} \right) \\ \dot{x}_2(t) = r_2 x_2 \left(1 - \dfrac{x_2}{N_2} + \sigma_2 \dfrac{x_1}{N_1} \right) \end{cases} \qquad (3-11)$$

同理运用线性化方法可以得到 4 个平衡点：

$$P_1(N_1, 0), \ P_2(0, N_2), \ P_3 \left(\frac{N_1(1-\sigma_1)}{1+\sigma_1\sigma_2}, \ \frac{N_2(1+\sigma_2)}{1+\sigma_1\sigma_2} \right), \ P_4(0, 0)$$

同理，可以得到稳定条件（见表 3 - 10）。

表 3 - 10　　　　　　捕食关系时，中小企业与大型企业稳定条件分析

平衡点	稳定条件
$P_1(N_1, 0)$	不稳定
$P_2(0, N_2)$	$\sigma_1 > 1$
$P_3 \left(\dfrac{N_1(1-\sigma_1)}{1+\sigma_1\sigma_2}, \ \dfrac{N_2(1+\sigma_2)}{1+\sigma_1\sigma_2} \right)$	$\sigma_1 < 1$
$P_4(0, 0)$	不稳定

这里有两个平衡点，即 P_2 与 P_3，要想让 P_2 点到达平衡要求 $\sigma_1 > 1$，即大型企业对中小企业产出水平的贡献比中小企业对自身的阻滞作用大，这种情况在现实生活中普遍存在，如果按其规律，应该是逐渐趋向于平衡点，即大型企业数量最大化，而中小企业逐渐走向灭亡，但由于竞争的不完全性，大型企业不可能在所有地区和所有领域全部与中小企业平等竞争，也就是说，并不是在任何情况下，大型企业都会比中小企业更有竞争力，所以现实生活中不会出现中小企业逐渐灭亡的局面。但它也给了我们一个启示，即与大型企业直接竞争的行业，中小企业只有不断增加竞争力，才能立于不败之地。此外，中小企业也可选择另一条途径：差异化，即不与大型企业直接产生竞争。P_3 点的稳定条件是 $\sigma_1 < 1$，其表示的意义就是在一些规模优势不明显的行业，或者说大型企业没有优势的行业，中小企业与大型企业可以共同得到发展，但此时由于大型企业一直在消耗中小企业的资源，长期构成捕食吞并关系，中小企业只有不断发展自己的竞争力，增大 σ_1 使其逐渐趋向于 1，才会与大型企业共生发展。

大型企业对中小企业的兼并收购就像生物界的"大鱼吃小鱼"一样普遍，中小企业想逃避大型企业的吞并，就必须加强自身核心竞争力或尽量避开大型企业的经营区域与范围，与大型企业实现共生发展。

（4）互惠共生。中小企业与大型企业互惠共生时对双方都有利，我们假设中

小企业可以独立生存（中小企业不可独立生存时也可得到相似的结论），这时的模型可表示为：

$$\begin{cases} \dot{x}_1(t) = r_1 x_1 \left(1 - \dfrac{x_1}{N_1} + \sigma_1 \dfrac{x_2}{N_2} \right) \\ \dot{x}_2(t) = r_2 x_2 \left(1 - \dfrac{x_2}{N_2} + \sigma_2 \dfrac{x_1}{N_1} \right) \end{cases} \qquad (3-12)$$

得到 4 个平衡点为：

$$P_1(N_1,\ 0),\ P_2(0,\ N_2),\ P_3\left(\frac{N_1(1+\sigma_1)}{1-\sigma_1\sigma_2},\ \frac{N_2(1+\sigma_2)}{1-\sigma_1\sigma_2} \right),\ P_4\ (0,\ 0)$$

同理，可以得到稳定条件（见表 3-11）。

表 3-11　　　　　　互惠共生时，中小企业与大型企业稳定条件分析

平衡点	稳定条件
$P_1(N_1,\ 0)$	不稳定
$P_2(0,\ N_2)$	不稳定
$P_3\left(\dfrac{N_1(1+\sigma_1)}{1-\sigma_1\sigma_2},\ \dfrac{N_2\ (1+\sigma_2)}{1-\sigma_1\sigma_2} \right)$	$\sigma_1\sigma_2 < 1$
$P_4(0,\ 0)$	不稳定

这里只有一个平衡点，即 P_3，其稳定条件是 $\sigma_1\sigma_2 < 1$，这时 $\sigma_1 \gg 1$，即大型企业对中小企业影响较大，中小企业对大型企业则影响较小，即 $\sigma_2 \ll 1$，这时大型企业周围存在着数目众多的中小企业，相互竞争。此时双方互惠共生的结果，中小企业的生态收益为 $\dfrac{N_1(1+\sigma_1)}{1-\sigma_1\sigma_2} > N_1$，大型企业的生态收益为 $\dfrac{N_2(1+\sigma_2)}{1-\sigma_1\sigma_2} > N_2$，中小企业和大型企业双方都获得了比各自独立生存时更大的收益，显然这个结果在四种模式中是最佳选择。

中小企业与大型企业之间的互惠共生现象广泛存在，大型企业通过分包、特许经营等形式把部分业务交给中小企业，可以降低生产成本和管理费用，增加经营灵活性，扩展经营范围；而中小企业依靠大型企业的配套业务可以获得持续订单，技术支持，品牌溢出等，从而实现生存与发展。许多地方政府还专门出台了相关政策对进行鼓励，如辽宁省中小企业发展厅就提出实施"大企业与中小企业协作配套工程"，并首先在抚顺试点，中国石油天然气有限公司抚顺分公司等大型企业在不到一周的时间里就整理出需要中小企业配套的 1008 种产品的详细目录，总采购额达到 68 亿元。大型企业与中小企业的互惠共生对当地经济的发展

起到了积极的推动作用①。

通过模型分析，我们可以清楚地看到中小企业在恶性竞争、寄生关系、捕食关系以及互惠共生关系下策略选择的结果。在恶性竞争条件下，不但会造成两败俱伤，而且从长远来看，中小企业则可能会面临被收购兼并或倒闭的风险；捕食关系时，上述情况表现得则更加明显，大型企业收购兼并中小企业而得到发展；尽管在寄生关系时，中小企业会从与大型企业的互动关系中获得较多的回报，但这种情况一般是短暂的，不可能长期存在；对于中小企业来讲，最优的选择还是与大型企业互惠共生，这种情况下，中小企业和大型企业都获得了比独立生存更多的回报，所以只有这种关系才是双方的最佳选择（沈运红、王恒山，2006）。

3.3.2　中小企业共生发展机制

3.3.2.1　中小企业与政府的和谐共生

站在国家的角度，在制定政策时，要充分考虑到中小企业的利益，要形成大、中、小型企业的合理扶植梯度，改善政策结构。为建设和谐社会，国家在给予大型企业一些"特殊优惠"政策的同时，也应该统筹兼顾，给予中小企业一些有力度的支持。同时，中小企业不能"等、靠、要"，想要得到政府的支持，就要为政府着想，急政府所急，想政府所想，制定企业发展战略时除了考虑选择适合中小企业发展的产业之外，还要围绕政府今后一段时期重点扶植的产业来发展，如高新技术产业、解决高就业的劳动密集型产业、绿色生态产业等。中小企业只有发挥自己的优势，如解决大量就业问题、创新能力强、弥补细分市场、转型快、扩大政府税收等，才能得到政府的认可，政府才会制定更有利于中小企业发展的政策。中小企业与政府之间是互惠共生的关系，中小企业在制定发展战略时，要充分考虑政府的利益，政府制定更加有利于中小企业发展的政策，同样也会从中小企业的更快发展中得到更多的好处（席酉民、尚玉钒，2002；王维国，2000；周立群，2001）。

3.3.2.2　中小企业与大型企业的和谐共生

从斯密的专业分工理论，罗宾逊的企业最佳规模论，马歇尔的报酬递增理论，再到张伯伦的垄断竞争论，我们均可以看出，中小企业与大企业各有其生存与发展的必然性，它们在一国经济发展中的作用既是独特的又是互补的。大型企

---

① http://fushun.nen.com.cn/80784426417520640/20051201/1722078.shtml.

业在资金、人力、技术、规模效益、交易费用低、营销网络广、市场份额大、品牌形象好等方面具有优势，中小企业则具有机制灵活、生命力旺盛、决策速度快、创新能力强、包袱轻、管理费用低、转轨方便等优势。因此中小企业与大型企业在经济社会中各有其生存空间，在一定时期内仍会长期共同存在。

中小企业与大型企业之间应该建立起风险共担、利益共享、长期合作、战略互利、信息共享的双赢体系。在这一共生体系中，大型企业可以利用中小企业来扩大市场占有率，增加利润以及实现多元化发展；中小企业则可以借助大型企业来弥补自身资金缺乏，品牌影响力小，销售渠道狭窄等缺点。中小企业与大型企业和谐共生的主要形式有：第一，合同分包：中小企业向大型企业按合同提供零配件、原材料或劳动力，主要有三种形式：经济分包，中小企业提供廉价产品和劳动力；专业化分包，即中小企业提供企业产品；能力分包，即当大型企业一时产品供不应求时，中小企业按要求临时为大型企业生产所需产品，但仍用大型企业的品牌。第二，特许经营：大型企业授权中小企业可以在一定地域一定时期内销售本企业的产品或使用自己的商标。第三，融资：大型企业资助中小企业来控制某些领域或进入某一新的领域。第四，技术合作：通过大型企业出资金，中小企业进行技术创新的形式来进行合作，各取所需，互利互惠（吴飞驰，2002；黄志斌，2004）。

3.3.2.3　中小企业与社会及生态的和谐共生

中小企业为社会提供产品、解决就业、增加政府税收，同时由于对经济效益的片面追求以及相对较低的劳动生产率，导致人对自然的掠夺式开发，造成了人与自然关系的尖锐对立（生态危机），中小企业往往是环境污染和废物排放的主要来源。20世纪80年代以来，伴随可持续发展理念的提出，人们开始了企业与生态，企业与社会责任的和谐关系构建的实践。因而考虑中小企业发展的同时，一定要考虑如何和谐持续发展，不能以牺牲后代资源、环境恶化、生态失衡、经济失调等为代价，所以发展中小企业不能搞"一刀切"，政府应该鼓励支持那些绿色、可持续发展的、对资源进行综合利用的中小企业，而对那些资源耗费大、工艺落后、质量低劣、生产效率低、排放污染严重以及安全生产条件差的中小企业要严加限制。

中小企业与社会的共生还包括与顾客共生机制的建立，其实顾客应该是企业最优先考虑的共生对象。一方面顾客需要企业的产品，另一方面企业也需要提高产品质量与服务水平等来增加顾客满意度，但提高顾客满意度企业就需要付出更高的生产成本，企业会在这两种要素之间作出一个权衡（吴飞驰，2002）。为提高顾客满意度，与大型企业相比，中小企业需要作出更大的努力以及相对更多的成本支出。

3. 3. 2. 4　中小企业之间的和谐共生机制

中小企业在社会竞争中属于弱势群体，所以只有采取相互联合的方式才可以在竞争中具有更大的优势。通过联合，中小企业可以相互弥补不足，产生规模效益，以抵御更大的市场风险。通过形成中小企业网络组织，可以使中小企业产生规模经济，增加对外谈判实力，在细分市场上分工合作，提高国际竞争力。同时，中小企业网络组织对区域经济的发展也具有积极的促进作用。所以政府应该鼓励中小企业形成产业集群、战略联盟、虚拟企业等网络形式，在政策方面给予支持与协助。

3. 3. 2. 5　中小企业内部的和谐共生机制

以上所讨论的都是中小企业与外部的共生机制，实际上中小企业内部的和谐共生更为重要，这包括企业中人与人的和谐、人与物的和谐、整体与部分的和谐三个层面（刘晔、彭正龙，2006）。在人与人的和谐层面，西蒙、麦格雷戈和莫尔斯等人进行了有益的探索；在人与物和谐层面，数量管理科学学派进行了深入的研究；在整体与部分和谐层面，系统管理学派做出了较大贡献。实际上，中小企业的和谐发展是这三个层面和谐的有机统一，这三个层面缺一不可。

中小企业内部是否和谐是中小企业能否健康快速发展的关键因素。很多企业总也长不大的原因，还在于其内部体制、企业文化、管理水平、创新机制等因素，而不能仅在企业外部找原因。建立中小企业内部的和谐共生机制关键取决于企业文化、创新能力、治理机制、企业家才能四个方面（吴飞驰，2002）。企业文化主要解决人与人的和谐，创新能力主要解决人与物的和谐，治理机制主要解决整体与部分的和谐，而企业家才能则对这三种因素都有影响，它直接左右着企业文化、创新能力以及治理机制。

综上所述，中小企业的发展要考虑内、外部各要素的整体协调，实现和谐发展。中小企业不但要与政府、大型企业、其他中小企业、社会及生态保持和谐统一，更重要的还是中小企业内部各要素之间要建立起和谐共生体系。中小企业只有树立全面的和谐共生观念，才能保证持续协调、健康快速发展。

3. 4

中小企业网络组织的集聚分散机制

网络组织间人力资本溢出、技术扩散带来的溢出效应和外部规模经济带来的收益递增可能导致网络的发展和扩张，但是集聚到一定程度，企业间争夺特定要素和重叠要素也可能导致要素价格上涨，进一步导致企业成本的提高、竞争的加剧和环境的恶化。这样，"集聚力"和"分散力"在网络内同时存在，同时发生作用。本节我们运用生态位理论，分析网络组织集聚力与分散力的均衡条件，构建二维生态演化模型，探讨中小企业网络组织生态策略演化过程（Yunhong Shen，2008）。

把生态学思想运用到经济学领域最早可以追溯到马歇尔（Marshall），他指出，生物界的"适者生存"原则同样适用于社会组织尤其是工业组织的研究，生存竞争使最适合于从环境中获得利益的有机体增多。他甚至认为，经济学不过是"广义生物学的一部分"（Hannan & Freeman，1977）。之后熊彼特（J. A. Schumpeter）、阿尔钦（A. A. Alchian）、彭罗斯（E. T. Penrose）等都从不同侧面论述了生态学在经济领域的应用，作出了不同程度的贡献。20 世纪 70 年代末、80 年代初以来，汉南（M. T. Hannan）和弗里曼（J. Freeman）引入了种群生态学思想（Nelson & Winter，1982），纳尔逊和温特（R. R. Nelson & S. G. Winter）创立了演化经济学理论（Wholey & Brittain，1986），这一领域的研究逐渐成为人们研究的热点（Adizes，1989；Amburgey & Rao，1996；Arie，1997；穆尔，1999；巴斯金，2000）。20 世纪末以来我国学者在企业生态学方面也进行了较深入的研究（韩福荣，2001；杨忠直，2003；杨丁元，1999；韩福荣、徐艳梅，2001；杨忠直，2003；梁嘉骅等，2005）。但从生态位的角度来看，目前多数文献常常存在两个问题，一是忽略了企业生态位的多维度性，往往仅考虑一维企业生态位，认为只要某一维生态位重叠就会产生生态竞争，从而得出片面的结论；二是许多文献仅从静态的观点来看待企业生态位，缺乏对生态周期各阶段特点的描述与分析。笔者针对以上问题提出了企业多维生态位模型，认为企业即使在一维或几位生态位上发生重叠，而在其他主要维度上不重叠，也不构成生态竞争，进而以企业二维生态位模型为例，对其演化过程进行了分析。同时在分析企业生态周期各阶段特点的基础上，有针对性地讨论了企业在不同阶段的适宜发展策略。

3.4.1　企业多维生态位演化模型

生态位是种群生态学中的一个概念，是指一定生态环境里的某种生物在其入侵、定居、繁衍、发展以至衰退、消亡历程的每个时段上的全部生态学过程中所具有的功能地位。可以从空间生态位，功能生态位和多维超体积生态位等角度来考虑（张光明、谢寿昌，1997）。自然界中每一个物种只能在特定的生态环境中生存，因此，每一个物种在某个生态因子的坐标轴上，都有一个能够生存的范围，此范围的两端是该物种生存的耐受极限。一般认为，物种在每一维生态位的生存范围内对该生态因子的适应度呈正态分布（梁嘉骅等，2005），根据两物种在某一生态因子的重叠程度可分为三种情况：生态位分离（图 3 - 3a）、生态位部分重叠（图 3 - 3b）、生态位严重重叠（图 3 - 3c），如图 3 - 3 所示。生态位分离又可以分为完全分离与生态位相邻两种情况，生态位严重重叠也包括完全重叠或一方包含另一方等情况。

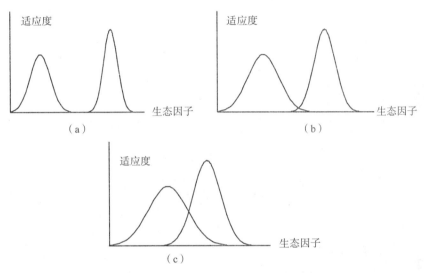

图 3 - 3　一维生态位重叠程度示意图

　　与生物物种类似，企业也处在由自然、经济、社会、文化等因素构成的生态环境里。但企业是包含若干个人的有机整体，具有更强的思维性和主动选择能力。因此，企业生态位是指企业在特定时期特定生态环境里能动地与环境及其他企业相互作用过程中所形成的相对地位与功能作用。企业生态位既反映企业在特定时期、特定环境中的生存位置，也反映企业在该环境中的自然资源、社会资源、经济资源等企业生态因子所形成的梯度上的位置，还反映企业在企业生存空间中的物质、资金、人力、技术和信息流动过程中扮演的角色（闫安、达庆利，2005）。

　　实际上，企业在空间、时间上存在着多维生态因子，如果在一维生态位上相互重叠，而在其他生态位上没有重叠，则企业之间不产生生态竞争。企业间只有在多个主要生态因子上发生重叠，才会产生激烈竞争。例如两家企业产品相同，但销售区域不同，这时两家企业不存在直接竞争，再如两家企业产品相同，销售区域也相同，但功能存在差异，这时也不产生激烈竞争。下面以二维生态因子为例对其演化过程进行分析，如图 3 - 4 所示。图 3 - 4a 到图 3 - 4d 是一个逐步演化的过程，图中的大圈是一个行业的最大可能生态空间，产业刚刚兴起时，往往发展的空间很大，市场空间广阔，这时企业之间一般生态位很少重叠（图 3 - 4a），企业发展一般适合采取 r 策略，即扩大产品规模与范围，提高市场占有率的策略；当发展到一定程度时，企业生态位就会出现部分重叠（图 3 - 4b），市场逐步趋于饱和，企业产品或技术也相互重合，这时适合采取 K 策略，即提高企业竞争力和存活力，提高产品服务质量的策略；当竞争进一步激烈，进入白热化程度后，企业生态位出现严重重叠，相互蚕食和吞并，部分企业面临倒闭而退出，剩下的企业一般适合采取 α 策略，即形成互惠共生的统一体，互相制约与平衡（图 3 - 4c 和图 3 - 4d）。需要强调的一点是企业的生态位并不是一成不变的，在企业的经营过程中，有可能随着市场的变化及竞争的需要而不断变化，有些企业的生态位会扩大，有些企业的生态位可能会缩小，有些企业的生态位可能会产生漂移，企业在不断的生态位调整中找到自己的最佳位置，直到达到相对平衡。

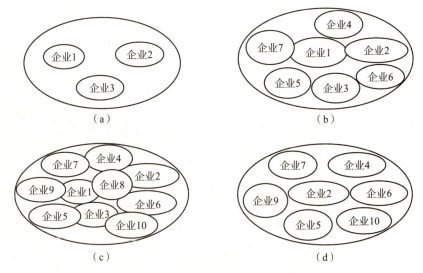

图 3 - 4　企业二维生态位演化示意图

3.4.2　生态成长期企业发展策略——r 策略为主

企业生态成长期是指在某一生态空间中（如产品、技术、资金、人才、地理位置等），企业各自占据自己的生态位，各自拥有自己的特长与经营范围，相互之间生态因子很少重叠，企业完全可以按照自己的发展速度进行扩张，相互影响很少。

　　这时企业的生态发展规律可以用生态学上的 Logistic 模型表述为（姜启源，1993；尚玉昌、蔡晓明，1992）：

$$\frac{\mathrm{d}N_i}{\mathrm{d}t} = r_i N_i \left(1 - \frac{N_i}{K_i} \right) \qquad\qquad (3-13)$$

　　当 $t\to\infty$ 时，$N_i(t)\to K_i$。N_i 是企业 i 的生态收益（市场占有率或生产规模），r_i 是它们的生态收益的平均增长率，K_i 是它们的最大生态收益。

　　这时企业的发展只受到自身阻滞的影响，而基本上不受其他企业的生态影响。从式（3-13）可以看出，通过提高 r 值，即平均增长率，便可以使生态收益快速增长。表现为企业各自扩大产品规模和市场占有率，由于这时市场相对较大，销售顺畅，所以这时企业一般最关注的是如何扩大生产规模以及拓展生态位空间的问题。生态成长期一般呈现出生产快速增长，竞争壁垒相对较低，产品粗放，竞争力较弱等特点。如果这时选择 K 策略为主则会得不偿失，因为较高的成本而使企业得不到快速发展，甚至会由于市场占有率过低等原因，而不被市场承认，惨遭淘汰。

3.4.3　生态饱和期企业发展策略——K 策略为主

　　r 策略者的竞争壁垒相对较低，易于复制。当企业生态总量超出生态空间的承载极限时，将会导致因资源消耗而趋于消亡。于是，生态位的竞争迫使企业改进策略模式，完成由 r 策略者向 K 策略者的转化。

　　企业生态饱和期表现为企业的主要生态位空间已经基本没有发展余地，企业之间存在生态因子的部分重叠，企业进一步拓展空间的可能性不大，相互之间形成制衡。这时企业之间的竞争收益模型为：

$$\frac{\mathrm{d}N_i}{\mathrm{d}t} = r_i N_i \left(1 - \frac{N_i}{K_i} - \sum \alpha_{ij} \frac{N_j}{K_j} \right) \quad \text{其中} j\neq i,\ \alpha_{ij}>0 \qquad (3-14)$$

　　这里 α_{ij} 表示企业 j 对企业 i 生态收益的竞争抑制作用。

　　由于生态位的限制，企业之间相互竞争，每个企业的生态收益不但受到自身发展的限制，还会受到来自其他企业的抑制作用。这一时期，企业如果还想进一步开拓生态空间，只能抢夺其他企业的生态领地，这必须会遇到这些企业的强大反抗，所以这时不宜把主要精力放在 r 策略即开拓生态空间上，而应该逐步由以 r 策略为主转为以 K 策略为主，进一步固守并强化原有的生态位，防止其他企业的侵入。K 策略的特征是：规模扩张速度相对较低，具有较强且独特的核心能力，产品（或服务）具有特色，竞争能力强，不易被复制，存活率高。

　　可以说在生存竞争中，r 策略者是以"量"取胜，而 K 对策者是以"质"取胜，r 策略者将大部分精力用于扩大规模，K 策略者将大部分精力用于提高竞争力。企业在这一时期应该把主要精力放在提高产品科技含量，增加高附加值产品，由粗放经营向集约型经营转变，提高产品的进入壁垒，向别人不易模仿的工艺创新要效益，才能在竞争中立于不败之地。

3.4.4 生态成熟期企业发展策略——α 策略为主

企业生态位达到过度饱和之后，企业为争夺资源而出现自相残杀现象，导致部分企业退出或进行生态位迁移，这时剩下的企业为了避免相互竞争造成的损失，通常会采取一种相互合作，互惠互利的形式，这时便进入了生态成熟期。这一时期的生态收益模型可以表述为：

$$\frac{\mathrm{d}N_i}{\mathrm{d}t} = r_i N_i \left(1 - \frac{N_i}{K_i} + \sum \alpha_{ij} \frac{N_j}{K_j} \right) \quad \text{其中} j \neq i, \ \alpha_{ij} > 0 \qquad (3-15)$$

恶性竞争的结果是两败俱伤，在经过一段恶性竞争之后，大部分企业被淘汰，留下来的企业一般是具有核心竞争力，工艺创新较多，其技术不易被别人复制的企业，每一家企业占据一定的生态空间，形成暂时的均衡，这时企业一般会选择 α 策略，即变相互竞争为相互合作，变零和博弈为双赢互惠。

这一时期企业之间表现为合作共生与协同进化，企业与供应商、客户及竞争者之间形成互惠共生的统一体，尤其是中小企业，由于在竞争中处于弱势地位，往往更倾向于采取战略联盟，虚拟企业，集群，供应链协作等网络组织形式，以实现资源共享与互惠共生。

3.4.5 生态衰退期的企业策略——负 r 策略

每一行业都有其生命周期，随着技术和社会的进步，有些行业不能适应社会的进步，逐渐走向衰退。生态衰退期是指某一生态空间逐渐失去了成长性与竞争力，发生萎缩或被其他生态空间挤占，在这一生态空间生存的企业由于生态空间的失去而大量死亡的时期。

任何事物都有其发展规律，进入生态衰退期时，任何企业也无法阻挡这一趋势，这时唯一的选择只能是迅速退出和转型，我们称为负 r 策略，即减少在这一行业的投入，缩减生产规模，迅速撤资或转型其他处于生态成长期的行业，重新进行生态位选择，实现生态位漂移。

综上所述，企业在考虑未来发展战略时，应该分析该行业所处的生态发展阶段，结合自身特点不断调整自身发展策略。在生态成长期，应以 r 策略为主，加快企业发展和扩张速度；在生态饱和期，则以 K 策略为主，优化企业内部资源，增强企业竞争力；在生态成熟期，则更适合于采取 α 策略，形成竞争联盟，实现双赢；在生态衰退期则应迅速转型，不宜增加新的投入（见图 3 – 5）。同时，企业还要注意根据生态环境及时调整发展战略，同时注意寻找新的生态空间，不要过分模仿复制其他企业的生态因子，避免生态位过度重叠，增强企业竞争优势与生存能力。

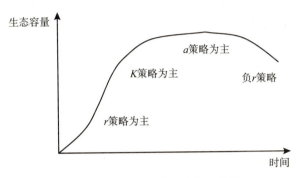

图 3 – 5　企业生态策略演化示意图

3.5

本章小结

本章主要是对中小企业网络组织生态运行机制的分析。提出了支持中小企业网络组织生态运行的三大机制，即合作竞争机制、互惠共生机制和集聚分散机制，并对每一种机制进行了系统分析。本章的主要研究内容和结论如下：

（1）运用企业生命周期理论，按时间顺序把中小企业网络组织的生命周期分为孕育、形成、运行、修正、解散五个阶段，描述了中小企业网络组织的生命周期过程，为中小企业网络组织的运行演化机制的系统分析奠定了基础。

（2）运用博弈理论分析了中小企业网络组织合作竞争的条件，论证了在无限次重复博弈时，只要网络组织成员企业以后的合作机会足够大，双方在博弈中将采取合作行为。同时利用 KMRW 模型，分析了在有限次重复博弈情况下，由于声誉和信任等社会资本的存在，在一定时期内，成员企业之间同样会产生合作行为。

（3）把中小企业与大型企业的关系归纳为恶性竞争、寄生、捕食和互惠共生四种模式，利用生态学 Logistic 模型构建了各自的互动模型，并对每一种模型进行了全面的稳定性分析，给出了四种模式下中小企业与大型企业的互动策略选择的各自结果，分析了各种模式下中小企业的最佳策略，进一步揭示了中小企业选择与大型企业互惠共生发展的内在机理。在此基础上，运用共生理论提出了中小企业网络组织全面共生体系，中小企业要与政府、大型企业、社会、生态保持和谐统一，同时中小企业之间以及中小企业内部各要素之间也要建立和谐共生机制。

（4）运用生态位理论分析了中小企业网络产生集聚分散行为的产生机理，提出了企业多维生态演化模型，认为企业之间只有在几个关键生态位上均发生重叠，才会产生生态竞争。同时把企业生态周期划分为四个阶段，运用 Logistic 模型分析了企业在每一生态阶段的主要特征，同时指出了相应的中小企业适宜发展策略。

第**4**章

中小企业网络组织的遗传机制

生物中存在着某种遗传机制，正是这个遗传机制使得后代更像他们的父母而非同一物种其他成员。基因是存在于细胞染色体上的生物体遗传的基本单位，在遗传中起着至关重要的作用。类似地，中小企业网络组织内也存在着遗传现象。中小企业网络组织内存在着物质、资金、人员、技术、管理思想等从父代向子代的遗传现象，惯例成为组织遗传的基因。

中小企业网络组织内的遗传至少包括四个方面：一是，物质资本的遗传；二是，人力资本的遗传；三是，组织惯例的遗传；四是，知识的扩散遗传。

物质（包括设备、资金等）和人力资本的传递是企业遗传过程中最明显的流动，也相对容易，而组织惯例和企业知识的遗传则比较复杂，且相对困难，信息丢失量较大。惯例是企业的组织记忆，具有一定的稳定性和惰性，它反映在组织个体的头脑中，通过企业人力与物质资本的有效继承和学习效应而实现传递，主要体现为企业成长中的经营方向、组织结构和决策机制等方面的一些成功经验的积累和延续（刘晔、彭正龙，2006）；知识扩散是中小企业，尤其是科技型中小企业保持竞争力的关键，深入了解知识扩散过程，充分利用知识扩散是科技型中小企业的立身之本。由于知识的默会性，使得中小企业网络组织中的知识扩散过程变得复杂而困难。我们在本书中重点对中小企业网络组织的惯例遗传机制和知识扩散机制进行分析，二者的遗传机制相对复杂，遗传过程相对困难，但对中小企业网络组织的运行演化更加关键。

4.1
中小企业网络组织的惯例遗传机制

4.1.1 中小企业网络组织的企业衍生机制

现有企业通过孵化、裂变、分拆而不断衍生出新的企业，现存企业也可能合并形成一个较大规模的企业。各种不同产业组织形态是在企业个体的生成与消亡、成长与衰落的运动变化中达到的。衍生与消亡是企业发展演化过程的两种基本对立的运动，衍生力量与消亡力量的彼此消长决定了企业演化的宏观群落性状。依据企业生成原因与方式的特点，可以把中小企业网络组织内的企业衍生分为四种类型，即裂变衍生，孵化衍生，分拆衍生，合并衍生。

企业管理者或经营技术骨干从现企业辞职，利用所掌握的人脉网络、经营管理才能、知识信息，独立创办与原企业相同的新企业。这种形式我们称为裂变衍生。裂变衍生不但会使老企业遭受人力资源流失、技术经营秘密外泄扩散的损失，而且老企业还要面临来自新企业重新分割要素资源和市场份额的竞争。因此，对老企业而言，这是非常不愿意看到的事情（李永刚，2005）。

新企业作为老企业合目的性行为的自然结果而产生出来，我们称为孵化衍生。孵化衍生可以分为两种形式，一种是单亲孵化，即由单个企业孵育出一个新的企业；另一种是多亲孵化，即由两个或两个以上企业共同孵育出一个新企业。合作孵化的母企业之间通常具有技术知识或其他资源的互补性。如：A 企业有专业技术优势，B 企业有资源或市场网络优势，由 A、B 共同孵育出的新企业，既可以利用 A 企业的专业技术优势，又可以吸收利用 B 企业的资本和市场资源优势。

还有一种重要的企业孵化现象是政府、大学、科研院所设立的专门企业孵化机构对主要是高新技术中小企业的培育和孵化。企业孵化器（Business Incubator or Innovation Center）在 20 世纪 50 年代发源于美国。它通过提供研发、生产、经营场地、通讯、网络、办公等设施，融资、法律、市场推广、人才培训、专业咨询等服务与支持，来降低企业家创业的风险和成本，提高企业家创业的成功率和新企业成活率。企业孵化器在孵化和培育科技型中小企业，培养新的经济增长点，推动各国高新技术产业发展等方面发挥了巨大作用。

有些企业在不断发展壮大的过程中，多个企业股东或多个创办的家族成员在合作过程中，可能会出现不同的经营思路与风格，当各位共同创业者有能力自己单独经营企业时，这些合伙人就会商量由原来的一个企业分拆为两个甚至多个企业，这种称为分拆衍生。

分拆衍生与孵化衍生的主要区别是：第一，分拆衍生是各合伙人谈判的结果，而孵化衍生是掌门人单方主导设计安排的结果；第二，分拆衍生的新企业与原企业往往表现出相似的外部特征，没有明显的主次关系，而孵化衍生产生的新企业与原企业往往具有分工协从与配合的明显关联，容易分出主次关系；第三，分拆衍生的结局可能是多个同类企业对经济资源和市场空间的重新划分和竞争性配置，而孵化衍生造成的产业组织格局通常是新老企业在不同生产经营环节上的有序配合。

分拆衍生与裂变衍生也存在明显区别：首先，分拆衍生的原因在于合伙人之间对企业控制权的争夺，是合伙人和自我实现方式相互冲突所致。而裂变衍生的原因是企业中层管理经营技术骨干与作为企业剩余获得者的企业主之间的利益冲突；其次，分拆衍生是企业合伙企业家之间逐渐展开的交易与谈判过程，裂变衍生同是处于弱位的潜在企业家单方暗中蓄意谋变、并待时机成熟时突然实施的行为结果。最后，分拆衍生一般伴随原企业资产的重新分割，而裂变衍生并不造成原企业物质资本的损失，而只是形成技术管理知识流失和营销关系网络破缺等软伤。

在中小企业网络组织中，由于不同中小企业之间往往处于紧密合作联系中，许多企业为了能够更好地合作，形成产业链的垄断地位，往往会产生两个甚至多个企业合并而成为一个新企业的现象。这种与分拆相反的衍生方式，我们称为合并衍生。合并衍生又分为两种方式：一种方式是一方对另一方的兼并行为，合并之后被兼并方失去法人地位，只保留兼并方的法人地位。另一种方式是合并双方均不再保留各自以前的法人地位，而成立新的法人企业。

4.1.2　中小企业网络组织的惯例复制机制

近年来学者研究发现，与生物体类似，企业也存在着遗传现象，中小企业网络内部存在着物质、人才、资金、经营理念、企业知识等的流动，这其中企业惯例扮演着类似生物体中基因的作用。

4.1.2.1　企业的遗传基因——惯例

1982 年纳尔逊（Richard R. Nelson）和温特（Sidney G. Winter）在其经典著作《经济变迁的演化理论》中首次提出了惯例的概念。他们借用达尔文生物进化论的基本思想——自然选择思想和拉马克的组织遗传学的某些思想并将其运用到企业，用以解释企业为何能够在不确定性的环境和激烈的竞争中仍能保持竞争优势的地位或者说表现出一种竞争强势。纳尔逊和温特提出了企业活动的基础——惯例。

企业可以被看做只是"技术"和其他"实践"的孵化器和载体，它们决定了在特定的环境中"企业干什么"和"效率如何"。这些技术和实践被表示为惯例。换句话说，一切规则的和可以预测的企业行为方式都可以被称为"惯例"。惯例概念类似于生物学理论中的基因。纳尔逊和温特把企业行为是一种规则支配行为的理念提升为演化理论的"首要原则"。我们可以用惯例来解释企业行为的稳定性，设法找到一个赖以发生作用的稳定性物质，正如基因在生物的自然选择所起的作用一样。维持惯例的倾向类似于遗传基因在生物进化中所起的作用，而在经济系统中引进新的技术、新的企业，则与生物进化中的变异机制相类似。

惯例是组织的记忆。演化理论认为，一个组织的活动惯例化构成储存该组织专门操作知识的最重要形式，组织主要靠运用来记住惯例；惯例是组织成员间的休战。在惯例操作中，由于强化规则机制和其他推动因素的整合，使得成员满足在组织的惯例中发挥他们的作用。因而，惯例操作涉及组织内部冲突的全面休战。一般说来，害怕打破休战状态是一种强大的力量，有助于使组织保持在相对不灵活的惯例上；惯例是组织的目标。一个组织的惯例操作状态，在许多方面是自我维持的，一个组织偏离它现有的惯例可能会遇到困难，但仅仅维持现有的惯例顺利运行，往往是困难的，此时惯例具有目标的性质，管理者努力保护惯例，使其不受破坏。维持现有惯例往往是一种操作的目标，但不是最终目标。对惯例的变异有时是有益的。如果现有惯例是成功的，人们就可能希望复制那种成功。如果现有惯例是失败的，即无利可图，那该惯例就可能要收缩（盛昭瀚、蒋德鹏，2002）。

企业的惯例具有可遗传性，当一个企业扩大规模时，它原有的惯例经常被复制到新扩建的工厂中去。在同一地区或同一网络中经常交流的中小企业，也经常会学习模仿其他表现较好的企业的惯例。然而复制过程往往是一个非常复杂的过程，因为企业中有相当一部分是无形或无法阐述的事物，而这些不可明确的东西或许就是企业能够持久保持一定市场地位的根本所在。企业惯例的难于模仿性决定了尽管有复制遗传行为的存在，不同企业的惯例仍然不会完全相同，不同行业中的企业有不同的优势，同行业中企业的优势有强弱之分，即使是母子公司之间也会有细微差别。

纳尔逊和温特的进化理论，不是那种达尔文适者生存的近乎同义重复，而更靠近以学习、选择为特征的拉马克进化观。也就是说，复杂的经济系统的进化，包含有许多个体层次上的学习过程，其结果可通过市场选择被重复、扩散。

4.1.2.2 惯例的特征

作为企业基因的惯例，具有 7 个主要特征，即默会性、实践性、同等效果性、学习/累积性、预测性、受指导性和情境性。

（1）惯例的默会性。惯例的默会性即无法解释性。形成惯例默会性的主要原因：其一是惯例的程序性知识性质；其二是惯例具有通过"做"来记忆的特点，其本身也并不需要解释；其三是惯例的执行过程取决于惯例执行者的接受和解释信息的能力，要清楚地表达这种接受和解释信息的能力是困难的；其四是受制于成本和惯例的累积性因素（吴光飙，2004）。

（2）惯例的实践性。惯例的实践性，是指惯例作为行动中的知识，靠"做"来记忆。在企业的记忆中，惯例是难度最大的，因为如果惯例不经常使用，就会出现知识记忆的丧失。

（3）惯例的同等效果性。惯例的同等效果性，是指惯例的多种行为序列具有相似的功能。惯例的自动性或重复性，凸显在这些行为序列之中。

（4）惯例的学习/累积性。惯例应该通过过程的角度加以认识，惯例不是一种静态的程序性知识，而是在实践中不断学习和累积的动态过程。

（5）惯例的预测性。惯例的预测性涉及惯例本身和惯例变异两个方面。在惯例本身方面，基于惯例是一组功能相似的行为序列的累积性概括，当陈述性知识和活动情境保持稳定时，惯例必定是一种自动化和重复的过程。当然，由于惯例默会性的存在，一个企业外部的局外人要认识惯例的预测性将是困难的。

（6）惯例的受指导性。惯例的受指导性，是指惯例作为程序性知识，与陈述性知识有着密切的关系，并要接受陈述性知识的指导。

（7）惯例的情境性。惯例的情境性，是指惯例约束条件的当地化，这种当地化约束除了认知因素以外，还包括企业的权力、信息、协调、资源、物理环境、非正式组织关系、外部关系、制度（Selznick，1957；Meyer & Rowan，1977）等各个方面。从投资的角度来看，惯例的情境性意味着涉及专门化的物力、人力资本投资，并可能形成具有不可逆性质的沉没成本。因此，低效率的惯例仍具有存在的理性基础。惯例的情境性还表明，惯例不可能是全域最优的。

4.1.2.3　中小企业网络组织的惯例复制机制

网络组织内的每一个企业，都拥有各自的惯例，企业存在差异的主要原因也是因为它们的惯例不同。但由于利益的驱动，企业往往不断搜寻更好的惯例，复制模仿效益较好的企业的惯例。中小企业在不断的搜寻选择过程中，实现自身的发展。

（1）惯例复制的选择性。温特和苏兰斯基（Winter & Szulanski，2001）提供了一个复制理论的概念框架，他们认为"复制就是一个组织在一个新环境中再造一系列复杂的、原因不明的相似活动，并使之运行的过程"。他们认为复制有两个不同阶段：第一个阶段是探索阶段（Exploration phase），即发现其他企业的商业模式中有价值且可再生的特性，弄清这些特性是如何产业的，找出他们值得复制的环境特征。第二阶段是开拓阶段（Exploitation phase），通过价值创造系统活动产生大量输出，创造这些输出，并使之运行，以利用所获得的知识。

从西尔特和马奇（Cyert & March，1963）的企业决策行为理论看来，探究和开拓的区分反映了在决定搜寻行为中的期望水平的作用。当低于期望时，从事开拓；相反，成功减少了问题导向搜寻活动的动力。如果期望反映的不仅是过去的业绩，而且是未来的机会，探索也许更可能持续（Levinthal，1996）。

对于如何复制更容易取得成功，存在这样两种观点，一种观点认为精确复制更容易成功，认为复制成功企业的惯例时需要完全复制，那些没有成功的企业，往往是因为没有完全地复制成功企业的惯例。诚然这种观点具有一定道理，因为在不确定环境中复制有更多经验或成功是一种好的策略，复制企业可以有参考的模板。但每一个企业都有其自身特点，各自拥有的资源、信息、技术水平、地理位置、所处环境等都不完全一样，所以其他企业的成功"基因"，并不一定适合于任何一家企业。所以笔者更支持另一种观点，即认为要有选择地复制，只有那些适合本企业发展的成功经验才有复制的必要，而对于那些不适合本企业的经验，则不能完全照搬。

（2）惯例复制的路径依赖性。企业惯例的复制与过去企业的累积选择有关。一旦一个企业选择了一种知识发展路径，则其后续的发展就会受到以前知识积累的影响，企业的惯例复制过程就会存在路径依赖性。这种路径依赖性在中小企业网络组织内表现在三个方面：一是中小企业一旦选择了一种技术之后，往往会在一定时期内沿着这个技术方向进行累积，如果更换其他技术则需要较多的转换成本；二是中小企业选择惯例复制往往是从网络内现在的合作者或以前曾经合作过的企业，而很少会从其他网络外的企业进行复制（罗文标，程功，2006），这些网络内的企业往往受共同的网络文化影响，具有历史依存性和路径依赖性。如果原有网络结构与模式被新增加的关系强化了，则原有网络会按照既有的固定模式运行下去，说明网络在扩展与演进时出于维持已有社会资本的目的，趋于复制其已存在了的关系模式。因此，沿着这条思路，企业依赖于不断地复制其已有网络结构与特征而获取资源，并在这个过程中获得成长。

（3）惯例复制的黏性。企业惯例在复制过程中，受三方面的黏性因素影响：第一，受被复制惯例特征的影响。一是默会性。作为行动中的知识，惯例的默会性越高，目标程序性知识的复制就越困难。二是行为序列的复杂程度。惯例越是复杂，惯例的执行对代理人的要求就越高，惯例的完全掌握也就需要越多的时间。三是未证明性。越是证明成功的惯例越会得到更多企业的复制，越是没有得到证明的，复制企业相对越少。第二，受复制企业特征的影响。首先是激励程度。如果一个企业处于发展的困难时间，而其他企业的越成功，则受激励程度就越大，企业就有越大的动力去复制其他企业的成功经验。其次是"吸收能力"的强弱。如果复制企业的吸收能力较弱，则其复制成功的可能性就越差。最后是"消化能力"的强弱。只有吸收来的惯例被成功保存下来，内化为本企业的惯例，惯例复制才有效。第三，受情境特征的影响。情境的复杂程度越高，目标惯例的复制就越是困难。

（4）惯例复制的效率损失。由于惯例变异的存在，复制的惯例除了将承受复制粘性造成的效率损失之外，还将承受动态效率损失。所谓动态效率损失，是指目标惯例在完成复制的时间内的变异。这与惯例的学习/积累性有关，惯例复制过程中不可避免地会存在偏差，使得复制的惯例与原有惯例存在一定差距，在不断的学习与积累过程中，逐渐向原有惯例靠拢。正是由于存在着复制效率损失，因此，复制本身就成为一项非常重要的活动或者惯例。

（5）惯例复制的约束。由于惯例的复制需要来自于企业现存独特资源的支持，因此，企业的惯例的使用在短期是有限的，也是难以转移和发展的。独特性资源对复制的约束表现在两个方面：一是独特资源的可供应性约束了惯例复制的速度，并且形成了复制的机会成本；二是独特性资源对企业的价值权变约束了惯例复制的可能。

（6）惯例复制的悖论、矛盾和累赘。在复制悖论方面，越是能够规则化的惯例，虽然越有利于复制，但也必然越有利于模仿，从而付出稀缺性的价值腐蚀损失。在惯例复制的矛盾方面，惯例的复制虽然产生了学习，但是，学习也将根本反作用于更有效率和独特性的变异的发展。在惯例复制的累赘方面，如果把情境因素模式化，把目标惯例权威化，就容易使复制的知识成为一种僵化或者累赘。此外，当单个惯例的复制必须依托惯例集的复制时，整体的复制也可能会复制目标惯例集的原有系统错误（吴光飙，2004）。

4.2
中小企业网络组织的知识扩散机制

4.2.1 知识与技术的辨析

罗素在《人类的知识》一书中写道："知识是一个意义模糊概念。"知识作为一个被广泛使用的词，不同的研究者可从不同的角度理解知识，其内涵和外延因使用者不同而异。根据韦伯斯特（Webster）词典 1997 年的定义，知识是通过实践、研究、联系或调查获得的关于事物的事实和状态的认识，是对科学、艺术或技术的理解，是人类获得的关于真理和原理的认识的总和。一般认为，知识是人类对事物的认识过程和经验的积累，属于认识和经验的范畴。总之，知识是人类积累的关于自然和社会的认识和经验的总和。

根据知识的性质，可以分为两类：一类是高度个体化、难以编码化和形式化的隐性知识（Tacit knowledge）；另一类是能够以编码化的形式表述的显性知识（Explicit knowledge）。由于显性知识以语言、文字、图形和符号等编码化的形式进行传递，这种方式可借助于信息技术和现代网络技术实现知识的发送和接受，克服了这种知识的转移效率。而隐性知识是个人经验和能力的综合体现，往往很难用编码化和形式化的语言表述，因而，通过人际交流网络进行知识的发送和接受是目前解决隐性知识有效传递的一种基本方式，这种方式不仅受到知识发送和接受的时间和空间制约，加剧了知识转移的难度，而且由于这种转移模式固有的特征，降低了这种知识的转移效率（徐和平，2003）。

知识与我们通常所说的技术一词密切相关。大卫·敏德尔（David Mindell）把技术定义为"为了人类的目的而操纵自然世界的工具、机器、系统和技巧的集合"，鲁思·科万（Ruth Cowan）认为技术是"控制他们环境的工具"。这与我国教育界通常的说法比较接近，即技术是人类在利用自然、改造自然以及促进社会发展的过程中所掌握的各种活动方式、手段和方法的总和。它包括经验形态、实体形态和知识形态三大要素，并由此形成不同的技术结构。实体形态的技术与具体的物质（工具、设备、材料）有关，我们把它称为物化技术（简称手段，即一般狭义理解的技术）；经验形态和知识形态的技术主要与人的智力有关，我们把它称为智能技术（简称方法）。因此可以认为：技术由物化技术（手段）和智能技术（方法）两部分所组成。

我们理解技术活动是与实践紧密相关的，是介于科学活动、生产活动之间的具有生产、研究双重性的特殊社会活动；而知识则是与认识活动相关联的，以观念形态方式存在。在理论分析中，知识扩散与技术扩散并没有太大的区别，只是前者更具有普遍的意义，技术扩散可概括为技术在产品、设计层面上的扩散。产品层面主要包括原材料、最终产品、部件、设备、乃至"交钥匙工程"，旨提供实际生产能力或产品本身；设计层面包括设计、蓝图、以前设计的产品或设备的技术诀窍，旨在为创造能力的形成提供基本的信息、数据和能力。人们通过各种途径获取的管理经验、经营方法、思维方式、创业意识等就不应属于技术扩散的范围，而属于知识扩散。为了分析讨论方便，我们不对知识与技术作细致的区分，在后面的讨论中统一使用知识扩散一词，而分析的重点则是技术扩散。这是基于以下两点来考虑：第一，知识扩散和技术扩散的用词，对于不同的学者有不同的看法，在讨论企业行为时两个词的用法存在许多相通之处；第二，因为本书主要讨论的是扩散过程以及这种扩散过程对中小企业的影响，所以统一用知识扩散一词，并不妨碍对扩散过程的深入分析。

4.2.2　知识扩散前期相关研究

对于知识扩散机制的研究，学术界有多种观点，比较有影响的有以下几种：

（1）传播论。这种观点是迄今为止最具影响的一种观点，有的学者也称为传染论。以创新理论的鼻祖熊彼特（J. A. Schumpeter）、经济学家罗杰斯（Rogers E. M.）、斯通曼（Stoneman P.）等为代表的学者认为扩散是创新在一定时间内，通过某种渠道，在社会系统成员中进行传播的过程，类似于传染病的传播过程，先由少数个染病个体逐渐向外扩散，使得染病体不断增加，不被传染的个体越来越少，而且将被传染的概率越来越大。一个企业，是否会采用某种新技术，在很大程度上是受其他企业是否采用的影响的，如果某项技术，被某一个企业采用取得成功，则这一采用过程就会逐步"传染"开来，采用的企业就会越来越多，从而使这项新技术扩散开来（孙一民，1998）。该理论的本质是扩散过程的核心是潮流（Bandwagon）效应，即创新潜在采用者的创新采用决策取决于已采用创新的消费者数，由此得到随时间呈 S 形的扩散曲线。我国学者傅家骥（1992）、许庆瑞（1990）等持有相似观点。

（2）学习论。该理论认为，技术知识扩散不像信息传播过程那样简单，它还涉及新技术采用者的采用过程，采用者并不是得到了新技术的信息就立即采用，这里存在着一个学习的过程。在扩散过程中，企业采用新技术的过程也就是企业的学习过程，既向率先企业学习，也向其他采用企业学习，学习已采用企业的采用经验以调整自己的采用行为，从而降低采用过程中的不确定性和风险性。扩散之所以需要时间，关键因素是创新技术本身在一开始并不完善，创新的采用需要一个学习的过程。"学习效应"对扩散过程的影响主要是通过"干中学"（Learn by doing）实现的。曼斯菲尔德（Mansfield E.）认为，在扩散的早期，新工艺或新产品的改善几乎与新思想本身一样，常常有严重的技术问题需要花时间去克服，有时需要大量的研究与开发。根据"学习曲线"，当新产品的设计稳定后，生产成本随之下降。最后，扩散过程涉及资源的再分配，这时常需要有一个积累过程。斯里弗博格（Sliverberg）则指出，任何创新知识的扩散都涉及对创新的调整问题，技术进步便是将"过程学习"植入创新扩散的自组织模型中实现的。学习论的观点并不否认技术的传播过程，相反是对传播论的补充和完善过程，它引入了学习理论，从而把研究的视野引入更深的层次。

（3）刺激—反应论。这种观点是由大卫（P. David）和戴维斯（S. Davies）提出的（孙一民，1998）。他们认为，在创新的扩散过程中，企业的采用行为是一个"刺激—反映"机制。技术创新对某个尚未有采用行为的潜在采用者来说，是一个刺激变量，当技术创新的实际效果所给予这个企业的刺激量达到某个临界反应水平的时候，企业就会被激发而开始它的采用过程。当然技术创新代表的刺激量及临界反应水平都随潜在采用者而异，且随时间动态变化（盛亚，2004）。该模型假设人们将收入和阈值的关系作为他们是否采用的决策基础，即他们只有收入超过一定的阈值时才购买。这种模型重视价格下降的影响，突出了创新供应者的作用。扩散的程度和速度取决于价格下降的程度和速度。随着扩散的延续，生产的边际成本下降，成本下降带来了价格下降，推动了创新的进一步扩散。同时，创新供给者竞争越激烈，扩散越快。

（4）贝叶斯学习论。这种观点认为扩散中潜在采用者采用技术创新的过程是一个贝叶斯学习过程。它在保留"刺激—反应"模型特性的同时，认为两者之间也存在着差异，即创新采用不均匀性的来源不再是阈值，而是潜在采用者对创新的态度。假定创新有两个可能的状态，"好"（采用将是有利的）和"坏"（采用将产生损失）。潜在采用者对创新的不同信念反映在两个可能状态上有不同的主观能动性。潜在采用者通过学习其他已采用创新的采用者的"经验"（采用效果）来调整其对采用创新的效果、不确定性和风险的预期，当对技术创新的预期采用效果感到满意，同时不确定性和风险又足够低时，潜在采用者就采用技术创新。

（5）替代论。以梅特卡夫（Metcalfe J. C.）等人为代表的替代论认为创新扩散过程是新技术对老技术的替代过程，因为"在创新扩散的任何研究中，我们关心的是新技术形式与经济相结合而使经济结构发生变化的过程。其中新技术将怎样逐步取代经济的重要地位，而在这个过程中，它将部分地或全部地取代现有技术"（Metcalfe，1991）。创新扩散的替代理论不是孤立地研究某项技术创新的扩散，而是将该技术的扩散过程与技术发展过程联系在一起。换句话说，扩散是一种均衡（老技术的使用）转移到另一种均衡水平（新技术的采用）的不平衡过程（盛亚，2002）。

（6）竞争选择论。这种观点认为，知识扩散是企业在采用创新技术的过程中，在多个可供选择的备选技术中，按某个标准进行选择的结果。各备选技术之间存在着相互的竞争，并且还可以相互替代，企业从中选择哪一项技术在很大程度上取决于当时的技术经济环境，而企业选择并采用的结果又反过来对技术经济环境的动态变化发生作用。

（7）博弈论。一些学者（Reinganum，1981）将博弈论引入知识扩散的过程研究，该理论认为随着知识的扩散，创新收益将会发生变化，创新收益与成本相等的均衡决定了创新的扩散速度。有些学者分析后指出，如果需求是线性的，则企业数量增加将使多数企业推迟采用新技术的时间；从本质上看，技术知识扩散是垄断性博弈对策的结果，新技术的潜在采用者通过博弈对策确定使用新技术的时间。博弈论为知识扩散的过程研究提供了新的视角。

罗杰斯（Rogers，1995）对 1995 年以前关于技术创新和知识扩散的研究出版物进行了分类统计总结，提供了 1995 年以前关于知识扩散研究的较系统全面的发展状况（见表 4 - 1）。

表 4 - 1　　　　　　　　　知识扩散的研究出版物分类统计

类型序号	主要因变量	自变量	分析单元	文献比例	代表性研究
1	创新的预知	成员的特征	社会成员	5%	Greenberg（1964）
2	单一社会的创新利用率	创新技术的属性	新技术	1%	Fliegel 和 Kivlin（1966）
3	社会系统中成员的创新性	成员的特征、系统变量	社会成员	58%	Deutshmann 和 Fals Borda（1962）
4	技术建议者	成员特征、系统规则及其他系统变量	社会成员	3%	Rogers 和 Van Es（1964）
5	扩散网络	系统中成员的关系网络模式	个人间的联系网	少于 1%	Rogers 和 Kincaid（1981）Coleman（1996）
6	不同社会系统中的创新利用率	系统规则、社会系统特征、诱导改变方式和创新决策决策类型	社会系统	2%	Rogers 和 Kincaid（1981）
7	沟通渠道的作用	成员的创新性、系统规则和创新的属性	社会成员	7%	Ryan 和 Gross（1943）
8	创新的后果	成员特征、社会系统的本质和创新的属性	成员、社会系统和新技术	0.2%	Sharp（1952）

资料来源：梁丹等. 技术扩散研究进展. 科研管理，2005（4）：29 - 34. 整理于 Rogers. Diffusion of Innovation 1995：90 - 91.

梁丹等（2005）对知识扩散的发展阶段进行了较好的梳理，他们把知识扩散的研究分为三个阶段，指出了各阶段的代表人物及其贡献（见表 4 - 2）。

表 4 - 2　　　　　　　　　知识扩散研究发展阶段简表

年代	发展阶段	代表性人物	贡献
20 世纪初到 20 世纪 60 年代初	理论提出阶段	Schumpter	扩散概念的提出
		Mansfield	S 型扩散模型
20 世纪 60 年代初到 20 世纪 70 年代末	多学科融合发展阶段	Rogers 和 Shoemaker	创新偏差和解决
		Bass	Bass 扩散预测模型
		Caves	溢出效应研究
20 世纪 80 年代至今	理论修正扩展阶段	Mahajan	修正 Bass 模型
		Reinganum	应用博弈论研究知识扩散

资料来源：梁丹等. 技术扩散研究进展. 科研管理，2005（4）：29 - 34.

从以上分析可以看出，现有的研究文献仍有两点不足：一是基于中小企业网络的研究相对缺乏；二是对网络内的知识扩散机制的研究相对比较薄弱。

4.2.3　有关知识扩散几个概念的界定

各国学者提出的知识扩散的模式虽然多种多样，但对于知识传播结构由知识源、传播媒介、知识接受者、信息4个要素组成的看法得到了较多人的认可（见图4-1）。

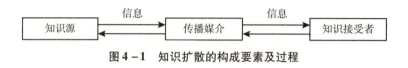

图4-1　知识扩散的构成要素及过程

因此，我们可以简单把知识扩散定义为知识通过一定渠道在潜在使用者之间的传播采用过程。因而知识扩散是一个相对较宽泛的概念。目前学术界对于有关知识扩散的几个相关概念还没有形成完全统一的认识，对于知识扩散、知识转移等概念的使用存在一定的混用现象。有人认为知识扩散具有较广的含义，也有人认为知识转移的外延较大。笔者更支持前一种观点，因为把知识共享归为知识转移似乎有些牵强，不如归为知识扩散更合理一些。所以站在知识源的角度，我们可以把知识共享、知识转移、知识转让和知识溢出都认为是广义知识扩散的一种具体形式。

知识共享是知识源与知识接受者共同享有公共知识，知识的共享往往是双向的，参与成员既是发送方，又是接受方。知识转移是知识源有目的地把自己的某些技术转移给知识接受者，知识接受者有技术使用权，没有技术所有权，而知识源仍然有技术所有权与使用权。知识转让是指知识源把自己的某些技术的使用权与所有权都转移给知识接受方。通常的情况是大学或研究所把自己研制的技术或专利完全转让给某一家公司，或是技术领先的企业认为某项技术对于本企业来说相对落后或盈利空间较小时，而把这项技术完全转让给技术相对落后的企业。知识转让通常被认为是知识转移的一种特例。知识溢出是指非知识源本意的知识流出现象，知识源不想把自身的知识流出企业之外，但由于人员流动、信息交流、技术模仿等，造成自己的某些技术被其他企业了解、掌握或利用的现象。从表4-3中可以更清楚地看出这几个概念的区别。

表 4 – 3　　　　　　　　　　关于知识扩散的几个概念的比较

	知识共享	知识转移	知识转让	知识溢出
信息流动方向	双向	单向	单向	单向
所有权	共有	输出方拥有，接受方没有	转让完毕后，接受方拥有，输出方或有或没有	输出方拥有
使用权	共有	输出方与接受方都有	转让完毕后，接受方拥有，输出方根据合同不同，或有或没有	仅输出方拥有
输出方是否同意	是	是	是	否
受益方	共享技术共同受益	输出方获取利润，接受方获取技术	输出方获得收益，接受方获得技术	仅接受方受益，输出方损失

4.2.4　中小企业网络组织的知识共享机制

中小企业网络化发展的本质，是以企业知识获取、创造和应用过程为基础，重构企业内部权力配置和外部市场边界，从而打破内部传统的层级制权力结构和外部与竞争者、供应者、客户以及其他利益相关者的交易关系模式，使企业真正实现通过创造知识来创造市场价值。

目前为止，学术界对知识共享尚无统一的定义。较为普遍的观点认为知识共享是一个过程，各个主体传播和交换信息、想法、经验等显性知识和隐性知识，并互相转化和反复提炼，以使产生协同价值，从而提高知识个体的创新能力和适应能力。中小企业网络的知识共享是中小企业网络内部成员之间互相交流彼此的知识，使知识由个体企业有效地扩散到网络组织层面。这样，在各合作伙伴之间，更多的部门或企业成员可以通过获取组织知识而获得解决问题的思路、方法乃至工具，从而提高网络组织的竞争效率。

中小企业组织在外部网络化过程中，要利用介于市场与层级制之间的伙伴关系来获取和创造有价值的知识资源，并以此作为赢得竞争优势的重要手段之一。其中伙伴之间努力学习或内部化关键知识的学习联盟构成企业网络的主要类型。在学习联盟中，参与联盟的企业面临着失去自己核心知识的风险，特别是当联盟伙伴表现出机会主义行为时，更是如此。因而，学习联盟不可避免地存在着学习竞赛。通过学习竞赛，联盟伙伴们总是要努力更快地从对方那里学习核心知识，然而，对于联盟企业来说，这种竞赛也创造了一种有意义的张力：一方面，学习联盟可以帮助一个企业从伙伴那里吸收或学习某些核心知识；另一方面，学习联盟也提高了企业失去其核心知识的可能性。处于学习联盟中的企业总是面临着如何协调"努力学习和努力保护"之间的挑战（张钢，2005）。知识共享与保护在不同的网络类型中，侧重点不同。我们根据企业与联盟伙伴之间的经营关系，分为纵向联盟网络和横向联盟网络。如供应链上的伙伴关系就是典型的纵向联盟网络，而同行业竞争对手之间的联盟则属于横向联盟网络。

4.2.4.1 纵向联盟网络中的知识共享与保护

纵向联盟的知识共享的主要目的是降低上下游之间的不确定性，快速响应市场变化，提高企业知识生产率，降低知识生产和再利用的成本，最终达到提高企业竞争力的目的。以供应链网络为例，其不确定性主要表现为供应链上的混沌现象与供应链的并行交互性。混沌现象源于供应链企业决策过程中存在多个行为主体，各自的决策制定，会产生复杂的内部反馈环，形成系统的复杂行为模式和混沌现象。供应链网络上企业之间在垂直和水平方向上存在并行交互的经济活动，相互影响和制约，从而造成供应链的不确定性。在供应链多种不确定源中，主要有供应商、生产者和客户。首先是供应商的不确定性。供应商是否能够准时保质按量供货，直接影响到整个供应链的生产；其次是生产过程的不确定，从生产预测到主生产计划，再到实际生产和采购，这个流程的每一个环节都存在着不确定性；最后是客户需求的不确定性。最终消费者需求的易变性影响着供应链的不确定性。由于以上不确定性的存在，使供应链网络中的企业对知识共享有着更多的需求。

在纵向联盟网络中，由于伙伴企业分别处于产业价值链上下游的不同位置，它们之间具有知识和价值上的高度互补性和依赖性，联盟伙伴之间知识共享的要求和动力远大于知识保护的要求和动力，因而，纵向联盟网络中应该建立以知识共享机制为主、知识保护机制为辅，而且知识保护机制也主要是以联盟为基础的知识保护机制，即防止联盟内部的共享知识溢出联盟之外，由于联盟网络上下游企业的核心知识一般并不相同，知识溢出效应不明显，所以联盟内部单个企业的知识保护问题并不突出。当然，由于联盟关系与纵向一体化关系在约束力方面毕竟不同，无论何种类型的联盟都不可避免地存在关系风险。为了防止供应商或制造商的机会主义行为，参与纵向联盟的企业也还需要对自己的核心知识采取一定程度的保护。在纵向联盟中，企业对自己核心知识的保护程度与联盟伙伴之间的信任关系以及共同利益的大小密切相关。

4.2.4.2 横向网络中的知识共享与保护

在横向联盟中，由于伙伴企业本质上是处于相同或相似的竞争环境之中，彼此之间或多或少地存在着潜在竞争，因此，横向联盟的伙伴关系是一种典型的

"竞争者间的合作" 关系，也可以简称为 "竞合" 关系。在竞合关系中，一个关键问题是：企业如何运用竞争合作提高自身能力的同时，避免将竞争优势转移给伙伴（Hamel，Doz & Parahalad，1989）。

虽然竞合关系已经成为企业赢得技术和市场进入的重要途径，但是，对于那些参与横向联盟、运用竞合关系的企业来说，合作只不过是一种不同形式的竞争，横向联盟本质上是一个不断演进的讨价还价过程，从伙伴那里学习，获取合作收益才是参与者的首要目标。

参与联盟的企业在建立知识共享和保护机制时，必须首先清楚地把握联盟中的私人收益和共同收益，并通过联盟中私人收益和共同收益的对比，来权衡自己在联盟中的知识共享和保护，同时也预测联盟未来的发展方向。根据卡纳（Khanna，1998）等人的界定，私人收益是一个企业通过从它的伙伴那里学习知识并将其运用于自己与联盟不相关的领域所能获得的单方面利益；共同收益是联盟成员都可以享有的、通过对联盟中的学习的集体应用所获得的利益，这些利益是在与联盟活动相关的领域获得的（Khanna，Gulati & Nohria，1998）。

为了更清楚地说明私人收益与共同收益在横向联盟中的变化情况以及由此带来的学习竞赛、联盟演进的动态变化，我们假定存在战略联盟 j，企业 i 在战略联盟 j 中的私人收益可以表示为 PB_{ij}，$PB_{ij} = f(Rs_{ij}, T_{ij})$，其中 Rs_{ij} 代表企业 i 在联盟 j 中的相对范围，也就是联盟范围和某一个企业全部市场范围的比率，其比值在 $0 \sim 1$ 之间，其值越接近 0，则企业在联盟内市场范围越小；相反，越接近于 1，则企业在联盟之外的市场范围越小。T_{ij} 代表可转移因素，它指的是一个联盟企业通过将在联盟中所学到的知识应用于联盟范围以外的市场获得私人收益的能力水平，T_{ij} 又受两方面的因素影响，一个是企业所拥有的联盟以外的市场与联盟范围之内的市场的相关程度，另一个是企业所拥有的在联盟中学习和转移知识的能力水平。

企业 i 在联盟 j 中的共同收益可以表示为 $\alpha_i CB_j$，其中 CB_j 是战略联盟中由所有企业共同创造的共同利益，α_i 是第 i 个企业在 CB_j 中所占份额，它是由第 i 个企业在联盟 j 中的相对谈判力量 RNP_{ij} 和对联盟的投入 RI_{ij} 决定的，即 $\alpha_i = f(RNP_{ij}, RI_{ij})$。

这样，企业 i 在联盟 j 中的总收益就可以表示为 $PB_{ij} + \alpha_i CB_j$。在联盟中，企业的私人收益和共同收益的获得不一定是同步的，而且总是处于不断变化之中。

当 $\alpha_i CB_j = PB_{ij}$ 时，联盟中的竞争行为与合作行为处于平衡状态，学习竞争不严重，联盟成员的知识保护与共享也达到某种平衡。

当 $\alpha_i CB_j < PB_{ij}$ 且预期 PB_{ij} 比 $\alpha_i CB_j$ 增长快时，联盟企业间的竞争行为将超越竞争行为，企业进行学习竞赛的激励大大增加，联盟成员的知识保护要超过知识

共享。

当 $\alpha_i CB_j > PB_{ij}$ 且 PB_{ij} 比 $\alpha_i CB_j$ 增长慢时，联盟企业间的合作行为将超越竞争行为，企业进行学习竞赛的激励大大减小，联盟成员的知识共享要超过知识保护。

由于企业在联盟中的行为模式直接受到其预期利益的驱动，因此，PB_{ij} 与 $\alpha_i CB_j$ 随时间的变化情况，将在一定程度上决定企业 i 在联盟 j 中的行为，PB_{ij} 与 $\alpha_i CB_j$ 相比越低，联盟合作程度越高，PB_{ij} 与 $\alpha_i CB_j$ 相比越高，则联盟竞争程度越高。因此，PB_{ij} 对 $\alpha_i CB_j$ 的比例一定程度上主导了联盟网络的演化方向。

4.2.5 中小企业网络组织的知识转移机制

4.2.5.1 知识转移的概念

关于知识转移（技术转移）的界定问题，学术界一直存在着争论。技术转移在国际经济理论和技术理论中首次被使用是在 20 世纪 60 年代中期。最初是作为解决"南北问题"的一个重要战略，于 1964 年第一届联合国贸易开发会议上提出并讨论的（苏延云，2006）。美国技术和创新学家蒂斯（Teece）于 1977 年提出了知识转移的概念。他认为：通过技术的国际转移，能积累起大量的跨国界应用的知识。达文波特和普鲁萨克（Davenport & Prusark，1998）等人则认为：知识转移是把知识源转移到组织其他人和部门的过程。苏纽厄尔（Sue Newell，2002）认为：知识转移是对组织中个人或群体创造的知识的再利用过程。维托·阿尔比诺（Vito Albino，1998）归纳出知识转移的四个框架：一是转移主体，知识转移的主体可以是个人也可以是组织。二是转移情境，从组织层面看，知识转移的组织情境可以分为两类：组织内情境和组织外情境。三是转移内容，指被知识转移的数据、信息或知识内容。四是转移媒介，指的是用于转移数据和信息的任何一种方法。美国沃顿商学院教授苏兰斯基（Szulanski，1996）认为，知识转移是在一定的情境中，从知识的源单元到接受单元的信息传播过程。第一阶段是开始阶段，主要是识别可以满足对方要求的嵌入在情境之中的知识；第二阶段是实施阶段，双方建立起适合知识转移情境的渠道，并且源单元对转移的知识进行调整，以适应接受单元的需要；第三阶段是调整阶段，主要是接受单元对转移的知识进行调整，以适应新情境；第四阶段是整合阶段，接受单元通过制度化，使转移知识成为自身知识的一部分。

从上文研究可以看出，知识转移可以包括知识在国家、地区、行业、企业之间或内部发生移动的全部活动过程。换句话说，知识从转移源向潜在使用者流动的过程都可以被称为知识转移。知识转移的一般模式可用图 4 - 2 来表示。当知识的发送者和接受者就某项知识转移达成一致后，发送者从自己的知识库中选择和整理知识形成"发送知识"，它不可避免地和环境中的各种噪声混合，并发送至中介媒体。接受者通过中介媒体进一步吸收环境中的噪声，并根据自己的知识积累和对知识的吸收能力进行解释和理解，形成"接受知识"，进入接受者的知识库。发送者和接受者之间可能存在互动和信息反馈过程。

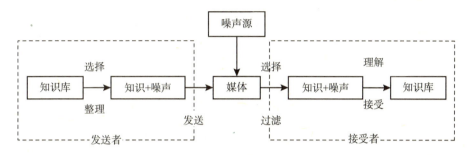

图 4 - 2　知识转移的一般过程

在知识转移研究方面，日本学者野中郁次郎（Nonaka，1991，1994）的研究具有一定的影响。他把知识分为显性知识和隐性知识，提出了组织内部以隐性知识为起点的隐性知识和显性知识互相转化的知识创造螺旋模型（SECI 模型），该模型认为，组织内部知识起源于个人的隐性知识，通过社会化（Socialization）、外在化（Externalization）、合并（Combination）和内部化（Internalization）四个过程，逐步从个体知识上升到团队知识，再上升为组织知识（如图 4 - 3 所示）。社会化过程是隐性知识到隐性知识的转化过程，是个体之间分享经验的过程；外部化过程是挖掘隐性知识并将其发展为显性知识的过程；整合化过程是将显性知识发展为更复杂的显性知识的过程；内部化是将显性知识转化为组织的隐性知识的过程。

SECI 模型最初用于分析组织内知识转移过程，之后，野中郁次郎等人扩展了这一模型的适用范围，认为 SECI 过程不局限于单一本体层面，从个人层面开始，这种螺旋运动经过不断扩展的相互作用的团体而上升，这种相互作用超越了小组、部门甚至组织的界限。组织知识创新是一个不断自身升级的永不停顿的过程。当隐性知识与显性知识的相互作用从低一级的本体层面向高一级的本体层面能动地提升时，一个螺旋上升运动就出现了。这种知识层面交错互动的螺旋上升过程在组织内和组织之间都会发生。通过知识的层面交错，就可激发出知识创新的新螺旋上升运动。

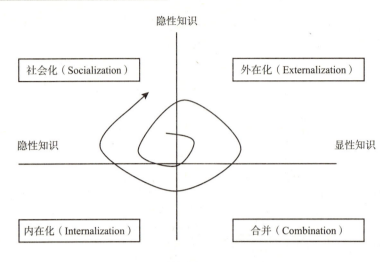

图 4 – 3　知识创造螺旋模型（SECI 模型）

资料来源：Nonaka I. A Dynamic Theory of Organizational Knowledge Creation ［J］. Organization Science，1994，5（1）：14 – 37.

4.2.5.2　中小企业网络组织的知识转移模式与途径

中小企业网络组织的知识转移模式主要有跨国公司模式、合资企业模式、参股模式和契约模式四种模式。

（1）跨国公司网络组织的知识转移模式。跨国投资企业网络的知识转移模式的特点是：以跨国企业为中心构成网络，各中小企业为跨国企业提供原材料、零配件、生产加工、运输、销售以及其他配套服务。跨国公司在其投资、合资、与内地企业的技术合作过程中，知识、技术转移到其他中小企业。这种模式一般是跨国公司的单向知识转移，但转移的知识一般不是其核心知识，而是为了扩大其市场份额和收益而进行的战略知识转移。

（2）合资企业模式。合资企业网络组织的知识转移模式特点是：各母公司的成员在合资企业内全方位交流。知识转移和学习的方式多种多样，不仅可以有效地传递显性知识，还可以通过"干中学、学中干、研究中学"等多种方式有效地传递隐性知识。但这类知识转移模式，由于员工的充分接触，从而使知识泄露的可能性很大，容易造成核心知识和竞争能力的丧失（王冬春、汪应洛、王能民，2006）。

（3）参股模式。此类知识转移模式中，中小企业间通过相互持股建立起知识学习的通道。这种模式的特点是：各母公司之间主要通过互相监督进行学习，这种模式知识转移相对较少，主要集中在显性知识的转移上，很少有隐性知识的转移，但好处是核心技术能力不容易泄露。

（4）契约式模式。这种模式在中小企业网络组织中最为常见，是被广泛使用的一种知识转移模式。这种模式有双边契约和单边契约两种方式。双边契约方式是指各方通过契约形式建立合作关系，进行技术交流、合作研究等。单边契约方式是指各方通过契约如许可证协议、特许权协议和交钥匙等形式与另一方或几方达成的联盟，这种方式往往是知识的单向转移，而且仅受限于契约规定范围内的显性知识。

从知识转移的具体途径上讲，有网络传播、互派技术人员和共同研发三种主要方式。

第一，网络传播。通过 Internet 和 Intranet 传输和共享知识，这种方法的特点是知识共享和转移效率较高，尤其是对显性知识的共享和转移非常有效。但对于隐性知识的转移则没有明显优势。

第二，互派技术人员。派遣技术人员到知识输出方学习或知识输出方派技术人员到知识接收方进行传授经验，是最常用知识共享与转移途径之一。这种方法不但对显性知识转移有效，同时，对隐性知识的转移也更加有效，但这种方法不如网络传播速度快，成本也相对较高。

第三，共同研发。共同研发是指网络内不同企业间的技术人员为了一个共同的项目而进行技术合作，相互交流、相互学习。这种方式对知识共享与转移比较有效，双方可以在研发过程中，进行深入交流，了解对方的技术特长，对于隐性知识的转移是最有效的一种方式。但这种方式最大的风险是企业核心技术的泄露，因为在技术合作过程中，紧密的技术合作与交流，很可能会造成本企业的部分核心技术被合作方掌握，从而失去今后的立身之本。

4.2.5.3　影响中小企业网络组织知识共享和转移效率的因素分析

中小企业网络组织各成员企业之间的知识共享和知识转移效率的高低，对网络组织的稳定性具有较大影响，知识共享和转移的过程是一个复杂的过程，影响因素颇多。

凯琳（Kalling，2003）认为影响知识转移效率的主要因素有三个：一是，认知因素。知识的内隐性、因果模糊性和吸收能力等属于重要的认知变量。一般来说，转移的知识越是具有隐含性、复杂性和模糊性，成功的转移也就越困难。当然，传递者的解释和说明能力、接受者的吸收和保持能力在转移过程中也起重要的作用。另外，感知到的来自转移者知识的价值越大，接收者的学习意愿也越强。知识的独特性和难以模仿性是与竞争优势相联系的认知因素，出于担心人员的流动有可能被竞争对手掌握，出于对风险的考虑，很多公司对这类知识的转移是十分审慎的。二是，组织情境。知识具有情景性、嵌入性和路径依赖性。地理上的或可感知到的接近性、强化的集成实践、丰富的沟通渠道、相互关系和战略的相似性属于重要的情景变量。另外，接受方的网络沟通连接数量和知识源的值得信任也与知识转移有着密切的关系。三是，动机。动机对知识转移的影响争论较大。一些学者认为，在知识转移过程中，员工可以通过内在的和外在的动因被激励。动机是重要的而且应该被理解和管理。不同种类的动机（外在动机和内在动机）对生产和转移两种不同类型的知识（隐性知识和显性知识）是至关重要。在价格和市场只起极小作用的领域，内在动机对知识转移有极大的优势；外在动机具有挤出效应（Crowding out effect）。因此，在特定的情况下，管理者应对两种动机进行平衡。

西安交通大学的姜文分别从知识共享的主体、对象、手段和环境四个方面入手，对网络组织中企业间知识共享的影响因素进行了较为系统的分析（姜文，2007）。他认为，知识共享主体中的影响因素主要有意识因素（包括知识共享意愿、知识共享动机、心理安全感）、利益因素（包括知识供应方利益、知识接受方利益）和能力因素（包括知识供应方能力、知识接受方能力）。知识共享对象中的影响因素主要是知识性质（包括可表达性、路径依赖性、普适性）、知识距离和知识存量。知识共享手段中的影响因素主要有知识共享平台（包括知识仓库、知识地图、群件），知识协作网络和各种交流途径（包括正式共享活动和非正式共享活动）。知识共享环境中的影响因素主要有信任、文化因素（包括文化特征和文化距离）和政策因素。

综合国内外相关研究成果，针对中小企业网络组织的特性，本书主要从环境因素、知识本身的特征、网络各方的态度和能力和网络成员间的差异程度四个维度进行分析，同时，我们假定企业知识共享和转移有着相近的影响因素，在这里不再仔细区分。

（1）环境因素。环境因素可分为产业环境、信任基础、网络文化、组织差异等方面。一般认为，产业环境越是稳定，则中小企业网络组织的业绩风险越小，网络组织也就越容易知识共享与转移；加入中小企业网络组织的成员各方信任程度越高，知识共享与转移的可能性也就越大；合作的网络文化，相对宽松、宽容的环境，鼓励知识共享的激励制度等，对中小企业网络组织间的知识共享都是有利的（李航，2005）。企业合作伙伴间的文化距离越大，则通过合作在企业间转移知识的难度就越大。作为各种文化距离的补充，组织机制的差异对组织间学习过程的影响尤为明显（张毅、张子刚，2006）。

（2）知识本身的特征。一般来讲，企业知识可分为显性知识和隐性知识两类。显性知识共享相对容易一些，而隐性知识由于存在着不可编码、非结构性、路径依赖性以及特定组织专用性等个性化特征，所以隐性知识共享则要困难得多。知识共享与转移还与知识的复杂程度有关，复杂知识相对难于共享与转移，而简单知识就会容易一些。有些知识专用性很强，只对个别企业有用，对于其他企业有可能就不适用，这时知识共享与转移也就变得很困难（王毅，2001）。此外，在中小企业网络组织中，如果不同企业间的知识关联性和相关性强，则知识转移相对容易，反之，则相对困难。

（3）网络各方的态度与能力。中小企业网络组织中知识传播方和接收方的态度与能力是知识共享和转移的关键要素。这不仅要看知识传播企业是否有共享的意愿和诚意，同时也要看知识接收企业的学习、吸收和消化能力。虽然对于知识传播企业来说，其知识传播能力也会有对知识共享和转移效率产生影响，但对于知识传播企业来说，它对知识共享的态度则更加重要。而对于知识接收企业来说，能力要比态度更关键，因为对于绝大多数知识接收企业来说，知识共享能给它们带来好处，所以主观上一般都是愿意接收来自其他企业的知识的，这时，知识接收企业有没有这个能力很好地学习、吸收共享知识，并把共享知识消化吸引转为自身的知识，就显得尤为重要。这其中涉及企业不同层次的人员，其中两个层次最为关键：一是最高领导层，没有最高领导层的支持与参与，知识共享与转移则无从谈起；二是相关技术人员的认同程度和相关能力，如果相关技术人员全心参与，知识拥有人员主动共享拥有知识，同时知识接收者也愿意接收知识，具有较强的学习吸收能力，则实现知识共享的可能性就会比较大，也相对容易。

（4）网络成员间的差异程度。网络成员间知识水平、企业文化、知识管理模式等方面通常会存在一定的差异，而这些差异又会对知识共享和转移产生影响。一般认为，不同企业间的文化差异较大的话，也会妨碍中小企业间的知识共享，相近的企业文化会促进企业间知识共享与转移。同时，如果企业间知识的异质性越大，则知识共享与转移的可能性越小，异质性较小的企业间知识共享与转移更容易发生。成员间的知识水平越接近，则知识共享与转移越容易，成员间的知识水平差距越大，则知识共享与转移越困难。但知识差距过小，知识共享与转移的动力不足，也无必要，而知识差距过大，又会发生较大障碍（彭灿，2003），所以存在一个最佳的知识差距值，使得知识共享与转移更加有效。此外，不同企业的知识管理模式如果差距越大，则越不利于企业间知识共享与转移，知识管理模式越相近，则知识共享与转移越容易。

除此之外，中小企业网络组织的信息沟通机制、协调控制机制等也会对成员间的知识共享和转移产生重要影响。

4.2.6　中小企业网络组织的知识溢出机制

4.2.6.1　与网络组织有关的知识溢出文献简述

知识溢出源于知识的外部性特征，马歇尔（Marshall）于 1890 年在其名著《经济学原理》中提出了外部性这一经济现象（马歇尔，2005）。他认为，在正常的经济活动中，对任何稀缺资源的消耗，都取决于供求关系的比例，经济低效率的根源在于"外部不经济"。一般认为，知识溢出的概念最早是由麦克·道格尔（Mac. Dougall，1960）在探讨东道国接受外商直接投资（FDI）的社会收益时，作为知识溢出的一种现象而提出的。阿罗（Arrow，1962）用外部性解释了溢出效应对经济增长的作用。罗默（Romer，1986）沿着阿罗的思路提出了知识溢出模型。他假定知识是追逐利润的厂商进行投资决策的产物。知识不同于普通商品之处在于知识具有溢出效应，这使任何厂商所生产的知识都能提高全社会的生产率，正是由于知识溢出的存在，资本的边际生产率才不会因固定生产要素的存在而无限降低，内生的技术进步是经济增长的动力。而后，卢卡斯（Lucas，1988）认为由知识溢出的聚集经济、规模经济产生的技术外部性和金融外部性使要素边际收益递增，从而引起经济活动的地域空间聚集和扩散（孙光刚、刘则渊，2004）。阿斯普雷蒙和雅克曼（Aspremont & Jacquemin）在 1988 年构建了一种知识溢出模型（AJ 模型），是基于知识溢出的企业间合作的经典文献，它把存在溢出的双寡头间的合作分为两个阶段：首先由两个寡头决定研发（R&D）水平大小，然后在产品市场进行古诺竞争（Cournot Competition）。从而分析企业的R&D 战略行为，指出当知识溢出较高时，企业就有彼此合作的强烈动机，参与合作的企业相对于竞争状态更希望投资于 R&D（D'Aspremont & Jacquemin，1988）。杰斐、图拉腾伯格和亨德森（Jaffe、Trajtenberg & Henderson，1993）认为知识溢出促进企业集群的形成，知识溢出是造成集群效应的主要动力之一。他们探讨了什么程度的知识溢出与地域相关的 R&D 活动有联系，并说明知识溢出在企业集聚过程中起着重要的作用。某一企业通过创新和开发所获得的新知识，很大一部分发生了溢出，成为整个企业簇群中的公共知识。这些知识的溢出是企业空间距离的函数，只有在空间上集聚在"集群"内部的企业才能获得这种知识，而一旦离开这个群体就会迅速丧失（Jaffe 等，1993）。

4.2.6.2　中小企业网络组织的知识溢出的主要渠道

（1）技术模仿。位于同一网络组织内的企业之间相互模仿的动力往往比网络组织外部更大，所以就会激励企业利用各种方法进行产品反求工程（Reverse engineering）、参观培训、雇用商业间谍等手段以获取竞争对手的技术知识，以提高本企业的技术水平。目前，中国台湾地区和韩国等许多国家或地区的厂商在加利福尼亚的硅谷和波士顿的"128 公路"设立了技术监听站，目的就在于尽快获取消息，并加以模仿（孙光刚、徐雨森、刘则渊，2005）。

（2）人员流动。处于同一地区、同一联盟、同一产业链的企业之间的人员流动比率往往比较高。一个企业的技术人员、管理人员以及生产操作人员跳槽或自办企业时，其在以前企业所学到的知识也随之外流，从而产生溢出效应。萨克森宁（Saxenian，1994）和阿尔梅达等人（Almeida & Kogut，1999）用详细的数据说明了硅谷的工程师和技术工人反复变换工作对技术溢出的创新的贡献（在 20世纪 90 年代初期熟练员工每年跳槽的比率为 20% ~ 25%）。人员流动所产生的知识溢出往往会对原有企业产生较大影响，如有些隐性知识，如高级管理经验、尖端技术或客户关系，除知识拥有者本人以外，其他人员很难掌握或模仿，所以许多企业对关键人才不惜血本，以重金或优越的条件进行挽留。

（3）技术合作。中小企业之间或与其他大型企业、外资企业结成的战略联盟、虚拟企业、合作研发等，都会成为知识溢出的重要渠道。中小企业在与其他企业的密切交流合作的同时，企业的产品、技术、营销方式、管理经验等也或多或少地泄露给其合作企业，从而产生知识溢出。所以说合作一方面给企业带来了收益与更强的竞争力，另一方面也给企业带来了更多的溢出风险。技术合作过程中的知识保护对一个企业来说至关重要，只有保证本企业的核心竞争力不被别人掌握的前提下，才能进行有效的长期合作，达到双赢的目的。

（4）供应链协作。供应链企业的知识溢出通过与供应商和客户之间前向、后向的联系中表现出来。从客户的需求信息、质量标准、相关技术支持以及所订购产品的原型实现和制造工艺等，都会透露出一定的客户信息；供应商为了推销产品，必定将产品的部分知识无偿地与需求商共享，它一般附在所提供的商品及技术服务中，比较多的是关于如何应用商品的诀窍，其中广告就是一个知识溢出的过程。

（5）沟通交流。中小企业网络组织之间各种学术讨论会、专题会议、技术培训班、企业家非正式沟通、各级人员的参观、访问、学习等都可能是知识溢出的渠道。各种行业协会或各级政府部门，对这种方式的知识溢出起着重要的推动作用。

（6）合资企业。跨国公司独资或合资办厂以及内地企业合资办厂时，产生知识溢出的比率会比较高。相比之下，合资比独资更容易产生知识溢出，独立技术和核心技术比依赖性技术和外围技术更容易产生溢出效应。跨国公司在东道国实现与当地机构耦合的前向联系和后向联系，这比它们实现内部一体化更有效，而且会对技术溢出产生极大的影响。

（7）企业衍生。企业衍生从本质上来说可以认为是网络中的员工跨组织流动的一种极端表现形态，它是指员工脱离某企业或机构后自己创办一家新的企业，或者由多家企业共同发起建立公共机构，或者公共机构衍生企业的行为。衍生企业与母体之间存在着千丝万缕的联系，新企业可分享母企业或机构的知识基础。母子企业的知识溢出程度往往比较大，尤其是某些隐性知识的溢出，会相对容易一些。

4.2.6.3　知识溢出与中小企业网络组织的技术创新策略选择

与知识共享、知识转移等主动的、有意识的、自愿的行为不一样，知识溢出是被动的、无意识的、非自愿的泄露出来的，或是从中获取利益而没有支付有关的费用时，就形成了溢出效应。一般认为，知识溢出对知识创新者（溢出源）的收益会产生负面的影响，而对知识接受者的收益有着积极的作用，同时却没有增加其创新成本（或增加很少）。对于企业集群、战略联盟等中小企业网络组织形式来说，知识溢出对提高整个中小企业网络组织的知识创新效率有着积极的推动作用（张耀辉，2004）。同时，中小企业网络组织内部的企业比外部企业具有更多的获取知识溢出收益的机会。

中小企业网络组织内的企业创新行为与知识溢出密切相关。我们选定一种特定的中小企业网络组织，即中小企业集群来进行分析。假定中小企业集群内存在着两类企业：一类是领先进行自主创新的企业，另一类是利用溢出效应，进行模仿创新的企业，两类创新方式的比较见表4-4（沈运红、王恒山，2005）。

表4-4　　　　　　　　　　自主创新与模仿创新方式的比较

	自主创新	模仿创新
资金投入成本	较高	较低
对人才要求	较高	较低
创新周期	较长	较短
市场风险	不确定性大	市场风险较小
失败后的损失	较大	较小
市场占有率	抢先占领，份额大	后进入市场，份额小
成功后收益	独占，较多	较少

目前，许多学者用知识溢出率来衡量知识溢出的大小，并分析知识溢出对中

小企业集群创新行为的影响，笔者认为，知识溢出率是其中的一个重要指标，但单纯用这一个指标来衡量溢出对中小企业集群创新行为的影响仍然存在着明显的缺陷。首先，知识溢出有一个过程，需要一定的时间，其他企业模仿自主创新企业的技术也需要一定时间，所以笔者认为，衡量知识溢出过程还需要考虑时间的因素；其次，知识溢出率较大，并不能说明其他企业就一定能完全掌握并运用，所以在对创新行为进行分析时，还要考虑中小企业的学习吸收能力。下面分别进行分析。

（1）知识溢出率。有许多学者进行过相关研究。一般认为，集群组织内企业产出最大化的条件，既不是知识溢出率 $\theta = 0$，也不是 $\theta = 1$，而是介于 0 和 1 之间（叶建亮，2001）。当溢出率较大时，自主创新企业的大部分知识被其他企业模仿，由于自主创新企业用于研发的成本比较高，而模仿创新企业由于有溢出效应的存在，其研发成本比较低。这时，自主创新企业的效率反而不如模仿创新企业的效率，所以就会出现网络组织内的企业均不愿领先采取自主创新的策略，最终导致网络组织解散。当知识溢出率很小，接近于 0 时，中小企业从集群内获得的知识很少，则不会选择继续留在该集群组织中，同时企业的产出以及集群的效率也比较低。所以必然存在一个最优的知识溢出水平，使得加入集群组织的企业产出最大化，且知识溢出水平与集群组织规模和产业的市场规模无关，只与产业的知识特性以及企业的吸收能力有关。

（2）知识溢出延滞期。知识溢出延滞期是指从自主创新企业进行技术创新成功开始到这一知识与技术被其他企业学习掌握并应用的这一段时间。若知识溢出延滞期较长，自主创新企业便可以在知识还没有溢出或虽然有溢出但潜在竞争者还没有进入市场之前，通过垄断价格收回创新成本，这时，自主创新企业的创新积极性不会受到影响；若知识溢出延滞期较短，即自主创新企业的创新成果很快出现知识溢出，相关技术被其他企业掌握并进入市场。这样，在其他企业进入市场之前，自主创新企业的创新成本只能部分收回，导致自主创新企业的成本 C_z 相对较高，而模仿创新企业的成本 C_m 相对较低，自主创新企业的创新积极性就会降低。这时，如果自主创新企业在一定时期内仍占有较大的市场份额，为企业带来可观的收益，即中小企业创新后的收益 $\prod_i$ 大于创新前的收益 $\prod_0$ 时，该企业仍然会选择领先创新策略。但如果知识溢出延滞期很短，企业创新成功后，马上产生溢出，并产生市场竞争对手，则多数中小企业就不会选择自主创新策略，集群的整体创新能力就会降低。

（3）知识吸收能力与知识吸收率．知识溢出涉及知识溢出方和知识接收方。多数文献讨论的焦点集中在知识溢出方，而忽视了知识接收方的能动效应。知识接收方虽然在知识溢出过程中处于被动地位，但并不是说知识溢出是一个完全被动的过程，如知识接收方没有需求，知识溢出则无从谈起。知识溢出量的大小，与知识接收方的学习吸收能力密切相关。知识溢出量并不完全等于知识接收方的知识吸收量，每个企业的吸收能力不同，所以即使接收到同样的知识溢出量，有的企业能够充分掌握理解这些技术信息，并加以运用；有的企业可能吸收运用的能力有限，只有少量信息被吸收运用，甚至许多有用信息被一些企业所忽视。所以，在衡量知识溢出对溢出企业的影响时，更主要的还是要看其他企业对知识溢出的吸收量和利用率。

从上面的分析可以看出，中小企业集群内成员企业的知识创新策略选择与知识溢出密切相关。当知识溢出率较小时，中小企业采取自主创新效率比较高；当知识溢出率较大时，中小企业更适于采取模仿创新策略。当知识延滞期较长时，中小企业采取自主创新比较有利；当知识延滞期较短时，采取模仿创新成本更低。知识溢出率和知识延滞期主要是由知识的传播特性决定的，易于传播的知识，一般溢出率较高，延滞期较短。同时，知识溢出还受到企业知识吸收能力的影响，如果企业吸收能力较强，则主动获取的知识溢出量就会比较大，真正吸收运用的知识溢出量也就比较多。所以，中小企业在选择适当技术创新策略的同时，要注意加强自身知识吸收能力的培养与提高。

4.3

本章小结

本章是对中小企业网络组织遗传机制的系统分析，主要内容和研究结论如下：

（1）中小企业网络组织的遗传包括物质资本的遗传、人力资本的遗传、组织惯例的遗传和企业知识的遗传等方面。本章重点分析了中小企业网络组织的衍生机制、惯例复制机制和知识扩散机制。

（2）企业衍生机制包括裂变衍生、孵化衍生、分拆衍生和合并衍生四种过程。惯例是企业的遗传基因，分析了惯例的特性，论述了中小企业网络组织的惯例复制机制，从选择性、路径依赖性、复制黏性、效率损失、约束、悖论、矛盾和累赘等方面分别进行了论述。

（3）以知识扩散为突破口，重点分析了中小企业网络的知识遗传机制。在比较知识扩散相关概念的基础上，阐述了中小企业网络组织中的知识共享、知识转移和知识溢出机制。

在知识共享机制方面对比了纵向联盟网络和横向联盟网络的知识共享和保护机制的异同；在知识转移机制方面，分析了知识转移过程、知识转移模式与途径，并仔细分析了影响中小企业网络组织知识共享与转移效率的主要因素；在知识溢出机制方面，找出了知识溢出的主要渠道，研究了知识溢出与中小企业网络组织的技术创新策略选择的关系。以中小企业集群为例分析了中小企业集群内成员企业的知识创新策略选择与知识溢出的关系。

第5章

中小企业网络组织的变异选择机制

生物体如果只有遗传没有变异，就不会进化，生物的进化是随机变异和被动地接受自然环境的选择，在进化的过程中，环境只能保留生物的变异特性，而不能引发生物的变异。中小企业网络进化则不同，其进化不是随机的，是由于企业竞争的压力、市场选择与市场需求的诱导和反诱导而产生主动行为的结果，形成强烈的正反馈循环。

5.1
理论基础

5.1.1 社会网络理论

一般认为，社会网络研究发端于 20 世纪二三十年代英国人类学的研究（肖鸿，1999）。英国社会人类学家拉德克利夫·布朗（A. R. Radcliffe-Brown）最早使用了"社会网络"（Social networks）的概念（姚小涛、席酉民，2003）。社会网络理论是在 20 世纪五六十年代开始出现的，但长期以来主要用于社会学问题的研究，停留在纯社会学研究范畴内。到 20 世纪 70 年代，全球社会网络理论研究的中心逐步由欧洲转移到美国，进入快速发展阶段，研究领域也拓展到经济学、地理学和信息管理学等，并涌现出一批有影响的研究成果。这个概念的内涵也逐渐扩充，现在已包括所有有利于以共同利益为目的的集体行动的规范和网络。当前有影响的社会网络理论观点主要有以布迪厄（Bourdieu）、科尔曼（Coleman）和普特面（Putnam）为代表的社会资本（social capital）理论，以伯特（Burt）为代表的结构洞（structural holes）理论以及以格兰诺维特（Granovetter）和林南（Nan Lin）为代表的弱关系力量（weak ties）与社会资源（social resources）理论等。下面对目前西方主流的社会网络理论基本观点进行简要概述。

5.1.1.1　社会资本理论的基本观点

一般来说，组织或个体有三种资本：财务资本、人力资本和社会资本。财务与人力资本是组织或个体的关系，是寓于人际关系之中的，反映了一个组织或个人的社会联系。最初提出社会资本概念的皮埃尔·布迪厄（Pierre Bourdieu）认为，社会资本是资本的三种基本形态之一，是一种通过对"体制化关系网络"的占有而获取的实际或潜在资源的集合体。这些资源与由相互默认或承认的关系所组成的持久网络有关，而且这些关系或多或少是制度化的。这种"体制化网络关系"是与某个团体的会员制相联系，获得这种身份就为个体赢得"声望"，进而为获得物质或象征的利益提供保证（Bourdieu，1984）。

美国社会学家詹姆斯·科尔曼（James Coleman）在其《社会理论的结构》一书中，对社会资本理论给予了较为系统的阐述。他认为，社会资本是个人拥有的表现为社会结构资源的资本财产，由构成社会结构的要素组成，主要存在于人际关系和社会结构之中，并为结构内部的个人行动提供便利。在科尔曼看来，社会资本不是一个单一体，而是有许多种类，彼此间有两个共同之处：他们都包括社会结构的某些方面，而且有利于处于同一结构中的个人的某些行为；和其他形式的资本一样，社会资本也具有生产性，使某些目的的实现成为可能，而在缺少它的时候，这些目的就不会实现（Coleman，1988）。

但是真正使社会资本引起人们关注和重视的是罗博特·普特南（Robert Putnam），他是从政治社会学的角度来研究社会资本的。普特南认为，社会资本是一种组织特点，如信任、规范和网络等。像其他资本一样，社会资本是生产性的。它使得实现某种无它就不可能实现的目的成为可能，并能够通过推动协调的行动来提高社会的效率。普特南在 1993 年给社会资本下了一个更为有用的定义："社会资本是有助于协调和合作的社会结构，主要存在于社会团体和社会关系网络之中，只有通过成员资源和网络联系才有获得回报。"（Putnam，1993）。

同样，在对社会资本的界定上，国内学者也有不同的看法。代表性的观点主要有两种：一些学者认为社会资本从表现形式上看就是社会关系网络，如张其仔（2001）；另一些学者认为社会资本是行动主体与社会的联系以及通过这种联系获取稀缺资源的能力，如边燕杰（Bian，1997）。

综合以上观点，社会资本是指个体或组织能够从其拥有的关系网络中获取的实际或潜在资源的总量，或者说是个体或组织与其他个体或组织之间形成的相对持久的联系以及依靠这种联系来获取资源的能力总和。因此，社会资本不仅取决于个体或组织本身，更重要的是表现为与其他个体或组织之间相互认可的关系，反映了个体或组织从其所在的社会网络中获取资源的能力。

5.1.1.2 弱关系力量与社会资源理论的基本观点

早在 1973 年社会学家格兰诺维特（M. Granovetter，1973）在《美国社会学杂志》上发表的"弱关系的力量"一文，就提出了社会网络中的弱关系力量假设，他认为：在社会网络中个体或组织之间由于交流和接触而实际存在着一种纽带联系，这种关系可以分为强关系、弱关系两种类型。网络的强关系是在社会经济特征相似的个体或组织之间发展起来的，由于群体内部的相似性较高，所了解的事物、事件经常是相同的，所以通过强关系获得的信息往往重复性很高；而弱关系是在社会经济特征不同的个体或组织之间发展起来的，由于弱关系的分布范围较广，它比强关系更能跨越其社会界限，成为获取信息和其他资源的桥梁，从而将其他群体的重要信息带给不属于这些群体的个人或组织。所以，格兰诺维特（Granovetter，1973）认为，虽然在社会网络结构中，所有的弱关系不一定都能充当信息桥，但能够充当信息桥的必定是弱关系。

此后美籍华裔社会学家林南（Nan Lin，1982）在发展和完善格兰诺维特（Granovetter）的"弱关系力量假设"基础上，提出了网络构建的社会资源理论。他认为：嵌入社会网络中的各种资源，如信息、声望和信任等，并不为个体或组织所直接占有，而是通过直接或间接的社会关系来获取。在一个分层的社会结构中，个体或组织所处社会网络的异质性，网络成员的社会地位、网络关系力量的强弱决定着所拥有的社会资源的数量和质量。社会资源理论观点不仅发展了"弱关系力量假设"，而且否定了资源只有通过占有才能运用的地位结构观。认为资源不但可以被个人或组织占有，并且也嵌入于社会网络之中，通过关系网络可以获取资源。在一个分层社会结构中，当行动者的行动为工具性行动时，他拥有的"弱关系"将比"强关系"给他带来更多的社会资源（但前提是这种"弱关系"的对象处于比行动者本人更高而不是更低的社会地位）。决定个体所拥有社会资源的数量和质量有下列三个因素：一是个体社会网络的异质性，二是网络成员的社会地位，三是个体与网络成员的关系强度。具体来说，就是一个人的社会网络的异质性越大，网络成员的地位越高，个体与成员的关系越弱，则其拥有的社会资源就越丰富（Nan Lin，1982）。林南的社会资源理论模型如图 5 - 1 所示。

5.1.1.3 结构洞理论的基本观点

美国芝加哥大学教授罗纳德·伯特（Ronald Burt）认为，社会资本不仅是交往者所拥有的资源，同时也是交往者的社会结构，从而提出了"结构洞"理论，将人们的注意力从网络中的资源转向网络中的结构及其分配结果，从个体自我转

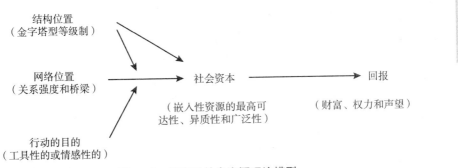

图5-1　林南的社会资源理论模型

向自我之间的联系。伯特继承并发展了格兰诺维特（Granovetter，1973）弱关系力量的观点。格兰诺维特认为，拥有新信息的机会是通过与自我保持一定距离的弱关系而获得的。因为强关系的信息是在同一网络内的、结构中普遍共享的，因而具有重复性，新信息来自非重复的弱联系。伯特则认为，在较复杂的网络中，通过与分散、非重复的一组组连接点的联系，占据中心位置的结点，拥有更多的网络资源，且本身没有什么成本。伯特的创新之处在于认为重要因素不是联系的强弱，而是他们与你已经建立的关系网是重复还是不重复。

结构洞理论是由美国社会学家伯特于1992年首次提出来的。他认为：一个社会网络中最有可能给参与者带来竞争优势的位置处于关系稠密地带之间而不是之内。无论是个体或组织，其社会网络均表现为两种关系：一是网络中的任何主体与其他每一主体之间都发生联系，不存在关系间断现象。二是网络中的某个或某些主体与有些主体发生直接联系，但与其他主体不发生直接联系。这种无直接联系或关系间断的现象，从社会网络整体来看好像网络结构中出现了洞穴，因而被称为"结构洞"。例如，在ABC网络中，如果AB之间有关系，BC之间有关系，而AC之间没有关系，则AC是一个结构空洞，AC如果要发生联系，必须通过B。AC是个结构洞，AC如果要发生联系，必须通过B。AC结构洞的存在为B提供了传递信息和控制信息两大优势。伯特结构洞理论对市场经济中的竞争行为作出了社会学解释，即竞争优势不仅是实力或资源的优势，而且更重要的是关系优势，只有结构洞多的竞争者，其关系优势才会大。任何个体或组织，要想在竞争中获得、保持和发展优势，就必须与相互关联的个人和团体建立广泛的联系，以获取信息和控制优势。

5.1.2　复杂网络理论

结构决定功能是系统科学的基本观点（许国志，2000）。强调系统的结构并从结构角度分析系统的功能正是复杂网络的研究思路，所不同的是这些抽象出来的真实网络的拓扑结构性质不同于以前研究的网络，且结点众多，故称其为复杂网络（Complex networks）。近年来，大量关于复杂网络的文章在《科学》（Science）、《自然》（Nature）、《物理评论快报》（PRL）、美国科学院院报（PNAS）等国际一流刊物上发表，从一个侧面反映了复杂网络已经成为国际学术界一个新的研究热点。复杂网络的研究可以简单概括为三方面密切相关却又依次深入的内容：通过实证方法度量网络的统计性质；构建相应的网络模型来理解这些统计性的原因；在已知网络结构特征及其形成规则的基础上，预测网络系统的行为（Newman，2003）。

5.1.2.1 复杂网络的基本概念

（1）度与度分布（Degree and degree distribution）。一个结点 i 所拥有的度 k_i 定义为该结点连接的其他结点的数目。所有结点 i 的度 k_i 的平均值称为网络的平均度，记为 $<k>$。度是描述网络局部特性的基本参数。一般来讲，网络中并不是所有结点都具有相同的度，系统各结点度可以用一个分布函数 $p(k)$ 描述，度分布函数反映了网络系统的宏观统计特征。其含义为一个任意选择的结点的度恰好为 k 的概率，也等于网络中度数为 k 的结点的个数占网络结点总个数的比值（韦洛霞，2004）。

（2）平均路径长度（Average path length）。网络研究中，一般定义两结点 i 和 j 间的距离 d_{ij} 为连接两者的最短路径上的边数；网络的直径 D 为任意两点之间距离的最大值；网络的平均路径长度 L 则是所有结点对之间距离的平均值，它描述了网络中结点间的分离程度。在由 N 个结点组成的网络中，L 定义为：

$$L = \frac{1}{N(N+1)/2} \sum_{i \geqslant j} d_{ij} \qquad (5-1)$$

网络的平均路径长度也称为网络的特征路径长度（Characteristic path length）。为了便于数学处理，在式（5-1）中包含了结点到自身的距离（当然该距离为零）。如果不考虑结点到自身的距离，那么要在式（5-1）的右端乘以因子 $(N+1)/(N-1)$。在实际应用中，由于一般 N 值很大，所以这么小的差别是可以忽略不计的（汪小帆、李翔、陈关荣，2006）。

（3）集聚系数（clustering coefficient）

集聚系数 C 用来描述网络中结点的集聚情况，即网络有多紧密。比如在社会网络中，你的朋友关系网络中，你的两个朋友很可能彼此也是朋友，这种属性就是网络的集聚特性。一般来讲，假设结点 i 有 k_i 条边将它和其他结点相连，这 k_i 个结点就称为结点 i 的邻居。则实际存在的边数 E_i 与全部 k_i 个结点完全连接时

的总边数 $k_i(k_i-1)/2$ 的比值定义为结点 i 的集聚系数

$$C_i = \frac{2E_i}{k_i(k_i-1)} \qquad (5-2)$$

整个网络的集聚系统 C 就是所有结点的集聚系数的平均值。很明显，$0 \leqslant C \leqslant 1$。$C=0$ 表示所有结点均为孤立结点，即没有任何连接边；$C=1$ 表示网络全局耦合，即网络中任意两个结点都直接相连。对于一个含有 N 个结点的完全随机的网络，当 N 很大时，$C=O(N^{-1})$。而许多大规模的实际网络都具有明显的集聚效应，它们的集群系数尽管远小于 1，但却比 $O(N^{-1})$ 要大得多。事实上，在很多类型的网络（如社会关系网络）中，你的朋友同时也是你的朋友的概率会随着网络规模的增加而趋向于某个非零常数，即当 $N \to \infty$ 时，$C=O(1)$。这意味着这些实际的复杂网络并不是完全随机的，而是在某种程度上具有类似于社会关系网络中"物以类聚，人以群分"的特性。

5.1.2.2　复杂网络的几个主要模型

（1）ER 模型。1959 年数学家爱尔多斯（Erdös）和瑞利（Rényi）提出了随机网络模型（ER 模型），此后 ER 随机网络模型一直作为研究复杂网络的基本模型，并主导了近四十年。其构成规则如下：

假设网络中有 N 个结点，任意一对结点以概率 p 随机进行连接，最后得到一个拥有 n 条边的随机网络。

随机网络中当 $p=1$ 时形成完全连通网络，总边数为 $N(N-1)/2$；当 $p=0$ 时，则没有任何连接，为 N 个孤立结点，总边数为 0；连接概率 p 在 $0 \sim 1$ 之间时网络中的边数 $n=pN(N-1)/2$。当 N 很大时，平均度 $<k> = 2n/N = p(N-1) \approx pN$。度分布服从 Poisson 分布：

$$p(k) = \binom{N}{k}p^k(1-p)^{N-k} \approx \frac{<k>^k e^{-<k>}}{k!} \qquad (5-3)$$

随机网络的集聚系数 $C = p = <k>/N \ll 1$，这意味着大规模的稀疏 ER 随机网络没有集聚特性。而现实中的复杂网络一般都具有明显的集聚特性。也就是说，实际的复杂网络的集聚系数要比相同规模的 ER 随机网络的集聚系数高得多。

ER 模型的特征可概括为：平均路径长度小，集聚系数小，度分布服从 Poisson 分布。

（2）WS 模型。1967 年美国哈佛大学的社会心理学家米尔格拉姆（Milgram）通过人与人的信件传递进行了著名的"六度分离"实验（Barabasi，2003），发现人和人之间的联系存在"小世界现象（Small world phenomena）"。其他学者在对一些现实网络的实际数据进行计算分析后，发现现实生活中的网络往往同时具有大的集聚系数和较小的平均路径长度，与 ER 模型中的随机设置连接时大部分结点的连接数目大致相同不符。

最早用数学模型来描述小世界现象的是 Watts 和 Strogatz，他们于 1998 年提出了 WS 网络模型（见图 5 - 2）。这个模型同时具有大的集聚系数和较小的平均路径长度，介于规则网络和随机网络之间，与现实生活中的许多网络特性一致。WS 模型的构造规则如下（Watts & Strogatz，1998），见图 5 - 2。第一，从规则图开始：考虑一个含有 N 个点的最近邻耦合网络，它们围成一个环，其中每个结点都与它左右相邻的各 $K/2$ 个结点相连，K 是偶数。（其中 $N >> K >> ln(N) >> 1$）第二，随机化重连：以概率 p 随机地重新连接网络中的每个边，即将边的一个端点保持不变，而另一个端点取为网络中随机选择的一个结点。其中，任意两个不同结点之间至多只能有一条边，并且每一个结点都不能有边与自身相连。

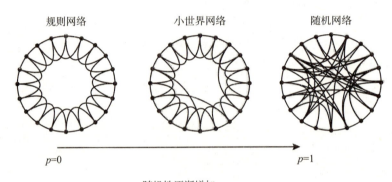

图 5 - 2　WS 模型

资料来源：Watts D J，Strogatz S H. Collective Dynamics of 'Small-world' Networks [J]. Nature，1998，393（6）：440 - 442.

WS 模型中，$p = 0$ 时，没有任何重连，对应于规则网络，平均路径长度较大，随结点数 N 的增长而线性增长，集群系数大。$p = 1$ 时，所有连接全部随机重连，对应于随机网络，平均路径长度较小，对数地随 N 的增长而增长，集群系数小。当 p 介于 0~1 之间时，平均路径长度与随机网络相差不大，相对较小，但却具有较大的集群系数。

集聚系数 $C(p)$ 和平均路径长度 $L(p)$ 都可以看做是重连概率 p 的函数。图 5 - 3 显示了网络的集聚系数和平均路径长度随重连概率 p 的变化关系（图中对两个值作了归一化处理）。一个完全规则的最近邻耦合网络（对应于 $p = 0$）是高度集聚的（$C(0) \approx 3/4$），但平均路径长度很大（$L(0) \approx N/2K \gg 1$）。当 p 较小时（$0 < p \ll 1$），重新连线后得到的网络与原始的规则网络的局部属性差别不大，从而网络的集聚系数变化也不大（$C(p) \propto C(0)$），但其平均路径长度却下降很快（$L(p) \ll L(0)$）。这类既具有较小的平均路径长度又具有较大的集聚系数的网络就称为小世界网络。

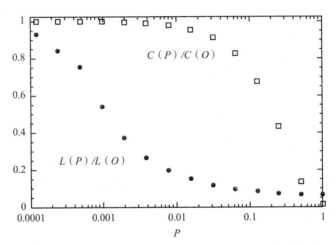

图 5-3　$C(p)/C(0)$ 和 $L(p)/L(0)$ 随重连概率 p 的变化关系

资料来源：Watts D J，Strogatz S H. Collective Dynamics of 'Small-world' Networks [J]. Nature, 1998, 393（6）：440-442.

在结点度分布方面，小世界网络的结点度分布形态与随机网络相似，所有结点有大约相同数量的连接，存在一个显著的峰值，在峰值两侧，度分布呈指数规律衰减（Newman, 2003; Albert & Barabási, 2002）。

WS 模型的特征可概括为：平均路径长度小，集聚系数大，结点度分布近似服从 Possoin 分布。

（3）BA 模型。ER 模型和 WS 模型的一个共同特征就是网络结点的度分布可近似用 Poisson 分布来表示，该分布在度平均值 $<k>$ 处有一峰值，然后呈指数快速衰减，这类网络被称为均匀网络或指数网络。但近年来的研究发现，许多实际的复杂网络的度分布函数却具有幂律形式，即任何结点与其他 k 个结点相连的概率正比于 $k^{-\gamma}$（记为 $P(k) \sim k^{-\gamma}$），不存在明显的特征长度，这种没有度分布峰值的网络，被称为无标度网络。

此外，ER 模型与 WS 模型都假定网络结点数不变，被称为固定网络模型。固定网络模型显然无法描述许多实际网络的结点不断变化以及"富者更富"现象。因此，1999 年巴拉巴西（Barabási）和阿尔伯特（Albert）提出了无标度网络的 BA 模型，它通过网络增长和择优连接两个机制建立的模型对幂律机制的产生机理进行了描述与解释，与现实网络的许多重要特性相符。其构造规则如下（Barabási & Albert，2002）：第一，增长：从一个具有 m_0 个结点的网络开始，每个时间间隔引入一个新的结点，并且连到 m 个已存在于系统中的不同结点上，这里 $m \leqslant m_0$。第二，择优连接：一个新结点与一个已经存在的结点 i 相连接的概率 $\prod_i$ 取决于结点 i 的度 k_i，满足如下关系：

$$\prod_i = \frac{k_i}{\sum_j k_j} \tag{5-4}$$

式（5-4）中分母求和为取遍网络已有各结点的连接。在经过 t 时间步后，这种算法产生一个有 $N = t + m_0$ 个结点和 mt 条边的网络。

有关研究表明，BA 模型也具有小世界特性（Cohen & Havlin，2003），即具有较小的平均路径长度。但集聚系数却与 ER 类似，相对较小，不具有明显的集聚特性（Fronczak，Froczak，& Holyst，2003）。

BA 模型的特征可概括为：平均路径长度小，集聚系数小，度分布服从幂律分布。

2000 年，阿尔伯特（Albert）等学者进一步指出，BA 模型构造的无标度网络具有对随机攻击的鲁棒性（Robustness）以及对蓄意攻击的高度脆弱性（Fragility）（Albert，Jeong & Barabási，2000）。因为绝大部分结点度都很小，所以如果是随机攻击，去除这些结点对整个网络的连通性影响不大。但如果是针对少数度很大的结点的蓄意攻击，即使去除很少的结点，也会对网络的连接产生较大影响。由 WS 模型所构造的小世界网络具有类似的性质，对于小世界网络来说，由于那些随机重连的长边决定着网络的集聚特性，所以小世界网络对于针对长边的攻击较为敏感，而对于最近邻连接的攻击则具有较强的抵抗力。ER 模型构造的随机网络则存在明显不同，随机网络中各结点的度大致相当，所以随机攻击和蓄意攻击效果没有明显不同。

从以上分析可以看出，三种模型构成的网络存在着明显的不同，从不同侧面描述了复杂网络的一些特性，三种网络的特征可以从表 5-1 中更清晰地看到。

表 5-1　　　　　　　　ER 模型、WS 模型及 BA 模型的比较

项目 ＼ 模型	ER 模型	WS 模型	BA 模型
构造的网络	随机网络	小世界网络	无标度网络
平均路径长度	小	小	小

续表

模型 项目	ER 模型	WS 模型	BA 模型
集聚系数	小	大	小
结点度分布	服从泊松分布	近似服从泊松分布	服从幂律分布
稳定性	随机攻击和蓄意攻击效果相当	对于针对长边连接的攻击较敏感，而对于针对最近邻连接的攻击具有较强的抵抗力	对于随机攻击具有较强的鲁棒性，而对于度值较大的结点的蓄意攻击较表现出高度脆弱性

5.2

中小企业网络组织的结构演化机制

中小企业网络组织按联系关系的均匀性可以分为单中心结点型、无中心结点型、多中心结点型、链式和层级式中小企业网络组织五种情况。

5.2.1　中小企业网络组织的基本结构

（1）无中心结点型中小企业网络组织。中小企业之间相互存在较强的联系，但并不存在一个中心企业，相互之间存在多边合作关系（见图 5 - 4），这种类型中小企业网络组织的典型代表是单纯由中小企业构成的集群。

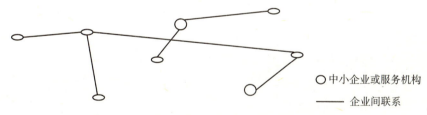

○ 中小企业或服务机构
—— 企业间联系

图 5 - 4　无中心结点型中小企业网络组织示意图

（2）单中心结点型中小企业网络组织。这种类型在传统产业中很常见，中心企业往往是拥有较多的资源的大中型企业，周边企业对中心企业有着较多的依赖关系，或其他企业为中心企业提供原材料、配件、物流、销售渠道或其他相关服务等构成的网络，称为单中心结点型中小企业网络组织（见图 5 - 5）。这种类型的中小企业网络组织的典型代表是一个大型企业的服务网络。

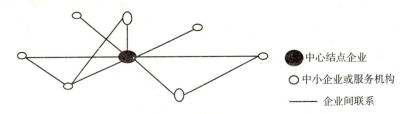

图5-5　单中心结点型中小企业网络组织示意图

（3）多中心结点型中小企业网络组织。表现为中小企业网络内有多个中心结点，每个中心结点周围都有多家中小企业为其提供配套服务，这样构成的网络，我们称为多中心结点型网络（见图5-6）。这种类型的典型代表是大中型企业之间的战略联盟以及跨国公司在各地的分公司组成的网络。

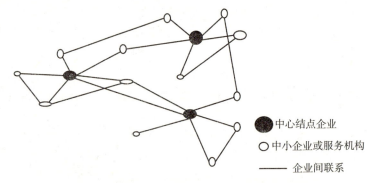

图5-6　多中心结点型中小企业网络组织示意图

（4）链式中小企业网络组织。这种类型的中小企业网络组织之间的联系存在着明显的上下游关系，构成一个供应链，有的企业处于上游位置，有的则处于下游位置，有的企业处于中间位置，对于某些企业属于上游企业，对于另外一些企业则属于下游企业。这种网络组织形式最大的特点就是企业之间的联系呈现出直线链式连接，上下游特征明显（见图5-7）。链式连接关系一般出现在一些生产流程高度可分割以及技术上相互依赖的产业。显然这种中小企业网络组织的典型是供应链网络。

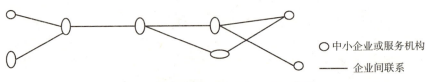

图5-7　链式中小企业网络组织示意图

（5）层级制中小企业网络组织。这种类型的中小企业网络组织表现出明显的层级关系，每一级结点只和上一级结点发生联系，而同级结点之间没有明显的合作关系（见图 5 - 8）。这种中小企业网络组织常常出现在任务可层层分包的企业网络中，如建筑施工行业等。层级制中小企业网络组织与单中心结点型中小企业网络组织是有一定区别的，单中心结点型中小企业网络组织一般是与中小结点建立合作关系的企业相对较多，但并不排除其他结点之间建立起相互的连接关系。而层级制中小企业网络组织的底层结点之间一般是竞争对手，相互之间合作较少。底层结点有可能同时是一个或几个层级网络的底层结点，即同时接受几家不同企业的分包任务。

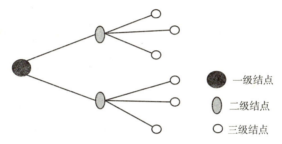

一级结点

二级结点

三级结点

图 5 - 8　层级制中小企业网络组织示意图

5.2.2　中小企业网络组织的演化特征

中小企业刚开始建立网络时，各企业的技术、资金、人才水平相差不大，所以许多区域的中小企业网络开始时是无中心的网络组织。我国江浙地区自发形成的中小企业网络组织是这方面的典型代表。但随着时间的发展，部分企业逐渐发展壮大，成为网络组织的中心。如我国温州柳市低压电器集群，由以前的上千家中小企业逐渐演变为以正泰、德力西等少数几家大型企业为中心的中小企业网络组织。同时，笔者认为，这种倾向仍有进一步演化的趋势，即由多中心结点向单中心结点演变。单中心结点是最稳定的一种状态。所以，中小企业网络组织的第一个演化特征为：

（1）中小企业网络组织一般由无中心结点型向有中心结点型演变（见图 5 - 9）。中小企业在进入一个网络之后，一般处于网络的边缘位置，与其他企业的连接也相对较少，随着企业的发展，新进入企业与其他企业的连接关系越来越广泛，在一定时期内，合作连接关系的数量逐渐增加。同时，也伴随着合作伙伴的不断调整，在本企业规模、核心能力提升之后，就有机会与能力选择规模更大、技术能力更强的合作伙伴，本企业在网络组织的地位也会发生变化，由原来的边缘结点逐渐向骨干结点或中心结点演变，以单中心结点层级制中小企业网络组织为例，其结点演化示意图如图5-9所示。因此，我们得到第二个特征：

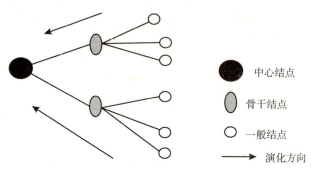

中心结点

骨干结点

一般结点

演化方向

图5-9　单中心结点型中小企业网络组织的演化示意图

（2）中小企业的合作连接在一定时期内逐渐增加，中小企业由边缘结点逐渐向骨干结点或中心结点演变。中小企业在新进入一个网络以及中小企业网络组织建立初期，中小企业之间的联系一般相对较少，由于双方不熟悉，开始的联系与合作都是试探性的，间歇性的，合作呈现出一定的不确定性，随着相互的信任度的提高，以及成功合作带来的收益，中小企业网络之间的联系逐渐加强，变为长期的合作，合作的可靠性越来越高，交流也越来越频繁。因此，我们得到第三个特征：

（3）中小企业网络组织成员之间由间断的、不确定的合作逐渐向长期的、可靠的、频繁的交流演变。网络组织建立之初，中小企业之间的信息交流相对较少，交流的信息也比较单一，只是为了共同的目的，而共享某一有用信息，随着网络的发展与交流的深入，中小企业之间开始全方位的接触，在一切可能给双方带来好处的领域进行合作。因此，我们得到第四个特征：

（4）中小企业网络组织成员之间由少量的信息交流逐渐向全面的资源交流演变，连接强度由弱变强。

5.3

中小企业网络组织的效率改进机制

5.3.1　社会网络理论视角

社会网络理论的研究相对较早，也较成熟，它为中小企业网络组织的正式和非正式合作网络的研究提供了一些理论基础。一般来说，对于中小企业网络组织，参与的成员企业越多，异质性越强，社会资本越雄厚，则中小企业能够从社会网络中摄取的资源就越多，获取的信息也就越丰富。

5.3.1.1　基于弱连接理论的分析

林南（Nan Lin，2001）在其代表著作《社会资本——关于社会结构与行动的理论》一书中，把人的行动分为两种：一种是表达性行动，用于维持资源，这种行动本身就是其目的，行动和目的是合一的。期待的回应主要是表达性的：承认自己的财产权或分享自己的情感。另一种是工具性行动，用于寻找和获得额外有价值资源，行动被视为实现目标的手段，目标是增加资源。

根据格兰诺维特（Granovetter）的弱连接理论和林南等学者的研究成果，我们知道强连接关系对表达性行动有效，关系越强，获取的社会资本越可能正向地影响表达性行动的成功；而弱连接关系对工具性行动有效，关系越弱，在工具性行动中越可能获取好的社会资本。

所以，中小企业不应该把所有的精力全部放在维持和加强现有网络联系上，那些不经常联系的企业有可能成为今后企业创新中的重要源泉。中小企业在与现有的合作伙伴建立紧密的合作关系的基础上，还要注意搜索新的资源，随时掌握最新技术动态，加强与其他地区，其他网络的连接。中小企业核心竞争力的大小与其拥有社会资本的多少呈正相关关系。

5.3.1.2　基于结构洞理论的分析

伯特（Burt）研究认为，处于结构洞处的企业与其他企业相比有着更多的机会，两个网络之间的连接都需要通过空洞处的企业进行连接，这些处于空洞处的企业被称为"桥梁"企业（Burt，1992）。这一理论告诉我们，中小企业在网络中的初始位置越好，则越可能获取和使用好的社会资本。所以，中小企业在网络组织中要争取占据优势地位，争取成为网络联系的"桥梁"结点，越靠近网络中的"桥梁"，中小企业获取更多社会资本的机会就越大。想占据网络"桥梁"位置，可以从两方面出发：一是努力向现有网络"桥梁"靠近，加强与"桥梁"结点的直接联系，争取早日超过并取代现有"桥梁"结点；二是要不断发现新的机会，建立起新的"桥梁"关系，在新关系中占据"桥梁"位置。

同时，我们还应该注意到，中小企业的网络位置强度视桥梁所连接的资源不同而存在差异。如果连接的资源丰富，异质性大，能够为中小企业网络带来巨大资源，则中小企业应密切加强与此"桥梁"结点的联系；但如果"桥梁"结点连接的资源不丰富，异质性小，则中小企业应适当降低在此结点的投入力度。

5.3.2 复杂网络理论视角

5.3.2.1 基于 WS 模型的分析

许多中小企业网络组织被证实有着较大的集群系数和较小的平均路径长度（Galaskiewicz & Marsden，1978；Li，2003；李凯、李世杰，2004）。一般认为中小企业通过合作关系构成的网络关系是小世界网络。从小世界网络的特性我们可以得知，在网络中建立一些"捷径"就可以大大提高网络的集聚系数，降低平均路径长度，从而提高中小企业网络组织的效率。在中小企业网络组织中所谓的"捷径"，就是小世界网络中的"长边"，是相对而言的，如果多数企业只和邻近的几家企业有联系，则企业 A 与企业 B 建立的合作关系就被称为"捷径"（见图 5-10）。"捷径"在提高连接"捷径"的结点企业效率的同时，也大大提高了整个中小企业网络组织的效率。

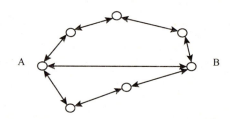

图 5-10　企业合作关系的"捷径"示意图

"捷径"可以建立在同一网络内部不同中小企业之间，也可以建立在不同中小企业网络组织之间，还可以是企业家之间的沟通与交流，这些连接（或联系）就是"边"，各企业（或企业家）就是"结点"。

所以，中小企业在发展过程中，在条件允许的情况下，对于一些自己需要经常联系，却常常通过其他企业进行代理的交易，可以适当改变以前的策略，直接同最终产品的生产或服务企业建立联系，不但会大大减少本企业的交易环节，降低成本，而且也可能会吸引有相同需求的其他企业与本企业建立起合作关系。

需要指出的是，这种"捷径"并不是越多越好。一方面中小企业的时间精力毕竟有限，不可能与所有需求的最终产品企业建立起联系；另一方面，建立过多的合作关系，反而有可能会造成过高的维系成本，有些得不偿失。所以中小企业应该选择那些对本企业的经营活动影响最大、最关键的企业建立起必要的联系。如本企业主要原材料的采购企业，关键技术的主要合作伙伴，最关键的客户企业等，这些企业，在中小企业时间精力允许的条件下，最好能建立起"捷径"关系。

如果是站在政府的角度来考虑，善于发现、鼓励、引导中小企业建立起网络"捷径"，则可以有效改善本地区中小企业网络组织的合作效率，产生更大的协同效应，加快地区经济良性发展。

5.3.2.2　基于 BA 模型的分析

从现实生活中我们发现，中小企业网络组织的结点存在着"富者更富"的现象，即越是活跃的结点被别人连接的概率也越大，这与 BA 模型中的择优连接机制是一致的，因此中小企业网络组织也具有无标度特性（Barabási & Albert，1999）。中小企业建立的合作关系越多，则越可能成为其他企业的合作伙伴，从而更加有利于企业的发展，那些缺少和其他企业联系的企业则有更大的可能失去原有的合作伙伴，这也从另一个侧面解释了"赢者通吃"现象的产生机理。所以站在中小企业发展的角度来看，中小企业应该尽可能地选择"度数"较高的活跃结点，与那些拥有广泛合作伙伴的企业进行深入合作。当然，合作的前提是这些活跃结点愿意与本企业合作。

同时，由于多数企业往往把注意力集中在那些度数比较大的活跃结点上，所以，与度数大的活跃结点建立了有效联系的中小企业，被其他企业连接的概率也相对较大。

需要指出的是，由无标度网络针对随机攻击的鲁棒性以及针对蓄意攻击的脆弱性，可以知道，这些关键活跃结点的经营情况，对整个网络的影响是很大的，如果活跃结点企业倒闭，整个网络组织的连接关系有可能发生巨大变化，依赖与其合作的一系列中小企业的合作关系及生产经营也会受到重大影响。所以中小企业在选择与活跃结点企业建立密切联系的同时，也要注意保持和其他结点企业的合作关系，不要完全依赖于某一活跃结点，以防止活跃结点企业生产经营活动的波动对本企业生存产生的重大影响。

5.3.2.3　基于其他扩展模型的分析

（1）适应度模型。BA 模型的增长和择优连接机制，简单明了地描述了某些实际网络的一些重要特征，得到了一些有益的分析结论。但是人们在现实生活中发现，有些实际网络并不完全符合 BA 模型的演化结果。在 BA 模型中，按择优连接的规则，越老的结点具有越高的度数，度数越高，结点的生命力也就越强。如果用在中小企业网络组织中，就是说成立越早的企业合作关系越多，活跃程度越高，发展速度越快。但实际上，虽然有一些企业成立时间较晚，但由于自身适应能力较强，通过广告，促销等手段，也可能迅速赢得其他企业和客户的信任，建立起广泛联系，企业得到较快发展。显然企业的发展并不是只与成立的时间长短有关，还与结点的内在性质有关。

因此，彼亚柯尼和巴拉巴西（Bianconi & Barabási, 2001）提出了结点适应度模型，他把结点的内在性质称为结点的适应度（Fitness），认为不同的结点具有的适应度不一定相同。其构造规则如下：

第一，增长：从一个具有 m_0 个结点的网络开始，每次引入一个新的结点并且连到 m 个已存在的结点上，这里 $m \leqslant m_0$。每个结点的适应度按概率分布 $\rho(\eta)$ 选取。

第二，优先连接：一个新结点与一个已经存在的结点 i 相连接的概率 Π_i，与结点 i 的度 k_i、结点 j 的度 k_j 和适应度之间满足如下关系：

$$\pi_i = \frac{\eta_i k_i}{\sum_j \eta_j k_j} \tag{5-5}$$

可以看出，适应度模型与 BA 模型的区别在于，在适应度模型中的优先连接概率与结点的度和适应度之积成正比，而不是仅与结点的度成正比。这样，在适应度模型中，如果一个年轻结点具有较高的适应度，那么该结点就有可能在随后的网络演化过程中获取更多的连接边。

因而，虽然企业成立较早，会有更多的发展机会，但加强企业自身适应能力才是企业今后长期发展的关键。适者生存，不但是生物界的自然选择法则，也是许多社会团体（如企业）的淘汰发展定律。

（2）局域世界演化模型。BA 模型假设所有结点都是在全局网络寻找最优，进行概率连接。然而，在许多现实网络中，大部分结点可能无法寻找到全局最优，或无法与全局最优建立起连接关系，这时，每一结点只占有和使用整个网络的局部连接信息，拥有各自的局域世界，因而李翔等学者提出了局域世界演化网络模型（Local-world evolving network model）（Li & Chen, 2003）。其构造规则如下：

第一，增长：网络初始时有 m_0 个结点和 e_0 条边。每次新加入一个结点和附带的 m 条边。

第二，局域世界优先连接：随机地从网络已有的结点中选取 M 个结点（$M \geqslant m$），作为新加入结点的局域世界。新加入的结点根据优先连接概率

$$\prod_{local}(k_i) = \prod{}'(i \in LW) \frac{k_i}{\sum_{j\ local} k_j} \equiv \frac{M}{m_0 + t} \frac{k_i}{\sum_{j\ local} k_j} \tag{5-6}$$

来选择与局域世界中的 m 个结点相连，其中局域世界 LW 由新选的 M 个结点

组成。

在每一时刻，新加入的结点从局域世界中按优先连接原则选取 m 个结点来连接，所以，在 t 时刻，$m \leq M \leq m_0 + t$。当 $M = m$ 时，意味着网络增长过程中，优先连接原则已经不发挥作用了。就等价于 BA 模型只保留增长机制而没有优先连接时的特例；当 $M = m_0 + t$ 时，每个局域世界其实就是整个网络。此时，局域世界模型等价于 BA 模型。

局域世界演化模型很好地刻画了结点的局域连接特性，对于中小企业网络组织尤其适用。由于中小企业本身条件的限制，其合作伙伴的选择更多的是在某一特定的局域范围内，如本地区内，但这也正是中小企业网络组织发展过程中的桎梏。有关局域世界模型的研究表明，局域世界模型的幂律指数和集聚系数与实际网络相当，但平均路径长度却比实际网络要大一些（Chen，Fan & Li，2005）。这说明许多实际网络虽然有着局域连接的特性，但同时一些跨局域世界的"长边"连接关系也普遍存在，导致实际网络的平均路径长度较小。对于中小企业来讲，尽管由于各方面条件的限制，选择合作伙伴受到了一定的制约，但互联网、信息技术以及现代通信设备的发展为中小企业突破局域发展瓶颈、拓宽合作范围带来了可能。因此，中小企业不能只把眼光放在"局域世界"，而应该尽可能建立起一些跨"局域"的"长程连接"。这些连接不但可以改善中小企业网络组织的平均路径长度，提高网络效率，同时，更重要的是，拥有这些连接关系的中小企业可以获得更多的获利机会，在竞争中立于不败之地。

5.3.3 中小企业网络组织的层次互动机制

中小企业在合作过程中，与其他中小企业、大型企业、科研机构、中介、服务机构等构成的正式网络，我们称为第二层次网络，与此同时，这些企业的企业家、科研人员、服务人员等人员之间通过长期的交往与合作也构成了一个非正式的社会关系网络，其中最关键的则是由企业家所构成的关系网络，我们称之为第三层次网络。在第二层次网络之外，还有由其他中小企业所构成的网络组织，多个中小企业网络组织之间存在着相对稀疏的联系，这个由多个第二层次网络构成的更大的"网络之网络"，我们称为第一层次网络。这样，中小企业网络组织就呈现出三个层次，这三个层次是同时存在，相互作用的。我们前面讨论的中小企业网络组织一般是指第二层次网络，第二层次网络是核心，第一层次网络由多个第二层次网络构成，并为第二层次网络提供外部资源，第三层次网络为第二层次网络的生成与发展提供保证。第一层次网络和第三层次网络都通过第二层次网络对企业发展产生推动作用（沈运红、王恒山，2006）。下面分别进行讨论。

5.3.3.1 第二层次网络与第三层次网络之间的关系

西方学者关于企业家网络对企业创新、企业家创业行为的作用主要有三种观点：第一，积极作用（Hansen，1995；Aldrich & Zimmer，1986；Johannisson，1987），即企业家网络有利于企业家创业；第二，消极作用，即企业家个人关系网的弱联系比强联系提供更多的信息，网络规模扩大不利于企业行为（Granovetter，1973）；第三，网络规模是一个"复杂的福音"，在不同的环境下作用不同（Burt，1992）。不过，持第一种观点还是占大多数，即企业家网络有利于企业创新网络联盟的建立和发展。

我国台湾学者王如玉和曾淑婉（1992）认为，中小企业间的协作网络关系是建立在网络成员之间彼此的承诺与信任关系之上的，而这种承诺与信任关系则需要依靠企业主之间的社会关系——企业家网络来建立。事实上，企业家网络与企业网络之间的关系是相互加强和促进的（Piore & Sabel，1985）。企业家网络内部成员间的社会交往和联系是企业网络化发展的重要推动因素，同时企业网络的发展也有利于企业家网络规模的扩大（周立新、李传昭，2004）。因此，第二层次网络与第三层次网络之间存在着相互促进的关系，促进第二层次网络的发展是根本。通过企业家之间良好的关系网络，加强中小企业间技术创新合作，提高企业竞争能力才是真正目标。

5.3.3.2 第二层次网络与第一层次网络之间的关系

第二层次网络内部的联系相对密切、接触频繁，而中小企业网络组织之间的联系则相对疏松，呈现出间歇性和偶然性。但正是这种疏松的联系，为第二层次网络的发展提供了源泉与动力。中小企业网络组织是一个动态的开放系统，第二层次网络除了有内部企业之间的密切频繁的联系之外，还与外部网络的企业发生着间断性的、相对疏松的联系。格兰诺维特（Granovetter）把前者称为强连接，后者称为弱连接。他认为，个体的关系强度以及所在网络的异质性程度间接影响了网络个体所获信息的有效性。即中小企业网络组织只有不断与外界进行信息交换，才能获得更好的发展。弱连接对中小企业网络组织的作用要大于强连接的作用。第二层次网络的弱连接有两种：一种是中小企业与中介机构、投资机构以及政府等形成的弱连接关系，另一种则是与其他中小企业网络组织形成的间断性的、偶然性的联系。前一种弱连接可以理解为第二次层次网络的一部分，但后一种弱连接则属于第一层次网络，这种弱连接促进了第二层次网络的发展。

伯特（Burt）在1992年提出的结构空洞（Structural holes）理论中认为，结构空洞是两个企业之间的非冗余的联系，当一个企业所联结的另两个企业相互没有直接联结时，企业占据着结构空洞位置，空洞之间的资源和信息流动就必须要通过该企业才能实现，这就意味着企业有机会获得两种异质的信息流。通过跨越结构空洞，企业将潜在的信息利益转化为真实的利益。尤其在创新行为中，掌握更多的异质信息就意味着该企业拥有更多的创新合作的机会。第一层次网络为第二层次网络提供了必要的信息来源，第二层次网络间中小企业的互动合作，又促进了第一层次网络的进一步发展。如果中小企业在保持现有第二层次网络联系的基础上，同时又与其他第二层次网络建立起非冗余的连接关系，这时两个第二层次网络之间的资源或信息流动，都要通过这个企业进行，那么该企业将会在网络组织中处于相对有利的地位。

因此，中小企业为规避资源劣势、提高竞争优势而结成形式多样，层次复杂的联盟网络，各层次网络之间存在着较强的互动关系，各层次网络应互相促进，共同发展。中小企业在发展过程中，要明确认清中小企业网络组织的层次性，充分利用三个层次的互动关系，保持三层次网络组织的良性循环。

5.4

中小企业网络组织的伙伴选择机制

理论和实践告诉我们，在中小企业网络组织形成之前，若没有对合作伙伴进行系统考察，选择了不适合或不可靠的合作伙伴，将会为今后的合作留下隐患，带来巨大风险和成本损失。

合作伙伴选择是学术界的一个研究热点，这方面的研究文献很多。如约翰逊等（Johnson，1995）提出了在敏捷环境下的伙伴选择方法；吴宪华等（1998）提出了采用 ANP 来选择合作伙伴；钱碧波等（1999）提出采用 AHP 方法选择合作伙伴；覃正等（1997）提出采用模糊推理机制；马鹏举等（1999）提出了模糊层次分析法（F – AHP）；冯蔚东等（2000）提出采用遗传算法进行伙伴选择；孙东川等（2001）提出了合作伙伴的系统解决方案；戴黎燕等（2005）采用灰决策理论对合作伙伴的选择进行了分析；全凌云等（2006）提出采用双种群自适应遗传算法进行伙伴选择。

目前在合作伙伴选择方面的文献中，定量研究相对较多，定性的研究相对较少，而专门研究中小企业伙伴选择的文献则更少。但考虑到目前我国的市场环境、企业状况以及中小企业的特点，定量研究在中小企业伙伴选择时仍然存在一些困难，主要表现为：

第一，定量分析中的各项指标权重的确定，是一项比较复杂的工作，往往需要作大量调研工作，或需要大量专家的支持，这对中小企业来说，也是较难办到的。而且即使确定了前一时期相对合理的指标权重，由于市场环境的变化，技术水平的进步，也很难保证权重在今后仍然合理。

第二，考虑到我国目前企业信息披露水平与现状，中小企业往往很难获得大量合作伙伴的真实可靠、有效及时的信息，定量分析的部分数据难以获得。

第三，中小企业人力、资金相对有限，投入伙伴分析的精力也相对有限，而且合作需要双方协商沟通，并非一方意愿所能决定。

第四，由于市场机会稍纵即逝，市场环境千变万化，要求中小企业对市场快速作出反应，没有过多时间去作大量调研。

第五，中小企业往往较缺乏有足够能力与经验进行定量分析的人员，而且即使定量分析足够可靠，企业经营决策人员对定量分析的看法也并不完全一致，有些中小企业家可能并不信任定量分析的结果。如果说服企业家，取得企业家和主管人员的支持也是必须考虑的一个重要问题。

所以笔者认为在中小企业时间精力相对有限，合作伙伴数量也相对有限的情况下，采取定性分析或定性与定量相结合的方式更适合我国中小企业目前的状况。

影响中小企业合作伙伴选择的因素主要有：互补性、一致性、整合性、合作态度、财务状况、信任程度、政治法律约束等（陈莉平、黄海云，2006；袁磊，2001）。一般来说，中小企业一般会选择与自己企业资源和核心能力互补性强，战略目标、企业文化比较接近，在业务或组织上能够产生较好的融合，有积极的合作愿望，有较好商业信誉，财务状况良好，相互间信任度较高的企业。此外，由于政治、法律、行业特点等原因，有些企业的合作伙伴选择被限定在特定的范围之内。比如军工企业在选择伙伴时一般会比较慎重地选择那些信誉较好，技术实力较强，质量具有合法生产资质的企业。

除此之外，中小企业在进行伙伴选择时以下因素的影响也不容忽视：

（1）地理位置与合作成本。合作成本根据中小企业合作关系的类型不同，存在很大差别。有些合作对地理位置接近要求不高，如信息服务，金融服务，有明确分工的研发等；而有些合作中，地理位置对合作成本影响较大，如需要成员之间较多沟通的共同研发，零部件运输成本较高，处于不同生产工序且工序之间需要紧密衔接的企业间的合作等。在资金、精力、时间有限的情况下，中小企业一般会更多地选择合作成本较低的地理位置接近的合作伙伴。处于同一地理位置的中小企业之间相互合作，相互学习，形成集群效应的可能性较大。

（2）社会网络关系。由于企业家在中小企业中的特殊地位，中小企业经营管理层的社会关系网络会成为影响中小企业合作伙伴选择的一个重要因素，企业家（或项目主管）之间的交流沟通以及个人偏好，对中小企业的伙伴选择会产生重大影响，由于企业家相互的熟悉与信任，两个中小企业成为商业合作伙伴的可能性也大大增加。

（3）合作经历。成功的合作往往会激励更多更全面的合作，中小企业常常会在以前成功合作过的伙伴中，再次与之进行合作。而且目前合作伙伴的其他伙伴也很容易成为今后的合作伙伴。

（4）能力匹配。在定性分析中，一般常常把规模最大、质量最好、知名度最高的企业作为最佳合作伙伴。但这样的选择会存在两个问题，一是，这样选出的最佳企业是否同意与本企业合作，合作需要双方自愿。比如一家很不知名的小企业想与微软公司合作进行软件开发，微软很可能会不同意；二是，如果合作，会不会提出一些本企业无法达到的较高要求，或利用企业优势提出不合理的利益分配方案等。所以，中小企业在选择合作伙伴时，不能只追求最大，而应该选择最适合，与本企业生产能力最匹配的伙伴。

（5）产业链关系。由于一般中小企业涉及的专业领域相对较窄，很难涉及整个产业链的其他环节，往往是为大型企业提供原材料、生产加工、物流运输等配套服务，所以与中小企业处于同一产业链的上下游位置的其他企业成为合作关系的可能性相对较大。

（6）环境的不确定性。贝克曼（Beckman，2004）等人将环境的不确定性分为两类：一类是企业特有的不确定性，另一类是市场的不确定性。研究发现，如果企业特有的不确定性较高，则企业愿意扩大其联盟网络，与新伙伴形成合作关系；如果市场不确定性较高，则企业会更有可能加强现有网络关系，与现有合作伙伴形成额外的合作关系。

（7）市场环境的变化及时间因素。时间因素往往被许多研究者所忽视，中小企业合作伙伴应该是一个动态的、不断选择与调整的过程。前期最适合的合作伙伴并非一直是最好的。随着市场环境的变化，技术进步有可能导致某些技术的落伍甚至淘汰，以前技术领先的企业也可能会被别人超越，以前财务状况良好的企业并不能保证一直度良好，以前企业拥有的资源也可能枯竭或被别人取得，合作伙伴的核心竞争力也可能被自己企业所掌握。环境和合作伙伴总是处于变化之中，中小企业应该根据企业内外部变化不断调整，寻找新的更适合的合作伙伴。

综上所述，中小企业的伙伴选择是一个影响因素众多、复杂多变的动态过程，而且由于中小企业时间、精力、资金、人才有限，单纯利用模型进行定量分析往往达不到预期效果，所以更应注重定性的分析，要做到定性分析与定量分析的适当结合。

5.5

中小企业网络组织的进入退出机制

面对中小企业自身的不足，外部竞争的压力，其他企业成功合作的示范效应以及内部研发市场的需求，中小企业大多会选择某种形式的网络组织，这已是一个不争的事实，但到底中小企业选择何时会选择进入某一特定的网络组织，何时又会选择退出该网络组织呢？中小企业选择进入或退出网络组织受到哪些因素的影响呢？下面我们分别进行分析。

5.5.1 中小企业网络组织的进入行为分析

中小企业的网络进入行为与伙伴选择具有许多相似之处，中小企业在进入一个现有的网络组织之前，也要考虑现有的网络组织与本企业的资源互补性、战略目标一致性、文化和谐性、信任程度、地理位置、产业关系等因素，与本企业资源互补性越强，战略目标越一致，文化和谐性越好，信任程度越高，地理位置越接近、产业关系越密切，则中小企业选择进入该网络组织的可能性也越大。

但中小企业选择进入一个网络组织的影响因素与选择合作伙伴也存在一些不同之处，主要有以下几点：

（1）进入壁垒与退出壁垒。中小企业在进入网络组织时，往往希望网络组织的进入壁垒越和退出壁垒都是越低越好，如果进出壁垒比较低，中小企业就比较愿意进入网络组织，因为他们承担的风险相对比较低，但这时的稳定性也比较低。

（2）中小企业的期望收益。中小企业的经营目标是为了追求更多的利润，所以如果中小企业认为进入某个网络组织后，会对本企业的收益产生巨大的帮助作用，则一般会选择进入该网络组织。一般来讲，如果中小企业对构成网络组织的期望收益越大，则其加入网络组织的可能性也越大，积极性也越高。

（3）现有网络组织的竞争实力。现有网络组织的竞争实力对中小企业的选择行为也会产生影响，面临两个或多个网络组织时，一般中小企业会选择竞争实力较强的一个网络。网络组织的实力越强，则中小企业选择加入该网络组织的可能性就会比较大。

（4）以前网络中拥有的网络资源。企业合作过程中形成一定的网络资源，这些资源为网络内的企业所共有。网络资源一般是以信息的形式而存在，当企业加入网络后，就可以通过网络组织获得更多的有价值的信息。网络内企业可获得网络资源量的大小会影响他们的战略行为。古拉蒂（Gulati，1999）的研究结果表明，中小企业在以前网络组织中的网络资源越多，则其今后加入一个新的网络组织的可能性越大。

5.5.2　中小企业网络组织的退出行为分析

我们知道，中小企业网络总是处于不断的动态变化之中，当中小企业认为目前的网络组织已经不适合自己本企业发展时，可能就会退出该网络，而选择其他网络组织。影响中小企业网络组织退出行为的因素可以分为外部因素和内部因素两种，下面分别阐述：

5.5.2.1　中小企业退出网络组织的外部影响因素

（1）市场形势的变化。由于市场形势的变化，中小企业通过网络联盟所生产、研发的产品，可能不再是市场的主流产品，产品的市场需求有可能大大减少，这时以前形成的网络组织已经没有存在的必要，各成员企业会退出网络，重新进行伙伴选择。

（2）技术变革。当技术进行更新换代后，目前伙伴的技术可能处于落后地位，或其他企业通过技术创新有可能大大超过现有的合作伙伴。这时网络中的中小企业就可能会选择退出该网络。不过，由于改变合作伙伴，需要付出转换成本，也面临着信任危机，所以只有在现有伙伴技术落后较多，或本项技术面临淘汰时，许多企业才会选择退出。

（3）其他政治、法律等非经济因素。由于一些政府干预，法律的重新修订等，常常有些中小企业不得不退出原有的网络组织。

5.5.2.2　中小企业退出网络组织的内部影响因素

中小企业退出网络的内部影响因素有三种：一是中小企业合作伙伴的因素；二是自身企业的因素；三是中小企业网络组织运行过程中的因素。

（1）中小企业合作伙伴的情况发生变化。当中小企业的合作伙伴发生了悔约、欺骗或长期"搭便车"行为时，会导致中小企业网络的不稳定，要么该企业被其他企业抛弃，要么一些诚信经营的企业选择退出。同时，当合作伙伴的生产经营情况恶化，如发生财务危机、技术落后甚至倒闭时，中小企业也会选择退出该网络。

（2）中小企业自身的原因。这时有两种情况：一是主动退出，二是被动退出。当中小企业自身发展壮大，原有的网络组织已经不适合本企业的进一步发展，或通过广泛交往，发现了更好的合作伙伴时，就会主动选择退出该网络。当中小企业自身发展跟不上网络组织的发展或本企业发生了机会主义行为时，就有可能会被网络组织所淘汰，被动退出。另外，对于一些小型企业或家族式企业，经营管理者的偏好，也会改变中小企业网络组织的选择，企业家发生更迭时，很可能就会导致原有的网络关系破坏，而重新进行选择。

（3）中小企业网络组织合作运行中遇到障碍。中小企业网络组织合作过程能否协调一致，是影响中小企业是否能够长期在网络中存在的一个重要因素。如果成员企业组织目标不一致，文化分歧较大或发生贸易纠纷时，如果在短时间无法协调一致，则会有中小企业选择退出该网络组织。另外，内部分配是否合理，也是一个重要因素。如果在利益分配、成本分配、风险分配等方面存在分歧，认为不合理的一方就会提出改变这一现状，当无法协商解决时，就只能选择退出。

概括起来，可以这样认为，当中小企业在网络组织的资源收益越少，则选择退出的可能性越大；当外部环境与合作之初相比变化越大，越有可能选择退出；当合作各方的力量对比越悬殊，与合作之初变化越大，则选择退出的可能性也越大。

5.6
中小企业网络组织的稳定性分析

5.6.1　网络组织稳定性研究简述

一般将网络组织的不稳定定义为解体或清算（Kogut，1989）。在对网络组织稳定性的研究中，最具代表性的主要有四种理论：交易费用理论、资源依赖理论、博弈理论和社会困境理论（吴海滨，2004；汪锋，2005）。

（1）交易费用理论。交易费用理论是最早用来解释网络组织稳定性的理论之一。科斯（R. H. Coase）在1937年发表的《企业的性质》中提出"交易费用"（Transaction costs）概念，威廉姆森（Williamson）把企业高比例交易费用的决定因素归纳为两类：第一类是契约人的行为假设。即契约人面对外界不确定性、复杂性时有限理性的不足假设与机会主义行为倾向假设。第二类是交易过程的三个维度的特性：资产专用性、交易的不确定性及交易频率。该理论强调资产专用性对治理机制的影响，并主张通过增加交易频率和实行纵向一体化作为缓解风险的重要措施。网络组织被认为是一种降低了市场交易费用的一种制度安排，它比市场、层级组织结构都更有效。在假定网络成员是既得利益追逐者的前提下，交易费用理论认为在网络组织运行过程中机会主义是不可避免的。这种机会主义行为的出现，首先会导致在交易过程中双方为了谋求各自的利益损害网络组织的整体利益与其他成员伙伴的利益，降低双方的信任程度以及合作水平；其次网络成员为了降低这种投机行为对整个组织带来的不利影响，必须要采取必要的措施：完备的契约、过程监督和控制，这些因素都会增加网络组织的交易费用，当网络组织的交易费用上升到足以抵消网络可能带来的收益的情况下，网络组织的不稳定将不可避免。

（2）资源依赖理论。这种理论认为企业是不同种类资源的集合体。资源包括企业控制的所有资产、能力、信息、知识、商誉、文化以及商业机会或渠道等。组建网络组织是为了实现资源互补，中小企业通过网络组织来优化资源配置，使资源的价值达到最大化。互补资源的识别、选择、获得和管理是网络组织成败的关键。随着企业的发展以及外部环境的变化，当成员间的资源互补性不明显或某些成员企业发现了更好的互补资源时，网络组织就会面临解体的风险。尤其在环境不确定的情况下，网络组织解体的可能性就更大。另外，网络组织内中小企业之间技术、信息和知识的"溢出"，有可能导致一些企业过分保护自己的专有资源，不愿进行知识共享，从而影响网络组织的收益并给网络组织带来潜在的不稳定性。因此，网络组织中的企业一方面要依赖其他企业的资源，另一方面又要尽可能地减少这种依赖性，在竞争和协作之间作出权衡选择，当竞争的收益大于协作的收益时，企业则会选择退出网络组织。

（3）博弈理论。有些学者从博弈的观点出发解释了网络组织不稳定的成因。帕克河（Parkhe，1993）认为网络成员的合作可以看做是一个博弈的过程，而且一般来说都具有与囚徒困境相类似的支付函数。联盟成员可以通过欺骗对方取得超过双方合作所带来的收益，在这种情况下个人理性与集体理性会发生背离，网络组织将会产生不稳定。另外即使是联盟双方的支付函数可以使选择合作成为纳什均衡，但是由于信息不对称可能会使联盟成员不了解对方在合作中的支付函数，为了防止对方选择欺骗或者背叛会给自身带来的损害，它会采取较为消极的合作态度，降低投入水平，避免专用性资源的过多投入，根据公平性原则联盟伙伴也会随之降低合作的积极性使得网络组织变得不稳定。研究表明，增加博弈者的数量能够有效规避专用性资产的"套牢"风险，减少网络组织中机会主义行为的产生。

（4）社会困境理论。社会关系理论强调信任对于合作关系维持的重要性，认为建立在简单的理性假设基础上并以经济因素为主要因素来考察决策行为的思路并不能完全解释复杂的合作关系问题。认为经济性的条件诸如目标一致的合作者、仔细设计的合作条款、正确的激励以及完善的过程管理尽管非常重要，但这只是网络组织的起点；对于不存在权威协调可能性的网络组织来讲，企业家能力、正确的领悟、跨文化的交流，特别是相互的信任、对惯例的遵循和自律都是维持网络组织稳定性的关键性因素。社会学的研究认为网络组织存在一个社会困境，即网络组织中存在竞争性和合作性行为选择平衡问题。大量的关于社会困境的研究都将信任视为影响合作的关键因素。合作不但依赖于不同个体的合作目标和希望，也依赖于相互的合作预期，这一切都建立在相互信任的基础上，而且信任在公共物品困境问题中比在资源困境中更为重要。

以上4种理论解释都遭到过其他学者的批评，也存在许多不足之处，但并不妨碍这些理论在解释网络组织稳定性方面的积极意义。在这些理论的基础上，许多学者提出了更为具体的研究框架。

达斯和腾（Das & Teng, 2000）等人提出了内部平衡（Internal tensions）的分析框架，他指出三对作用力的结合是影响网络组织稳定性的主要因素。这三对作用力分别是竞争与合作、关系结构上的柔性和刚性以及合作导向上的长期导向或者短期导向。他认为这三对作用力的相互均衡才能维持网络组织的稳定，如果某种作用力占主导就会导致兼并或者解体的发生。帕克和乌格森（Park & Ungson, 2001）等人则从组织间竞赛和管理复杂性两方面分析了网络解体的原因。他认为组织间的直接竞争以及网络结构和网络组织管理的复杂性是导致联盟失败的重要因素。茵克朋（Inkpen, 1997）则提出了谈判权力（Bargaining power）的观点，他认为在网络组织间的相互学习和知识传递会改变网络成员的依赖程度和力量对比，而这种平衡的打破很可能会导致网络组织的解体（吴海滨，2004）。

5.6.2 多视角下的中小企业网络组织稳定性分析

5.6.2.1 中小企业网络组织的冲突周期与稳定性关系

从中小企业网络组织的实践中，我们得知，中小企业网络组织常常是不稳定的，会由于各种原因产生冲突，甚至解散。而且，中小企业之间的冲突一般随着时间变化，呈现出一定的规律性。中小企业网络组织的冲突烈度随合作时间变化规律可用图 5-11 来描述。合作初期，各企业都是为了一个共同目标，想实现优势互补、资源共享、共同受益，所以冲突烈度较小，即使偶尔有意见不一致时，也可以迅速解决；合作中期时，就需要各方有较大的投入，同时也会产生较大效益，各参与企业总是希望在网络合作中有较少的投入与更多的回报，所以这时产生冲突的机会就会大幅增加，一般主要集中在两方面：或是因为各方投入不均产生冲突，或是因为分配不均产生冲突。这一时期也是中小企业网络组织最容易发生破裂解散的时期，如果这一时期的冲突能够化解，就会顺利进入下一时期；到了合作后期，各方多次重复博弈达到暂时的均衡，原有的冲突以各方协商或某一方妥协而得到暂时解决，所以这时一般冲突烈度也会比较小。但是冲突烈度并不是一直下降的，很可能会因为某一突发事件或新情况的出现而产生新的冲突，而且各合作方的状况也随时可能发生变化，有可能原有的技术、人才、资金优势随着时间的推移而改变，使合作各方失去了合作的基础（沈运红、王恒山，2006）。

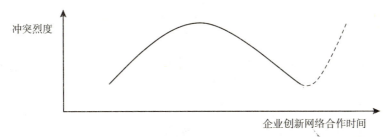

图 5 – 11　中小企业创新网络的冲突周期曲线

5.6.2.2　进入退出壁垒与稳定性的关系

进入壁垒一般是指新企业进入特定产业（或市场）比老企业必须多承受的一系列障碍与不利因素。影响进入壁垒的因素主要有四个：规模经济、过剩生产能力、产品差别化、绝对费用优势。行政和法规因素退出壁垒则是指企业由于产业（市场）前景不好或企业业绩不佳等原因，准备退出该产业（市场），但由于受多种产业（市场）的阻碍，资源难以转移出去，这些阻碍现有企业退出产业（市场）的因素，就构成退出壁垒。退出壁垒主要由以下要素构成：沉淀成本，违约成本和企业信誉损失，行政法规壁垒而造成的退出壁垒等（王俊豪等，2000）。

本书在这里所研究的进入壁垒和退出壁垒，是特指一个企业在进入或退出一个网络组织时，与原网络组织内的企业相比，所必须多承受的障碍与不利因素。

进入壁垒和退出壁垒是影响中小企业网络组织稳定性的重要因素之一。按进入壁垒和退出壁垒的高低可以分为四种情况（如图 5 – 12 所示）：

图 5 – 12　中小企业创新网络进入退出壁垒与稳定性关系

第一种情况是进入壁垒低，退出壁垒也低，这时参与企业进来容易，退出也容易，约束成本较低，所以稳定性最差，由于合作时间一般不长，所以收益较低，但风险也较低；第二种情况是进入壁垒低，但退出壁垒却比较高，这时各企业加入网络相对比较方便，但网络成员为了保持稳定，对退出企业设置了一些惩罚措施，所以这时稳定性相对要高一些，但由于进入成本较低，靠退出成本的限制还是有限的，所以稳定性相对来说也较低，这时收益也较低，而且有风险；第三种情况是进入壁垒高，退出壁垒低，进入壁垒一般是需要投入成本的，较高的投入使得企业需要经过认真考虑后才加入网络，所以一般稳定性也较高，收益相对来说也比较稳定，由于退出壁垒低，所以风险不大；第四种情况是进入壁垒高，退出壁垒也高，这是稳定性最高的一种情况，收益相对来说也比较高，但由于进入退出壁垒都较高，一旦合作不成功或外部条件发生变化，就会造成较大的损失，所以风险也较大。与纳什均衡不同，这四种情况都是均衡解，中小企业应该根据自身所处的社会环境、地理位置、行业特点、自身实力等选择适合的创新网络类型。

5.6.2.3　利益分配与稳定性关系

中小企业建立网络组织的最终目的还是为了能从网络中获得额外收益，如果网络组织收益为零，或从网络组织获得的净收益小于中小企业单独运行所获得的收益，则这个企业就会选择从网络组织中退出。

这并不是说如果从网络组织中获得的收益大于中小企业单独运行时的收益时，该企业就一定会选择该网络组织，而不退出。因为当网络组织的分配不合理或当某企业认为分配不合理时，尽管中小企业有可能从该网络组织中获得的收益有可能大于自己独立运作时的收益，中小企业也可能选择退出该组织，而造成联盟的解体。

如何保证中小企业网络组织利益分配的公平合理，是维持中小企业网络组织长久稳定发展的关键。中小企业网络组织的利益分配应坚持"风险分担，收益共享，多劳多得，公开透明"的根本原则（冯蔚东、陈剑，2002）。设一个中小企业网络组织有 n 个成员组织，记 v_i 为企业 i 的理论收益额，V 为网络组织的总收益，则企业 i 的利益分配模型可表示为：

$$v_i = \left[(R_i \times I_i \times C_i) / \sum_{i=1}^{n} (R_i \times I_i \times C_i) \right] V , \quad i = 1, 2, \cdots, n \quad (5-7)$$

其中：R_i 表示企业 i 承担的风险系数；I_i 表示企业 i 的总投资额；C_i 表示企业 i 在网络组织运行过程中的贡献系数。即 $\alpha_i = (R_i \times I_i \times C_i) / \sum_{i=1}^{n} (R_i \times I_i \times C_i)$ 为分配系数。

式（5-7）表明，企业在网络组织的利益分配额应与其所承担的风险 R_i 成正比；与其投资总额 I_i 成正比；与其在网络组织运行过程中的贡献额 C_i 也成正比。

当然这只是一个理论模型，在实际操作过程中，各变量值的确定往往是比较困难的。

总投资额 I_i 既包括资金、设备等有形资产的投入，也包括技术、专利、品牌、商誉等无形资产的投入。有形资产一般来说容易量化，可以全部折合为资金额；无形资产则较难度量，一般是在网络组织建立之初根据协商确定。

企业在网络组织运行过程中的贡献额 C_i 的度量也是存在一定困难的。如果成员企业间的工作具有可比性，并且可以量化，则比较简单。但在实践中，往往成员企业工作的性质不同，同一项目也需要大家共同合作来完成，所以在实际操作中常常用投入到合作中的工作时间来计算。虽然这在一定程度上显示了成员企业对网络组织的贡献大小，但仍然存在不足之处。因为工作时间的长短，与实际贡献的大小并不能完全对应。由于技术水平、智力水平的差异以及实际工作时间和努力水平的不同，工作时间与实际工作成果之间仍然不能完全对应。有的成员可能工作时间较长，却对网络组织贡献不大，有的可能工作时间相对较短，而贡献相对较大。如何使利益分配更好地体现贡献额的大小，是解决网络组织中"搭便车"行为，优化网络组织效率的关键。

风险系数 R_i 的主要影响包括技术外溢的风险、合作风险、市场环境变化的风险等，是最复杂的一个因子。"高风险，高收益"是人们从市场经济生活中总结出来的规律，但风险却又是难以绝对量化的，风险是无形的，它只能作为一种遭受损失的可能性影响分配活动。因此只能在各成员企业间赋予相对的数值。这个实际分配额与企业的预期额一般会存在差距，如果差距较大，则联盟网络就会面临较大的解体风险。

从以上分析可以看出，式（5-7）的利益分配模型只是一个公平分配的理论模型，实际操作中可以按照这个原则来分配。但在网络组织合作过程中实际得到的收益与企业理论收益总是存在差异的，如果某企业的实际收益大于理论收益，即 $v_{ireal} > v_i$，则其他企业就不能接受，或要求其增加投入，承担风险，或减少收益；同样如果 $v_{ireal} < v_i$，则该企业也会要求减少投入，降低风险，增大收益额。否则，该企业就会主动选择减少对网络组织合作的贡献程度，直至退出该网络。

5.7

本章小结

本章运用社会网络理论和复杂网络理论，对中小企业网络组织的变异机制和选择机制进行了系统分析，主要研究内容及结论如下：

（1）简要综述了社会网络理论和复杂网络理论的主要基本理论。当前影响较大的社会网络理论观点主要有以布迪厄（Bourdieu）、科尔曼（Coleman）和普特南（Putman）为代表的社会资本理论，以伯特（Burt）为代表的结构空洞理论以及以格兰诺维特（Granovetter）和林南（Nan Lin）为代表的弱关系力量与社会资源理论等。影响较大的复杂网络模型有 WS 模型（小世界网络）和 BA 模型（无标度网络），对比分析了 WS 模型、BA 模型和 ER 模型的异同。

（2）分析了中小企业网络组织的结构演化机制。把中小企业网络组织按联系关系的均匀性可划分为单中心结点型、无中心结点型、多中心结点型、链式和层级式中小企业网络组织五种情况。得出了中小企业网络组织的四个结构演化特征：第一，中小企业网络组织一般由无中心结点型向有中心结点型演变；第二，中小企业的合作连接在一定时期内逐渐增加，中小企业由边缘结点逐渐向骨干结点或中心结点演变；第三，中小企业网络组织成员之间由间断的、不确定的合作逐渐向长期的、可靠的、频繁的交流演变；第四，中小企业网络组织成员之间由少量的信息交流逐渐向全面的资源交流演变，连接强度由弱变强。

（3）分别利用社会网络和复杂网络理论分析了中小企业网络组织结构与效率的关系，提出了中小企业网络组织的效率改进机制及相应的中小企业发展策略。基于弱连接理论，中小企业在与现有的合作伙伴建立紧密的合作关系的基础上，还要注意搜索新的资源，随时掌握最新技术动态，加强与其他地区、其他网络的连接；基于结构洞理论，我们得出中小企业的两个努力方向：一是努力向现有网络"桥梁"靠近，加强与"桥梁"结点的直接联系，争取早日超过并取代现有"桥梁"结点；二是要不断发现新的机会，建立起新的"桥梁"关系，在新关系中占据"桥梁"位置；基于 WS 模型，中小企业在发展过程中，在条件允许的情况下，直接同最终产品的生产或服务企业建立联系，这样，不但会大大减少本企业的交易环节，降低成本，而且也可能会吸引有相同需求的其他企业与本企业建立起合作关系；基于 BA 模型，中小企业应该尽可能地选择"度数"较高的活跃结点，与那些拥有广泛合作伙伴的企业进行深入合作。同时，也要注意保持和其他结点企业的合作关系，不要完全依赖于某一活跃结点，以防止活跃结点企业生产经营活动的波动对本企业生存产生的重大影响；基于适应度模型，虽然企业成立较早，会有更多的发展机会，但提高中小企业自身适应能力才是企业今后长期发展的关键；基于局域世界演化模型，中小企业不能只把眼光放在"局域世界"，而应该尽可能建立起一些跨"局域"的"长程连接"。这些连接在减少中小企业网络组织的平均路径长度，提高网络效率的同时，可以使中小企业获得更多的获利机会，在竞争中立于不败之地。

（4）对中小企业网络组织的层次互动机制进行了研究。把中小企业网络组织分为三个层次：企业家网络（第三层次）、中小企业网络（第二层次）和中小企业网络之网络（第一层次），分析了中小企业网络组织的三个层次之间的互动关系。认为第二层次网络与第三层次网络之间存在着相互促进的关系，促进第二层次网络的发展是根本。通过企业家之间良好的关系网络，加强中小企业间技术创新合作，提高企业竞争能力才是真正目标。第一层次网络为第二层次网络提供了必要的信息来源，第二层次网络间中小企业的互动合作，促进了第一层次网络的进一步发展。如果中小企业在保持现有第二层次网络联系的基础上，同时又与其他第二层次网络建立起非冗余的连接关系，这时两个第二层次网络之间的资源或信息流动，都要通过这个企业进行，那么该企业将会在网络组织中处于相对有利的地位。

（5）分析了中小企业网络组织的伙伴选择机制。在列举了定量分析在中小企业合作伙伴选择应用方面的困难之后，确定了中小企业合作伙伴的选择的思路，即坚持定性与定量分析相结合，以定性分析为主的思路。最后详细分析了影响中小企业伙伴选择的一些重要的定性因素，除了国内外学者研究较多的因素如互补性、一致性、整合性、合作态度、财务状况、信任程度、政治法律约束等之外，还分别分析了地理位置与合作成本、社会网络关系、合作经历、能力匹配、产业链关系、环境的不确定性、市场环境的变化及时间等因素对中小企业合作伙伴选择的影响。

（6）对中小企业网络组织的进入退出机制进行了分析，找出了影响中小企业进入与退出网络组织行为的内外部关键因素。同时，分别从中小企业网络组织的冲突周期、进入退出壁垒、利益分配等三个新的视角研究了中小企业网络组织的稳定性。

第三篇　实证研究

第 6 章

国内外中小企业网络组织的实践

6.1

国外著名中小企业网络组织的实践

6.1.1 美国硅谷的高新技术企业创新网络组织

硅谷（Silicon Valley）地处美国加州北部旧金山湾以南，早期以硅芯片的设计与制造著称，因而得名。后来其他高技术产业也蓬勃发展，硅谷的名称现泛指所有高技术产业。硅谷是美国重要的电子工业基地，也是世界最为知名的电子工业集中地。择址硅谷的计算机公司已经发展到大约 1500 家。其特点是以附近一些具有雄厚科研力量的美国一流大学斯坦福、伯克利和加州理工等世界知名大学为依托，以高技术的中小公司群为基础，并拥有思科、英特尔、惠普、朗讯、苹果等大公司，融科学、技术、生产为一体。

1951 年世界第一个高科技园区，美国斯坦福科学园在此诞生，以斯坦福大学为依托，周围的各种工业活动快速增长，众多老牌公司如西屋、瑞森、IBM 都在该地区建立了研究中心，尤其是惠普公司，较早地开展了与大学及区内企业的合作，开创了合作创新的传统，对硅谷创新网络的形成奠定了基础。20 世纪 50 年代末期，因发明晶体管而获诺贝尔奖的威廉·肖克利（William Shockley）等后来被称为"肖克利八人帮"（Shockley Eights）的一批年轻的半导体物理学家，创立了肖克利半导体实验中心，改变了硅谷工业发展的路径。后来，"八人帮"成了"八叛客"，他们不断分离出来创办自己的公司。创新型小公司不断涌现，创造了硅谷中此起彼伏的创新浪潮。20 世纪 60 年代，在早期成立公司的基础上，借助国防部的支持，富有创新精神的微电子公司逐步成长起来，20 世纪 70 年代时，半导体工业已经成为当地经济最大，也是最有活力的一部分。1971 年，英特尔公司发明世界上第一个微处理器，半导体技术进入微处理机和个人计算机时代，硅谷的半导体制造商地位得到进一步加强。随着高新技术中小企业群落的快速发展，硅谷的风险投资也快速成长。20 世纪 70 年代以后，加州风险投资的中心从旧金山转移到了硅谷。伴随着衍生公司的不断出现，一批小型风险投资公司也从硅谷原有的各个行业之中分裂出来。风险投资取代军费成为硅谷创业的主要经济来源。这种跨产业的流动，使风险投资网络与硅谷原有的产业网络结合在一起，传达着丰富的市场信息、技术信息、创业者信息，有效地帮助了创业者们解决初创时期所遇到的困难。硅谷自己的社会网络创就了自我支持的金融系统，以他们所积财富的再投资部分培育了下一批企业家（刘丽莉、关士续，2002）。20 世纪 80 年代计算机工业支配地位提高，硅谷的产业结构国际化和高新技术企业进一步得到发展。20 世纪 80 年代中后期，硅谷率先引导了 Internet 的技术开发和创新，把世界带入了网络时代。20 世纪 90 年代以后，硅谷的创新倾向更加突出、创新网络更加完善，产业链条更加发达、经济联系更加高度互动。目前已成为世界公认的信息技术和高新技术产业中心。101 公路就像穿越硅谷的一条动脉，沿线聚集了上万家公司，其中 60% 是以信息技术为主的实业公司，40% 是服务性公司，其中不乏世界著名公司，如英特尔（Intel）、思科（CISCO Systems）、太阳微系统（Sun Microsystems）、网景（Netscape Communication）、惠普（HP）、雅虎（Yahoo）和 3COM 等（陆立军、盛世豪等，2002）。

　　硅谷的成功得益于在高新技术领域中由企业、大学或其他研究机构、政府、金融部门等形成的企业合作网络。企业合作网络的形成发展与微电子、通信、新材料、新能源等高新技术的发展是密不可分的。这些高新技术是为军方提供的。政府给大学提供拨款用于新技术的研究，然后再交由指定企业使之产业化，在这个过程中，政府、大学、企业之间形成了长期的合作关系。大学教授支持学生创业，高新技术产业化的巨大收益刺激了高校的创业浪潮，也刺激了大量风险资本和金融服务机构的介入。在其后的发展中，随着效仿行为和集聚效应，越来越多的企业相继成立；同时原有企业的"甩出"效应，即员工从原企业脱离后重新建立相关企业，也进一步扩大了企业合作网络的规模。

　　通过与 128 公路地区的对比，我们可以更清楚地看到硅谷快速发展的决定因素。128 公路是美国马萨诸塞州波士顿市的一条高速公路，长 90 公里，距市区 16 公里，环绕波士顿呈半圆形。该公路两侧聚集了数以千计的研究机构和技术型企业，呈线关分布，并与麻省理工学院等大学相连接，简称 128 公路。相比硅谷，128 公路地区有着更长时间的技术和工业传统，有着更多的来自华盛顿的联系，在微电子技术上的起步也较硅谷为早。这些区域经济、技术和政治优势使得 128 公路在到 20 世纪 60 年代末期为止创造了所谓"马萨诸塞奇迹"，引导马萨诸塞州从传统制造业的衰退走向高新技术的时代。128 公路地区与硅谷都以大学为营地开展研究，在利用第二次世界大战后军事开支方面具有共同的起点，开发相近的技术，且在同一市场上活动。但20世纪80年代之后，硅谷蒸蒸日上，128公路地区却逐渐走向衰落。硅谷几乎成为全世界志在发展高新技术经济所效仿的样板，而128公路则慢慢被人们所遗忘。安纳利·萨克森宁（AnnaLee Saxe-nian，1999）在《地区优势：硅谷和128公路地区的文化与竞争》一书中，对造成美国这两个主要高新技术产业基地成长发展差异的社会经济文化因素做了详细的比较分析。他认为，发生这种差异的根本原因在于两地的制度环境和文化背景完全不同。许多人，包括硅谷人，都没有意识到硅谷那种合作与竞争的不寻常组合同其他要素共同构成的制度环境给他们带来的成就。在硅谷不断发展的创新企业之间，与其说充满着竞争，倒不如说是更多的是相互之间的合作。在合作博弈的网络化成长中，寻求单个企业的发展以及在这一网络合作过程中形成的精细分工专业化，是硅谷新型竞争合作关系的基本模式。这与东海岸128公路周围企业形成高度内部化、科层组织的、相互之间高度独立、不合作从而缺乏区域内部网络化信息交流、知识扩散和专业分工的组织方式之间有着截然的差异。这一方面反映在现有企业之间的竞争上，同时，也表现在现有企业对新建企业进入态度和行为（如阻止进入）上。

在硅谷发展过程中，可以观察到不断细分化的产业结构。新建企业或现有企业之间大多是专门化于特定的技术产品或服务，从而在水平或垂直方向上形成产业的分工合作结构。20世纪50年代末期，在硅谷就已经有100多家高技术企业，其中绝大多数拥有自己特定的市场和技术，专业化程度随着半导体产业的发展而不断深入。在这一产业专门化和市场细分化过程中，硅谷形成了一个相互依存的、建立在高度专业化基础上、相互合作的企业关系，没有一个企业在这一环境中能孤立存在。一方面产业发展开始不断多元化扩张，从最小的半导体到后来的计算机系统、软件、计算机外围设备、试验测试仪器、通信设备、医疗电子到航天设备等；另一方面围绕着制造业也出现了一系列的服务业，如风险投资、咨询服务、市场研究以及"猎头公司"等。这其中大多为中小企业，70%的企业少于10人，85%的企业少于100人。

128号公路地区是以少数几家比较一体化的大公司为主导的，它的工业体系建立在一些独立公司的基础上，而这些公司已把各种生产活动内部化了。保守秘密和忠于公司等惯例支配着公司与客户、供应商及竞争者之间的关系，增强了鼓励稳定和自力更生的地区文化氛围。公司之间的界限、公司内部和部门之间的界限以及公司和当地机构之间的界限，在这种以独立的公司为基础的体系中泾渭分明；而硅谷却是一个以地区网络为基础的工业体系，中小企业占据主导地位，密集的社会网络和开放的劳工市场，弘扬了不断试验探索和开拓进取的创新精神。

各中小企业之间在开展激烈竞争的同时又通过非正式交流和合作，相互学习技术和变化中的市场营销方法，促进各个专业制造商集体地学习和灵活地运用一系列相关的技术。竞争和合作是一个动态的平衡过程，竞争需要不断的创新，而创新反过来要求企业间相互合作。创新则依赖于信息、技术和经验的获取，一个存在这些方面分享性的社区与专业网络，无疑是硅谷最具外部经济意义的"公共产品。"它使得硅谷的创新扩散过程与知识（信息）及经验的规模经济、学习过程以及合作的收益递增相互激励，从而构成一种社区的社会—经济规范。这一规范可以观察到企业之间竞争与合作的动态发展。在这一意义上，硅谷模式的经济学意义将会是影响深远的（李新春，2000）。

总之，硅谷之所以取得巨大成功，是多方面因素综合作用的结果，归纳起来不外乎以下几点：

（1）产学研密切合作，促进高新技术的及时转化。依托斯坦福大学、加州大学伯克利分校等的产学研结合创新体系是硅谷技术创新的基本模式，也是硅谷发展的原动力。在硅谷非常注重产学研的结合，大学不是游离于企业之外独立地进行技术研发和人才培养，而是紧密结合产业发展和企业需求进行技术创新和人才培养。在技术创新过程中，大学以其雄厚的基础研究成为技术创新的后盾，不断地将科研成果转化为社会生产力。而且企业界和高校之间交流密切，实践中的经验能很快地反馈到基础研究中，如此良性循环，大大促进了技术发展。

（2）合作网络的形成是硅谷成功的必要保证。由企业、大学或其他研究机构、政府、金融部门等形成的企业合作网络是硅谷实现创新提供了必要条件，水平或垂直方向上的产业分工合作网络，形成相互依存关系。大学、研究机构和风险企业聚集在一起，联系密切；并由此引起知识和信息的汇集与交流，成为高技术发展的重要源泉。

（3）创新文化浓厚，学生型风险企业家大有人在[①]。硅谷中小企业占据主导地位，密集的社会网络和开放的劳工市场，弘扬了不断试验探索和开拓进取的创新精神。在硅谷成功的企业中，大学毕业生和研究生占有极大的比例和地位，他们在风险资本的支持下，将自己的高技术发明商品化。学生型风险企业家具有下列特点：勇于冒险，敢于创新；重视人的价值，特别是自身的价值；失败的概率很高。

（4）风险投资成为促进硅谷高技术产业发展的主要动力。风险投资是高技术产业和新经济发展的有利条件，也成为高新技术企业创业的催化剂。美国是世界上风险投资规模最大的国家，已占世界风险投资的一半以上，而硅谷地区吸收了

---

① http：//baike. baidu. com/view/1283005. htm.

全美 35%的风险资本，美国几乎 50%的风险投资基金都设在硅谷，目前硅谷的风险投资公司有 200 多家。风险资本家不仅向有发展前途的高技术公司提供必要的资金支持，而且还提供管理和技术方面的咨询。

（5）中介组织成为联结各结点的桥梁。中介组织在硅谷的产业体系中扮演着关键的整合角色，促进了各创新要素的整合。硅谷生产协会积极与州政府配合为地区发展解决环境、土地使用和运输问题；西部电子产品生产商协会为产业界提供管理讨论班和其他教育活动，并鼓励中小规模公司之间的合作；半导体设备和原料协会也为半导体芯片技术标准的统一做出了重要贡献。硅谷专业中介服务体系主要包括人力资源服务机构、技术转移服务机构、会计、税务机构、法律服务机构、咨询服务机构、猎头公司以及物业管理公司、保安公司等其他服务机构。

6.1.2　"第三意大利"地区以中小企业为主体的网络组织

意大利素有中小企业王国之称，中小企业数量众多，企业规模之小都是其他工业化国家不能比拟的，平均工业企业从业人数仅为 4.3 人，是日本的 1/4，德国的 1/3，不到美国的 1/3。平均每个企业创造的产值也位居工业化国家之末。

20 世纪 50 年代以前，意大利的东北部和中部地区以农业为主，属于意大利最穷的地区之一，随着中小企业集群的形成和发展，该地区的经济得到了迅速增长。然而，与美国硅谷等依靠高科技产业不同的是，该地区的主导产业多为不起眼的传统产业（纺织和服装，家居用品和个人用品等），属于典型的传统产业集群，当地集群企业从依靠低成本劳动力，实现了到依靠密集的企业间合作与官产学合作的创新网络，获得了强大的竞争力，实现了快速发展。该地区被人称为"第三意大利"。

所谓"第三意大利"是指位于意大利东北部摩德纳（Modena）省的制造中心艾米利亚—罗马涅（Emilia-Romagna）地区，该地区主要集中了家具、鞋、陶瓷等传统产业的中小制造企业，并在区域内形成了几个专业化的生产集聚区，在 20 世纪 80 年代初世界经济危机时，区域内几乎没有大的企业，但本地区却由于大量柔性专业化的中小企业集聚而获得了竞争优势。在 20 世纪七八十年代中期，意大利经济增长迅速，以国民总收入计算超过了英国和德国。像"第三意大利"的摩德纳（Modena）省是支撑这一发展的主要力量。有意义的是，这一高速增长并没有导致企业组织普遍地向大企业转变。实际上，意大利是一个以中小企业为支撑的出口导向型经济。第三意大利中小企业的网络组织的发展主要采用三种模式（吴国林，2006）：

（1）串联式中小企业集群模式。许多学者认为，"第三意大利"的中小企业集群是在弹性专精的基础上实现的集聚。这些中小企业集聚区，专业化程度高，企业间协作强，集群内部企业之间的关系是以平等市场交易为主，各生产厂以水平联系来完成产品的生产。典型代表是陶瓷制造中心，多数是私营家庭式小型企业。

（2）"龙头 + 网络"的中卫型企业集群模式。这种模式是大企业处于支配地位，众多中小企业处于外围或下属，主要为核心大企业进行特定的专业化加工，或根据要求提供专门化产品。典型代表是以百能顿为中心构成的服装集群。这种"中卫型"模式又可分为以产品为中心的合作模式、以销售为中心的合作模式以及以原料供给为中心的合作模式。如 1965 年由家具企业协会组织的家具营销联合体，依靠具有国际营销能力的大企业参与国际竞争，到 1983 年吸收了 63 个会员企业。

（3）混合型模式。混合型网络组织是以信息联系为主，而不是以物质联系为主，计算机辅助设计和制造业的柔性生产方式促进了混合型网络组织的涌现。这种模式又可分为以联合销售机构为中心的协作模式、以大学和科研机构为中心的协作模式以及多中心混合协作模式。意大利混合型模式的典型代表是普拉特中小企业网络组织。在普拉特是意大利的主要纺织品产地之一，第二次世界大战后，由于产能过剩，大型企业纷纷倒闭，形成家族企业为主的"可伸缩性的专业化产地"，称为"普拉特模式"。这种模式中，分散的小规模家族企业主要通过当地称为"茵巴瑙托（Impanotore）"的商业中介在地域内有机地集群形成一种网络，实现有序的生产，他们对本地中小企业很熟悉，又了解市场，从而有能力调动和组织合适的中小企业进行生产。最初的茵巴瑙托只是家庭企业间走家串户的商人，现在已成为重要的商业组织，他们的工作包括销售、市场策划、产品设计、制订生产计划、采购原材料和组织中小企业生产，而不是像一般批发商那样只是负责采购和销售，因此承担了一部分生产风险。当然，为中小企业起协调作用的不仅是茵巴瑙托，时装设计商、咨询机构等也充当着中小企业的组织者（朱伟东，2003）。

结合来看，"第三意大利"地区的成功是多种因素交织的结果。这一地区中小企业支撑的经济是一种区域型经济，在如何与国际接轨，网络发展等方面走向了一条自己的道路（盖文启，2002）。主要有以下几点：

第一，以诚信中心的地方文化。人文环境对当地中小企业的发展至关重要，而这种人文环境的核心是业主之间以信任和承诺为主要内容的协作精神。艾米利亚—罗马涅（Emilia-Romagna）地区的企业雇主在早期发展中都具有相同的历史文化背景、相近的价值观念、生活习俗等。所以，企业之间的信任度较高，合作的氛围浓厚，又由于本地区内大量中小企业的集聚，区域内的信息或知识传播得非常快。如果区域内一家企业有机会主义行为，很快会传遍全区，有可能失去信誉，限制企业进一步发展。区域内形成的非正式的但被广泛接受的社会和商业规则规范，促进了本地企业之间有效合作。

第二，政府的推动作用。对中小企业的支持一直是 Modena 省的重要工业发展政策。本地的政府组织积极鼓励中小企业之间的合作，并促进区域内的产业结构升级、产品的进出口、融资环境改善等，特别是积极鼓励本地中小企业的诞生与发展。20 世纪 50 年代中期开始，作为地方政府降低高失业率的一项制度措施就是在城市边缘地带建立工业园区，以促进商业的发展而带动就业增长。如价格低廉的土地、厂房以及商业服务等公共设施，使工业园区成为吸引大量企业进入的场所，保持了旺盛的活力。地方政府一方面充当市场协调者的角色，积极为企业创业筹划土地及基础设施服务，另一方面，与手工业者协会及中小企业协会一起组织生产与销售。值得注意的是，政府非常注重产业的配套性，因势利导，避免了组建企业的盲目性。

第三，介服务机构。在政府的支持下，区域内成立了许多服务功能很强的中介服务机构，主要有服务中心和行业协会等。这些中介机构主要是向中小企业提供信息咨询、传播技术和知识等，促进企业网络的发展，制定行业的技术标准，规范企业的市场行为。例如在 1946 年成立的全国手工业协会（CNA），直至今天，仍是意大利最大的商业协会。CNA 为中小企业的发展及合作创造有利条件或提供直接帮助，这些是中小企业无力或代价太大的活动。但在协会与会员企业之间并不是管理从属关系。显然，这一关系既不是纯市场性质的，也非官僚式的官方组织。贝斯特（M. Best，1990）因此称之为准公共性质（Quasi-public）。

第四，企业联合体。在意大利，有大量中小企业为了金融、营销等目的而组织起来的企业联合体，是正式注册的企业之间的非营利性联合。金融联合体是沟通中小企业资金/信贷需求与银行之间的重要桥梁，不但使中小企业能够以更加优惠的利率获得贷款，而且也降低了银行在评估中小企业信贷风险上的成本，建立起中小企业与银行之间的信任机制，增加了中小企业获得银行贷款的可能性。"第三意大利"的营销模式也很有特色，中小企业的营销既不是通过扩大企业规模，也不是归附于一个巨型企业而实现的。"第三意大利"走出了营销联合体的新路。它是由中小企业联合起来形成的合作营销。营销联合体为中小企业提供出口推广、市场研究、销售宣传、举办交易会和展览会、原材料的批量采购、培训等各项服务，为中小企业进入其他地区及国际市场提供帮助。这些营销联合体也经常受到政府的支持，国家和地方政府补贴了联合体运营费用的 50%。

总之，"第三意大利"地区的成功是与当地中小企业网络的发展密不可分的。意大利中小企业网络是为创造商品和服务的相互关联的一个"生态系统"，这里包括企业、供应商和用户、企业协会、金融组织、政府及其他准公共机构等。政府对中小企业网络的扶植政策是中小企业网络快速发展的保障；工业区的建设为中小企业提供了发展基地；企业联合体为中小企业融资、营销等提供了便利；合作服务中心使中小企业在保持较小规模的同时，提高规模经济性，保持设计独立性。

6.1.3 日本"下包制"中小企业网络组织

第二次世界大战后，日本政府建立了"园区协调组合制度"，作为倡导和扶植中小企业的一种主要形式。所谓"园区协调组合制度"就是将分散在市区的中小企业组织起来，迁移到市郊指定地区集中在一起，建设现代化的生产和生活设施，使中小企业的技术水平和结构得以改善，同时也有利于整顿市容市貌、防止污染、解决交通运输困难等。

日本的中小企业网络组织主要有"市场型"模式和"中卫型"模式两种，其中"市场型"模式的典型代表是位于东京都特别区的大田机械产业群，主要以中小企业为主组成。而中卫型的"下包制"是日本不同规模企业间专业化分工普遍采用的组织形式，是日本中小企业网络组织的核心内容与制度基础。

"下包制"是指在分工协作基础上，大企业将生产集中于对其具有战略意义的产品或关键环节，而将零部件以及次要环节分包较小的企业，以形成的大企业与中小企业间相互联系、相互促进的一种组织形式。下包制不仅对日本的经济增长起到了重要的推动作用，也是企业组织形式向企业集团演进的起点。日本学者将日本下包制度看成是历史和社会相互作用的复杂进化结果，下包网络的形成是企业之间基于解决问题的原则之上而建立起的互惠合作关系（Toshihiro Nishiguchi，1994，1997）。其形成基本可分为四个阶段：明治维新到第一次世界大战前为早期发展阶段，第一次世界大战和第二次世界大战期间为起始时期，战后到1960年为发展阶段，1960年至1990年阶段为转变时期（李新春，2000）。

战争对分包制的形成有着重要的促进作用。军备需求的急剧上升拉动了日本经济的总需求，大的日本制造商不得不用下包这一方式来迅速扩张自己的生产能力，产业下包制得以普遍广泛应用并固定下来。日本政府在保持下包制的稳定性方面发挥了重要作用。引入一系列法令动员全国工业资源以满足战争需求。政府的部分计划即是组织起大量的中小企业作为大的军火生产商的下包商。1948年成立的中小企业局（SMEA），一方面改变了大企业单方拖欠支付造成的不公平状况，另一方面更在于促进了企业间的合作。1949年开始实施"中小企业合作法"，旨在促进中小企业有组织的合作以改善其弱小的谈判能力。日本战后的下包制得到了进一步的发展。这个阶段的需求是由 20 世纪 50 年代电气化热潮带来的，大企业为不丢失市场份额而实行"全产品线策略"，产品线与产量的迅速扩大在日本不是靠兼并与收购其他企业实现，而主要是靠下包来完成。日本许多知名企业正是在这个阶段，利用下包制成长起来的，如日立、三菱、丰田等。

1949 年成立的大众财公司，1953 年成立的中小企业财务公司，都是由政府支持，专门为中小企业提供信贷服务的金融机构，它们与后来成立的共同基金银行、信贷联盟、信贷合作社以及其他商业银行等共同构成了向中小企业融资的金融制度。到 50 年代中期，由政府规制的中小企业融资体系已基本建立完善。

20 世纪 70 年代以来日本下包制的复兴，更多的是迅速扩大的国际市场需求拉动的结果，随着世界经济一体化的推进，日本企业实现了跨国性的业务分包，越来越多的国外厂商被纳入日本企业的分包网络组织中。

日本企业下包制度是以大的制造商为核心构筑而成的企业之间层级安排。这与企业内部制度（Internal organization）不同之处在于，企业之间的层级制不是靠产权和组织权威来协调其成员之间的关系及资源调配，而是用准市场的长期合约（正式和非正式的）来调节。在大的发包商与其下各级下包商之间有着"金字塔"式的差序化的关系和联系，这一差序的关系决定了与不同伙伴之间合作关系的紧密程度，也决定了利益分享上的差别。如果说，西方传统的企业科层组织与市场之间的关系是交易成本朝向的，则日本的层级企业网络则更多是机会成本朝向的。企业之间的合作更多的是面向未来的发展机会。

日本企业之间以下包制为核心内容的网络经济结构被人们称为"联盟资本主义"（Alliance capitalism），其特征是：在广泛的市场范围内，企业之间形成长期性的战略合作，在资本市场上与银行及保险公司联盟；在初级货品市场，与综合贸易商社合作；而在零配件市场上则与分包厂商结盟；在发展新技术上则与竞争对手联手。其最大的"网络优势"在于专业化分工合作带来的总成本的下降以及独特的规模经济。就下包制而言，一方面充分发挥了大企业的营销和设计能力，另一方面也能保证中小企业迅速获取和吸收大企业的技术和管理经验，更加专业化于零部件的生产和技术改进，从根本上改变了中小企业被"边缘化"的状况。

综合来看，日本下包制中小企业网络组织具有以下特点：

（1）政府主导在中小企业网络组织发展初期起到了关键性作用。日本的中小企业集群的产生是以自上而下为主的，政府主导的"园区协调组合制度"、融资体系构建、地域产业发展规划等，在中小企业网络组织发展初期起到了关键作用，解决了单一中小企业由于规模小、资金匮乏、无力进行独立的技术创新或存在严重的技术创新规模不经济等问题，通过各个中小企业在地域、产业、生产等方面的联合协作，共同进行对各方有利的技术创新活动，从而提高了单一企业的技术创新能力与效率。

（2）团结协作精神与"非正式联系"为技术创新创造了良好的条件。日本国民的团队精神使得日本企业间出现了既竞争又合作的一面。这种"竞合"精神成为日本企业发展的一大优势，使得集群内企业具有了实现有序竞争和良性竞争的竞争环境优势。同时，集群内普遍存在的"非正式联系"为中小企业技术创新扩散创造了客观条件，这种扩散的知识包括从产品开发和生产实践中获得的能够切实提高劳动生产率或产品性能的"隐性经验类知识"。

（3）重视素质劳动力的培养与技术能力的提高。日本企业非常注重与学校的合作，十分重视员工培训，聘用员工时，强调基本质素，而不是个人的具体技能。员工培训时，不但学习技术方面的"硬技能"，还要学习企业内部管理制度、合作关系、行为准则等"软技能"。同时，日本的终身雇佣制也保证了员工的稳定和技术技能的稳定提高以及团结协作精神的培育（吴国林，2006）。

6.1.4 印度班加罗尔的软件产业网络组织

自20世纪80年代中期以来，印度历届政府都把发展信息技术产业，尤其是软件产业置于优先地位，以期带动国家整体实力的提高。实施政策倾斜，包括财政税收政策、进出口政策、金融政策、知识产权保护政策等，为软件业快速发展创造良好环境。

1984年以前，印度软件业在高度管制的框架下。这个框架基于进口替代导向产业化（Import-substitution led industrialization）的自给自足模式，同时受到印度经济强调自力更生的意识形态的影响。当时的出口手续烦琐、关税高昂，而且很难得到商业活动所需外汇。

拉吉夫·甘地当选总理标志着印度软件和计算机产业政策改革的转折点。甘地政府是第一个强调在电子、软件、通信和其他新兴产业中实行新政策的政府。1984年11月颁布的一项计算机产业的政策中，软件业被确认为产业，可以合法获得投资补贴以及其他优惠。该政策同时降低了软件和个人电脑的进口关税，并允许计算机进口换取软件出口的项目可以享受特殊的低关税。

1986年颁布的《计算机软件出口、发展和培训政策》标志着印度软件业正式摒弃了进口替代和自力更生的思想。这项政策的目的在于使印度公司能够自由获得最新的技术和软件设备，以提高它们的国际竞争力和鼓励高附加值产品出口，从而推动国内软件业的发展，使软件出口实现"能级跃迁"似的增长。为了达到这个目的，各种形式的软件出口都获得允许，烦琐的手续也大为简化。这项政策还鼓励外国投资，并许诺风险投资将用于刺激新公司建立和出口增长。

为筹集软件产业发展资金，印度政府实行了金融优惠政策，主要包括在政策性金融机构设立软件产业风险投资基金、大力吸收国际风险资金与直接投资、鼓励有条件的软件企业上市集资等。并且，印度政府对风险投资基金公司实行特殊的所得税优惠政策。1986 年，印度财政部拨款 1 亿卢比成立了印度第一家风险投资基金，之后每年又增拨 1 亿卢比资金，按国际惯例初步构建起风险投资基金的框架。

为了促进全国的计算机软件产业成长和软件出口，政府于 1987 年正式推出软件技术园区（Software Technology Park，简称 STP）计划，并于 1991 年 6 月在印度著名的科技中心班加罗尔（Bangalore）创建了第一个软件技术园区，对进入园区的企业实行各种优惠政策，以鼓励海内外投资，促进软件生产和出口，增强国内软件基础。印度政府对在软件技术园区落户的企业给予多种税收优惠政策，除此之外，还以优惠价格向企业提供工厂和办公大楼，并提供电力、供水、网络、孵化中心（Incubation center）、数据通信等方面的优良设施和发展环境。园区内有稳定的电力供应、卫星通信网络和一流的管理设施。企业可以通过电脑直接与外国客户或母公司连接（Softpoint），也可以通过其他出口服务促进软件开发和出口。这些政策和措施都极大促进了软件园区的发展。

在 20 世纪 90 年代中期，虽然其他产业自由化的步伐放慢了，但是软件业继续通过一系列特定的政策改革而获益。这主要应归功于产业协会——全国软件和服务公司协会（NASSCOM）在 1997 年的大力游说。例如取消全部软件进口税，软件公司获准与外国联合进行风险投资以及在一定限度上完全拥有附属公司。在 1998 年，软件公司获准允许员工拥有与 ADR/GDR 相联系的股权和期权。

1998 年瓦杰帕依出任总理后不久，宣布将发展信息技术作为政府五项头等大事之一，并提出了使印度成为"全球信息技术超级大国"和"信息革命时代先驱"的目标。同一年，政府组建了信息技术部和"国家信息技术特别工作组"，对信息产业的发展进行专业指导；制定了《计算机软件出口、开发和培训政策》和《信息技术行动计划》。

印度政府分别于 2005 年颁布了《经济特区法案》（Special Economic Zones Act），2006 年颁布了《经济特区条例》（Special Economic Zones Rule），制定了对经济特区创立者和经济特区内成立的企业的税收优惠政策，在所得税、关税、消费税等方面给予减免或优惠，以鼓励出口，并提高进口计算机质量。2009 年，印度对特别经济区（Special Economic Zone，简称 SEZ）的服务税退免政策做进一步修订，无条件免除了特别经济区内服务税。

总之，政府全力支持软件产业发展。20 世纪 90 年代初，印度制定了《信息技术法》、《软件技术园区（STP）计划》，并成立软件科技园以促进印度软件的出口。印度政府给予出口导向型软件公司五年的特别免税优惠，实施政府采购和促进消费政策，强制性购置国产 IT 产品，这些政策极大支持了印度软件产业的发展。

总结起来，印度软件产业的成功主要可以归为以下几个原因：

第一，减少政府审批程序。为了吸引外资在 IT 硬件制造领域投资，印度通信与信息技术部制定了《国家电子/IT 硬件制造政策》，优化关税和外贸审批程序。例如：如果满足一定的条件，硬件制造企业可以自由进口二手资本货物（该货物不受使用年限的限制）；实施"促进出口资本货物计划（EPCG）"；对满足条件的企业采取简化程序和合理化措施，如所有营业额在 5000 万卢比以上和具有良好信用记录的出口商都可以免予提供银行担保，以减少交易成本；实施星级出口企业评级，达到一定级别的企业可以享受特权，包括便捷清算程序、免予提供银行担保等。

第二，注重国际市场营销推动企业规范经营。印度政府主要采取推动企业走出去、规范化经营等手段予以支持。从 20 世纪 80 年代开始，印度政府每年都有一笔专款用于开拓国际市场，支持企业参加国际软件展会、论坛等。此外，做好"印度制造"的品牌营销。注重企业各种国际标准化认证的推广。在质量认证方面，政府提供不超过 50% 的费用补助。印度软件企业大约 1 万家，其中通过 CMM4、CMM5 级认证的大约有 120 家，占全球通过 CMM5 认证的软件企业总数的 50% 以上。印度软件企业严格遵循 CMM 所规定的原则进行软件产品开发过程的管理，从而保证了软件产品的质量，获得了全世界软件客户的认可和信任，在国际市场有很强的竞争力。

第三，建立国际化风险投资体系。印度政府努力为软件产业创造良好的金融环境，在主要政策性金融机构设立软件产业风险投资基金。1986 年，印度政府划拨 1 亿卢比（以后每年增拨 1 亿卢比）成立了第一家风险投资基金，并在以后的"七五"计划中按国际惯例构建了风险投资体制的初步框架。经过多年的发展，印度已确立了以国外资金为主体（占印度风险投资总额 60% 以上，主要来自跨国公司及海外印裔科技企业家），以软件产业为重要投向（约占风险投资总额的 20% 以上）的国际化风险投资体系。除发展风险投资外，印度政府还大力推动符合条件的软件企业公开上市筹资；放宽软件出口企业通过国际融资收购国外软件企业的有关限制，使印度软件企业通过收购、兼并，进一步向集团化和跨国化方向发展。

第四，加大知识产权保护力度，赢得客户信任。20 世纪 90 年代以前，印度的软件产业和其他发展中国家一样，备受盗版猖獗和知识产权保护不力两大问题困扰。1994 年印度议会对 1957 年的《版权法》进行了彻底的修订，于 1995 年 5 月 10 日正式生效。该法是世界上最严格也是最接近国际惯例的版权法之一，对侵犯版权的行为规定了严厉的民事与刑事指控，根据其违法情节可处以 5 万卢比到 20 万卢比罚款，或 3 年以下、7 天以上的监禁。经过立法和执法的不懈努力，印度软件的盗版比率降低了 30%，不仅使印度软件产品能源源出口美国而免受美国 301 条款的制裁，更大大提高了以美国软件厂商为首的西方跨国软件企业到印度投资设厂及建立软件研发机构的意愿。

第五，不断推出新政保持产业发展速度。在印度，班加罗尔作为首府的卡纳塔卡邦（Karnataka State）在信息技术和生化技术方面拥有绝对领先地位。为保持本地区产业发展的持续力，该邦推出了"新千年外包政策"。其目标是：保持该邦在人力资源、电信和基础设施方面的竞争优势；创造新的就业机会；促进在外包领域的投资，并为投资者创造良好的投资环境；为外包公司提供必要的手段以保证数据保密和提供良好的客户服务；向外推销卡纳塔卡邦以及其价值主张；提供邦一级别人力培训机构资格认证。外包政策面向所有相关投资者：资本运营公司、第三方供应商和 IT 服务公司，并为大型投资者提供个性化的服务。

作为印度最重要的软件生产基地——班加罗尔（Bangalore）经常被人与硅谷相提并论。班加罗尔软件源于 1986 年美国德州仪器在此开办软件开发中心，惠普 1989 年进入，不久甲骨文、西门子和摩托罗拉等公司在此建立软件和业务流程中心。截止到 2006 年，班加罗尔有高技术企业 1560 家左右，主要以中小企业为主。其中年销售收入小于 50 万美元的企业占到 47.8%，年销售收入小于 200 万美元的企业合计达 83.9%。

班加罗尔是软件外包产业的发源地，也是软件外包产业发展最成功的地方。印度班加罗尔抓住全球产业转移趋势，利用本土资源优势，集中发展软件外包这一新的产业形态，成为全球重要的软件外包中心。可以说，除了印度政府对软件产业的大力扶植、推动等因素外，园区许多机制、要素资源、基础设施等都是围绕软件外包发展进行而设置，并为支持软件外包发展提供良好的发展环境。班加罗尔的成功可以归结于以下一些因素：

一是，大力培养软件技术专业人才。为适应软件外包业务发展需求，园区培养了大量软件蓝领工人。政府还通过在学校开设软件技术相关课程、把学员送到国外去培养等措施为软件业的发展储备了大量优秀人才。

二是，积极建设信息基础设施，重视与海外信息沟通和联络。重视信息化建设，大力支持信息基础设施建设，并实施信息技术政策，为软件企业和海外的研发机构、客户提供高速可靠的数据通信连接。园区在美国设立第一个国际商务支持中心，以及时反馈美国市场信息，致力于加强本国公司与美国企业界的联系与沟通。班加罗尔与美国硅谷之间也存在密切的人员联系和企业合作。

三是，积极吸引咨询公司和风险投资公司进驻。1998年风险基金不足1.5亿美元，到2003年已经有65家风险投资公司进驻园区，风险基金达到11亿美元。印度最大的风险投资公司如TDICI、Draper、Walden-Nikko、JumpStartup和e4e都将总部设在班加罗尔。另外两个著名的个人风险投资公司Chrysalis（总部设在孟买）和Infinity（总部设在新德里）在班加罗尔也设立办事机构进行风险投资（王伟、章胜晖，2011）。

四是，成立专门的软件出口中介机构。为了促进软件出口，政府成立了专门的中介服务机构，如印度全国软件和服务公司协会和电子与计算机软件出口促进会，这些机构为软件业的发展做出了突出贡献。

6.1.5 国外典型中小企业网络组织的发展特点与启示

美国硅谷被认为是世界上高新技术产业网络最成功和最具代表性的典范。硅谷的成功发展经验值得各国不断深入学习研究。虽然许多国家都努力复制"硅谷"模式，但其独特的历史文化背景却使许多国家的努力化为泡影。敢于冒险的精神和合作竞争意识，是硅谷成功的基础；风险投资和金融服务机构发达是其发展的保障；中小企业网络组织遗传机制（甩出效应）良性运转是其壮大的根本。

意大利是中小企业的王国，"第三意大利"地区中小企业网络组织是意大利经济发展的典型代表。由企业、供应商和用户、政府、行业协会、企业联合体等中介机构共同构成的"生态系统"是意大利中小企业网络快速发展的关键。

日本的下包制很好地把大型企业和中小企业融合在一个合作网络中，这种层级制度要求不同规模、不同分工的企业间必须密切合作才能共同受益，为企业合作竞争建立了制度基础。

印度班加罗尔的软件产业网络的发展主要得益于政府的政策倾斜和优惠政策，在发达国家国际产业转移浪潮中，印度政府抓住班加罗尔等地区的人才优势，大力发展软件产业，在产业补贴、税收、简化出口手续、加快科技园建设等方面给予了大力引导和支持。政府的推动作用在印度软件产业发展中起到了至关重要的作用。

从国外中小企业网络组织的成功经验中可以看出，以下因素起到了关键作用：

（1）注重对地区优势的深入挖掘。由于历史、文化、地理位置、政治等原因，每一个地区都有自身的一些优势条件，以上讨论的四个地区很好地利用了自身的优势条件，不断发扬光大，最终取得了成功。

（2）政府产业政策的倾斜。政府的产业政策对一个国家或地区的发展起着至关重要的作用，没有美国对高新技术的政策优惠，意大利对中小企业的扶植，日本大力支持下包制度，印度坚持走软件强国之路，对上述地区的发展起到了扶植作用。

（3）生态合作网络的形成与发展。纵观国外成功中小企业网络组织的发展之路，无不是通过建立创业创新网络发展起来的，随着全球化步伐的加快，中小企业单打独斗的时代已经过去，新的竞争合作机制成为中小企业的必然选择，中小企业在创业创新过程中，与供应商、竞争对手、客户、政府、金融机构、服务中心等形成了各种正式和非正式合作网络，两类网络相互促进，共同发展。

（4）风险投资机构的发展。国外成功的中小企业网络组织背后，总少不了风险机构的身影，由于中小企业自身的弱点，不容易获得大银行贷款，所以往往风险投资机构越发达的地区，其中小企业网络组织的发展也越成功。

（5）其他中介服务机构的发展。在以上中小企业网络组织活跃的地区，中介服务机构也比较活跃，中介机构提供的信息咨询、人才服务、技术传播、后勤服务等，从外围环境方面促进了中小企业网络组织的发展。

6.2
我国著名中小企业网络组织的实践

6.2.1　我国台湾地区的"中小企业出口导向型"网络组织

中小企业网络组织是我国台湾地区中小企业发展的一大特色。我国台湾地区经济主要依靠中小企业的力量，有着政治、历史、地理位置等方面原因。1949 年以前，台湾本地的工业基础十分薄弱，使得其即使拥有大量资金也无法在短期内建立完整的工业体系，影响了大企业的发展。当时的大企业主要是从内地转移过去的一些公营企业，多为基础性产业。为满足大量私人资金的投资需要以及日益膨胀的需求，众多中小企业如雨后春笋般涌现出来。由于其特殊的地理位置，适时选择了出口导向型的经济发展战略。由于出口导向型经济要求对国际市场变化十分敏感，这一战略无疑又进一步促进了中小企业的发展，而抑制了大企业的成长。

因此，我国台湾地区在今天所形成的产业组织结构非常特殊，这主要表现在大企业与中小企业的产业结构以及出口竞争的分工上。在台湾地区，中小企业网络是出口导向经济的直接组织者，而大企业只是为这些中小企业服务，大企业在产业链条上处于上游的基础性产业支撑着下游大量中小企业的发展。国有大型企业不直接出口其产品，它们在 20 世纪 60 年代以后的进口替代政策中发挥作用，这不仅降低了进口的压力，同时，国有企业一直维持以较低的价格提供上游产品/服务，无疑补贴了私人部门，这构筑了台湾地区经济较为持久的在成本上的竞争优势。同时，台湾地区大的企业集团不是经济的组织者，它们本身就直接受到出口导向经济需求的驱动，在这一经济中占主导地位的是中小企业网络。在日本大企业直接控制最终产品和分销渠道，而将中小企业纳入自己的下包商体系，我国台湾的大型企业则是响应中小企业网络的出口市场需求，在内部市场上为中小企业提供中间产品。由于最终产品响应国际市场竞争和地方需求的灵活多变性，中小企业网络的灵活创新精神无疑最适合于这一变化，而同时也享受了大企业提供中间产品（大多为标准化产品）的规模经济的好处。台湾地区经济自20世纪70年代以来已形成一个较为稳定的"三元分工"结构：国有企业集中在上游的原材料和基础设施，中间产品则靠私营部门的大企业提供，这两者都可通过大科层组织的规模经济而获益。面向国际出口市场的最终产品和服务则留给成千上万的中小企业组成的网络来完成。

我国台湾中小企业网络也充分体现了"华人经济"的特征。台湾地区中小企业最典型的组织特征是家族企业经济，家族血亲信任使得家族企业很容易形成企业网络组织。家族企业内部管理主要依赖于家族的兴衰，这被 Gordon Redding（1990）称为"弱组织"（Weak organization），但企业间基于各种关系网络而呈现出长期稳定的合作关系，即所谓的"强联系"（Strong linkages）。台湾地区的中小企业网络组织正是主要由这类"弱组织"、"强联系"的众多中小企业构成的。

台湾地区的中小企业网络至少存在着两个层次的分工合作。第一层是中间贸易商与生产商之间的分工合作。中间贸易商直接与国外市场接触，搜集国际市场需求变化的各种信息，将之提供给生产商，有的贸易商还要提供订单翻译，帮助生产商获得新设备和新材料，以利于更好地满足国外市场需求。贸易商与生产商往往是"一对多"关系，即一个贸易商为多个生产商提供服务，专注于某一产业。第二层则是各生产商为了共同目标而形成的生产合作网络。在20世纪80年代以后，台湾地区企业逐渐由简单的"接单加工"（OEM）转向"设计生产加工（ODM），生产商不仅要按照客户的设计订单生产，还要根据客户提出的要求进行产品设计、原料采购、生产装配，还包括了生产流程和工艺设计。完成这一转变靠单个中小企业是难以做到的，众多中小企业如产品设计、原材料及设备供应、分包厂商等相互合作，构成了第二层次网络。

6.2.2 中关村"政府推进型"高科技园区

中关村地区位于北京市西北郊海淀区。广义的中关村包括现在"中关村科技园区"所辖范围，即"一区五园"：海淀园、电子城科技园、昌平园、亦庄科技园、丰台园。本书主要是指"中关村科技园海淀园"，即 1988 年国家确立的北京市新技术产业开发试验区。目前中关村地区已逐步形成了以电子信息、光机电一体化、新材料、新医药与生命科学及医学工程等为主的 5000 余个专业化高技术企业集聚的群体，成为我国发展高新技术产业的重要基地。

中关村从诞生到现在可以划分为三个主要阶段：1978～1988 年"电子一条街"阶段。党的十一届三中全会以后，由于改革开放政策的激励，大批的科研人员和大学老师纷纷走出单位，创办企业。尤其是 1985 年的科技体制改革，极大地解放了生产力；1988～1999 年为海淀试验区阶段。1988 年，北京市新技术产业开发区成立，北京市颁发了经国务院批准的《北京市新技术开发试验区暂行条例》。大学和科研机构不断聚集，相关支撑机构，政府政策也不断完善，创新氛围和条件进一步提升，中关村园区进入了快速发展期；1999 年至今，中关村科技园区进入成熟发展阶段。1999 年 4 月，北京市政府发布了《北京市进一步促进高新科技产业发展的若干政策》，同年 6 月 5 日，国务院批复北京市政府和科学技术部《关于加快建设中关村科技园的请示》。中央和北京市政府进一处加大了对中关村的支持力度（胡俊杰，2004）。

中关村的快速发展主要缘于以下因素的影响：一是，区位优势。北京作为我国的政治、文化中心，集中着大量高素质的人力资源、先进的基础设施和服务业以及丰富的社会文化网络和快捷的市场信息；二是，人力资源和智力密集。北大、清华等 73 所大专院校和 232 个科研院所集中在该区域，为中关村的发展提供了丰富的人力资供应；三是，政府推进。政府一系列优惠政策是推进园区发展的一个关键因素。园区主管部门对区域内企业实行松散管理，并在融资、税收、信贷等方面的大力支持，有效促进了园区企业的诞生与发展；四是，中小企业的快速集聚和衍生。由于改革开放政策的激励，大批科研人员走出单位，创立企业。区域内的企业由 1988 年 5 月北京试验区建立时的 400 余家，发展到 2000 年的 5711 家。这其中的一个重要原因是本地区培育了大量网络型企业家，这些"下海"企业家与以前工作过的大学、科研院所存在着密切的正式或非正式关系，衍生了大量中小企业；五是，特殊的区域文化。一方面早期创业的企业家具有冒险精神、创新精神，另一方面企业所依托的母体——大学和科研机构，也在资源、技术、人才、场地等方面积极给予支持与配合，在中关村发展过程中，形成了较浓厚的产学研合作氛围。随后的发展过程中，企业及企业员工之间频繁的正式与非正式的交流和学习，加快了信息知识的传播、运用和创造（盖文启，2002）。六是，行业协会、社区服务、金融服务等中介组织初步形成。随着中关村企业的发展，各类中介机构和服务中心也逐步发展起来，加快了中关村各企业结点的联系程度，提供了资金支持和后勤保障，进一步推动了网络组织的发展。

6.2.3 广东省"外生型"中小企业集群

中小企业集群是参与企业的数量和类别最多的一种企业网络，也是中小企业发展中最常见、最重要的形式之一。广东的中小企业集群最突出的特点是"外向型"企业集群。特别是广东专业镇的发展，更是表现出典型"外生型"企业集群的特征。广东专业镇的形成主要是通过政府规划和引导，依靠广东的地缘优势、低成本优势吸引外来企业直接投资，建立外向型加工制造业基地，并且逐渐形成了产业集聚规模，走出了一个有特色的"小企业、大产业"，"小商品、大市场"的经济发展道路。广东省主要的中小企业集群见表6-1。

表6-1 广东省中小企业集群分布情况

区域名称		集群行业
中山	古镇	灯饰
	小榄镇	五金
	沙溪	服装
南海	大沥镇	铝型材
	金沙镇	小五金
	平州镇	皮革
	罗林镇	皮革
	官窑镇	玩具
	西樵	纺织
顺德	伦教镇	木工机械
	乐从镇	家具
东莞	虎门镇	服装
	原街镇	家具
	大朗镇	毛织
	石龙镇	电子制造
	石碣镇	电子
	清溪	微机配件
佛山	石湾镇	陶瓷

资料来源：2002年10月28日《南方日报》。

广东省的中小企业集群发展特点可概括为在政府引导下的，以引进外资为主导的外向型企业集群。其形成动因和背景主要是因为以下因素：改革开放为广东地区创造了许多优惠性的发展政策和措施；广东临近港澳台地区，而且与这些地区有着浓厚的血缘关系，再加上运输成本较低等原因，港澳台商很自然会选择这些地区；受跨国公司全球化战略以及产业国际转移的影响。

广东没有温州地区那样家庭手工业的历史传统，在独特的地缘、亲缘条件下，广东大部分地区选择了"三来一补"这种道路来发展本地中小企业集群，即来料加工、来样加工、来件装配和补偿贸易。"三来一补"企业在中国内地的出现，曾被视为中国改革开放的一个标志，对搞活当地经济起到了积极的促进作用，是我国早期乡镇中小企业集群网络化发展的一种有效模式。但随着经济环境的变化和产业结构的转换，"三来一补"模式已很难适应，广东省的中小企业逐步向中外合资或外商独资企业方向演变。同时，产业机构的转型也给广东中小企业集群的发展带来了更多的机遇。主要体现在两方面：一方面使广东的广大村镇成为高新技术产业的生产基础和加区区；另一方面为高新技术产业发展提供配套服务，跨国企业的产业转移，给配套服务产业提供了众多机会。

广东省 1999 年启动专业镇发展计划，批准 46 家专业镇试点，其试点的主要目的为：政府、大学共同制定专业镇发展计划，推动产业升级；为专业镇建立特色服务网络，使中小企业获得技术开发的信息与途径，获得社会网络；使中小企业获得创新优势，降低过去广东中小企业单纯对低成本优势的依赖。在发展计划中，政府并不是直接办企业，而是通过基础设施建设、统一规划、制定配套政策以及引导中介服务等为企业搭建平台。

广东专业镇在推动广东省经济发展中起到了重要作用。一是，有效地促进了创新，专业镇力量加强，自行进行产品设计，大大缩短了设计时间；二是，加强了企业间的合作，由单打独斗变为"点—面"群体作战，形成了区域创新网络，使中小企业与大企业在资源获取方面站在同一起跑线上；三是，成为高新技术改造传统产业的重要途径；四是，加快了小城镇建设，以"小企业，大集群"为依托，实现"小城镇，大战略"；五是，解决"三农"问题的有效途径。

广东省的"外向型"中小企业集群发展模式，促进了广东地区经济的跨越式发展，但这条道路也制约了其未来持续高速发展和竞争优势的保持。推动一个地区经济发展的最终来源还要靠内源性因素。广东民营企业集群目前主要是靠外资的示范、带动而成长起来的，内源经济相对薄弱，企业集群的根植性较弱，表现在这些外资企业对当地相关产业前向、后向关联效应差，没有完全把当地企业纳入其产业链中，外生型企业在当地的集聚是所谓的"复制群居链"，即一些有着产业联系的上下游生产企业"一窝蜂"地相继前来投资办厂，以维持原来的生产联系。造成集群内那种独特的地方性文化特征的发展演变较弱，约束力小，这种企业集群具有"可迁移性"或"可复制性"，当区位条件发生变化时，容易形成空洞化，发生企业集群的迁移和流出。

6.2.4 浙江省"原生型"中小企业集群

浙江经济连续多年的超常规增长与浙江省内大量存在的专业化中小企业集群的贡献是分不开的（唐华，2004）。浙江中小企业集群的发展较好地结合了本地的要素禀赋优势和历史文化因素，一般称为"原生型"企业集群，其发生发展经历了一个自然选择与演化的历史过程，具有很强的生命力和发展潜力（金祥荣、朱希伟，2002）。从形成原因看，浙江民间传统手工业的发展和繁荣的商业历史，古典心态和东方式的人文环境，以血缘、亲缘和地缘为纽带的人文网络和"宁做鸡头不做凤尾"的传统心态使得相互储存的中小企业集群得以萌芽（李永刚、祝青，2000）。同时，改革开放、培育市场的制度条件以及市场竞争下的生存选择使得具有网络特征的中小企业集群得以迅速形成。从结构特征看，浙江中小企业集群是以专业性市场为依托，以专业化分工为基础，以专业化产品为主业，生产性中小企业子群落与商贸性中小企业子群落并联耦合（罗若愚，2002）。

浙江"原生型"企业集群有其自身的发展和演化过程。从专业分工发展过程来看，浙江中小企业集群的专业性分工经历了三个发展阶段：即生产的专业化阶段、生产工艺专业化阶段以及生产服务专业化阶段。从规模变化来看，企业集群采取了两种不同的扩张模式：在集群形成的初级阶段，主要采取了原位膨胀的发展模式。随着企业集群进入成熟期，它的发展方式转向"异地孵化"，以突破原生区位上的发展限制，开辟新的更广阔的发展空间（罗若愚，2002）。浙江省的中小企业集群分布情况见表6-2。

表6-2　　　　　　　　　浙江省的中小企业集群分布情况

区域名称	集群行业
温州	鞋、服装、眼镜、打火机、低压电器等
绍兴	纺织、印染、化纤等
萧山	化纤
永康	五金
海宁	皮革、服装
余姚	轻工磨具
奉化	服饰
慈溪	渔具、长毛绒
永嘉	纽扣、泵阀

续表

区域名称	集群行业
路桥	日用小商品
金乡	标牌、包装
大唐	袜业
柳市	低压电器
台州	精细化工
鄞县	服装
嵊州	领带
义乌	小商品市场

资料来源：根据 2002 年 10 月 28 日《南方日报》和刘友金. 中小企业集群式创新. 中国经济出版社. 2004 等资料整理。

浙江中小企业集群的发展模式可分为两类：一类是在温州、台州一带形成的以家族企业为基础的小商品、大市场的温州模式；另一类是杭嘉湖、宁波、绍兴一带，以学习苏南模式发展了一批乡镇集体企业。由于温州模式在浙江省中小企业集群中所占比例较大，是浙江中小企业集群的主流，所以下面主要对温州模式的关键成功因素进行分析。温州的成功主要源于以下原因：第一，悠久的经商传统和开放意识。由于浙江人多地少，地处沿海，工农业的基础都比较薄弱，所以自古就有经商传统和本位意识，以家庭为主的手工作坊为企业集群打下了基础。改革开放以后，浙江超前的经营意识在市场竞争中占据了有利地位；第二，家族企业间的信任程度高。浙江省中小企业占总企业数的 99% 以上，家族企业占中小企业的比例 80% 以上，家庭成员间的信任和家庭伦理简化了企业监督和激励机制，提高了企业的凝聚力、向心力，从而成为一种有效率的经济组织；第三，相互模仿能力强。浙江省区域特色经济的形成得自于邻里、村镇之间的相互模仿。发现好的产品或其他家族的好产品，便争相模仿，从而形成了"一村一品，一乡一业"的区域经济特色；第四，非正式网络发达。除了由于亲情关系、邻里关系等相互交流之外，各种专业展览会、研讨会和信息发布会也为各中小企业交流信息提供了便利；第五，独特的融资方式。浙江的中小企业常常以"做会"的形式来融资。具体做法是召集朋友、亲戚和同乡，讲明自己用钱的理由，大家如果觉得合理，则平摊所需费用，然后通过抽签或招标的方式决定谁先拿回会款或利息。这种方式曾一度在台州、温州等地广为流传，克服了中小企业资金短缺的困难（吴德进，2006）。

20 世纪 90 年代中期以后，随着我国从卖方市场向买方市场的转变和市场经济体系的不断发育和完善，市场竞争日趋激烈，以技术、品牌、规模经济为主的竞争成为中国市场经济发展的主导，以家庭经营为主题、专业市场为枢纽、小城镇为依托的"小商品、大市场"发展方式，和以粗放式外延扩张为主要增长方式的原温州模式，缺乏明显的竞争优势，温州经济增速放缓。面对这种情况，浙江民营企业以企业组织形式创新为突破，带动市场、经营观念、管理、技术等方面全方位不同层次的创新转换，重树竞争优势，进入"后温州模式"时代。其特点可概括为：以产业聚集内部大中小民营企业的和谐发展为推动温州经济发展的主导力量，以高附加值的"小商品"为基础，以分布在全球市场的多层次现代市场销售网络为纽带的发展模式。

然而浙江省"原生型"中小企业集群还存在许多不完善之处，主要表现在：过度依赖内部网，外部网络利用不足；网络内联系比较松散，凝聚力较低；与高校、科研机构联系相对较少；企业规模整体偏小，难以形成品牌效应。

6.2.5 国内典型中小企业网络组织的比较分析

从形成原因和过程来看，我国台湾地区受到其特殊的政治环境、地理位置、历史背景、资源状况等的影响，形成了非常独特的"三元分工"结构以及以中小企业为主的出口政策导向型中小企业网络组织。中关村的中小企业网络组织主要是集中在国家划定的科技园区内，是国家高新技术产业政策发展的结果，同时中关村也具有天然的人力资源、政治等优势。广东则是国家较早对外开放的地区，是我国改革开放的试验田，其外向型中小企业集群也是受政策鼓励的结果。

从制度变迁的路径来看，我国台湾地区和浙江省的中小企业网络组织的产生主要是一种自发形成的制度创新，是长期的经商传统、人文环境自组织的结果；而中关村和广东省的中小企业网络组织则主要是受外部影响而形成的制度变迁，政府优惠政策的引导，全球化发展的需求等推动了中小企业集聚的形成。

从信任和合作关系来看，我国台湾地区和浙江省都表现出华人经济的家族企业特点，形成了基于较强信任关系的长期稳定合作关系。而中关村则表现为较强的产学研合作关系，广东省则主要表现为中外企业合作关系，信任程度相对较低。

从当地文化背景来看，浙江和我国台湾两地具有较悠久的经商传统和商业意识，而中关村和广东省的商业意识则在很大程度上来源于国家政策的引导作用。

从资金筹措来源看，我国台湾中小企业的资金主要来自亲戚朋友的筹措和当地银行的政策支持；中关村企业的早期资金则主要来源于下海企业家以前所在的大专院校和科研院所，后期来源于国家的政策倾斜；浙江省中小企业的资金则主要来源于亲戚、朋友和同乡；广东省中小企业的资金来源主要是港澳台的外资企业。

从根植性强弱来看，我国台湾地区和浙江的"原生型"经济为主的中小企业网络组织的根植性相对较强，广东的"外生性"经济为主的中小企业网络组织根植性相对较弱，而中关村的根植性则介于两者之间，早期靠产学研合作发展起来的企业根植性相对较强，而后期成立的一些企业则根植性较弱。

从市场范围来看，由于人口、消费能力有限，我国台湾地区中小企业网络组织的主要客户目标是我国台湾地区以外的客户，以出口为主；中关村地区以高新技术产业为主，开始主要面向国内市场，随着全球化进程的步伐，也开始面对国际和国内两个市场；浙江地区的中小企业相对规模较小，目标市场主要是本地和国内市场，随着我国加入 WTO 组织，国际市场所占比重越来越多。广东地区的中小企业由于主要是我国港澳台地区和跨国企业的外商投资，是国际分工战略转移的结果，所以其目标市场仍然面对的是国际市场。

从以上分析可以看出，国内各地区的中小企业网络组织呈现出不同的特点，这主要是由于当地的历史、文化、经济、环境、政治、地理条件不同所造成的，成功的中小企业网络组织往往较好地与当地的优势条件产生融合，各地都通用的成功模式很难找到。

总体来说，国内与国外相比，在中小企业网络组织的发展过程中还存在不少差距。主要体现在缺乏专业化分工体系，风险投资机构不够发达，中介服务网络体系不完善，产学研沟通不足，企业制度不完善，创业冒险精神不足等。

6.3

本章小结

本章主要分析讨论了国内外的一些典型中小企业网络组织生态发展的成功经验。国外主要选取了美国硅谷的高新技术企业创新网络，意大利中北部地区的"第三意大利"地区的中小企业网络组织，日本极具特色的网络组织形式——下包制中小企业网络组织以及与中国在许多方面存在相似环境的印度班加罗尔的软件产业网络组织。

国内主要选择分析了我国台湾地区的"中小企业出口导向型"网络组织，中关村"政府推进型"科技园区以及两个中小企业集群的代表：广东省"外生型"中小企业集群和浙江地区"原生型"中小企业集群。抓住国内外典型中小企业网络组织的各自特点，进行了对比分析，找出了其生态运行演化的成功经验。

第7章

浙江省中小纺织企业创新网络实证分析

中国是世界最大的纺织品加工国也是世界上最大的纺织品出口国，全球有1/3的纺织品是在中国生产的。其中棉纺织行业是我国纺织工业中规模最大的支柱行业，纤维加工量占纤维加工总量的65%左右，生产能力及纱布产量均居世界首位。中国的纺织业多以中小企业集群形式存在，主要集中在江苏、浙江、山东、福建、广东等沿海省份。江苏在化学纤维、丝织品方面表现出较强的区域分工；而广东在服装方面，福建在化纤布及服装方面分别表现出显著分工。除此之外，江苏的纱、布、纯棉布、印染布、丝，山东的纱、布、纯棉布、化纤布，福建的化学纤维等行业部门在全国同行业中所占比重均高于全国平均水平，承担全国地域分工。而浙江省作为全国纺织产业的重要基地，目前产业链已涵盖PTA、化纤、印染、织造、服装、家纺等行业，形成了从石油化工、化纤原料、到织造、印染、服装、家纺的完整产业链，在多个纺织产业分工领域位居全国前列。统计部门数据显示，2011年，浙江省规模以上纺织工业累计实现总产值9730.46亿元，占全省工业总产值17.5%，占全国纺织工业总产值五万亿的1/5，出口交货值2344.59亿元，占全部工业出口交货值21.43%。

7.1

浙江省纺织产业发展现状

浙江纺织服装产业已经有悠久的历史，而源头则可追溯到遥远的新石器时代，1973年，考古工作者在浙江余姚河姆渡新石器时代遗址出土大量的纺织工具。1977年，第二期发掘时有出土了刻有蚕纹的雕器，这些文物表明浙江在距今6700多年前就有了原始工具进行的手工劳动，而到了汉代，浙江一带已能生产大批的丝织品。北宋中期，由于北方受战争干扰破坏，致使丝绸中心由北向南迁移，为浙江丝绸的大发展创造了有利条件，在北宋后期，浙江已成为全国重点丝绸产地，到了明代，浙江杭嘉湖一带已经出现了拥有生产资料的机户和专门靠出卖劳动力的手工业工匠，出现了资本主义萌芽。清末尽管受到国外侵华势力的破坏，但在新中国成立后政府的关怀下重新得到了恢复，改革开放以来，浙江省纺织行业坚持走市场化道路，大力拓展国内外市场，实现了持续高速发展。1978~2008年，浙江省纺织行业销售收入在全国的比重由4.2%上升到23.1%，在全国的排位由第8位上升到第2位。在出口方面，浙江省已成为全国纺织服装出口的第一大省。截止到2008年年底，全省规模以上纺织企业11505家，职工总数193.8万人，销售收入7258亿元，出口交货值2220亿元，分别占全省同口径工业的21.8%、25.2%、19.2%、22.5%；全省纺织品服装出口额437亿美元，占全省外贸出口总额28.3%。主要纺织产品产量中纱、化学纤维、印染布、丝绸、服装、家用纺织品、产业用纺织品等均居全国前列，其中代表现代纺织原料的化学纤维产量占全国44%，居首位。2009年，共有规模以上纺织企业12573家，企业总资产6961.9亿元。行业运行质量和效益高于全国平均水平，2008年人均利润高于全国水平10%，亿元固定资产用工数低于全国平均水平27%。行业中获得"中国名牌产品"和"中国驰名商标"的数量分别达到80个和25个，也居全国首位。形成了萧山、绍兴纺织，余杭家纺、海宁经编，桐乡毛衫，湖州童装，诸暨袜业，嵊州领带，象山针织等产业集群。其中还产生了很多的纺织产业特色镇。例如目前由中国纺织工业协会正式命名的特色镇有"中国化纤名镇"浙江萧山衙前镇、"中国化纤名镇"浙江桐乡洲泉镇、"中国化纤织造名镇"浙江萧山党山镇，其余的还有"中国出口服装制造名城"浙江平湖市、"中国袜子名城"浙江省诸暨市大唐镇、"中国布艺名城"浙江省杭州市余杭区、"中国经编名镇"浙江海宁市马桥镇等一系列的产业特色镇。其作为全国纺织业的突出地位不可动摇，在10大类主要纺织品中有6大类居全国第一（包括化学纤维、纯化纤布、印染布、丝绸制品、针织品折合用纱量和非织造布），服装、针织品和棉花的生产量居全国第二。目前浙江纺织行业产业链已涉及石化、化纤、棉纺、机织、印染、花边、针织、经编、服装及纺织工艺制造等纺织产业的各个环节，成为中国重要的纺织产业基地，世界最大的化纤织造基地。浙江省的纺织产业主要是以中小企业为主，以块状集群为主要特征，其典型集群分布见表7-1。

表7-1　　　　　　　　　浙江省典型纺织产业集群分布

地区		纺织服装集群名称
浙江东北环杭州湾	杭州市	杭州市区女装；萧山区衙前镇化纤业；萧山区新塘街道（镇）羽绒业；萧山区南阳镇制伞业
	宁波市	宁波市区男装；鄞州区服装产业

地区		纺织服装集群名称
浙江东北环杭州湾	绍兴市	柯桥镇中国轻纺城；钱清镇化纤原料；嵊州市领带城；诸暨市衬衫；诸暨市大唐镇袜业；昌县兔羊毛；上虞市裕厦镇伞件业；上虞市中国染料城
	嘉兴市	秀州区针织品；秀洲区王江径南方丝绸市场；平湖市服装；桐乡市羊毛衫业；海宁市皮革；海宁市许村布艺；中国茧丝绸市场
	湖州市	湖州市丝绸城；城区纺织业；吴兴区织里镇童装业南得区练市镇针织品交易市场；南浔区双林镇毛原料市场；南浔横街兔毛市场；长兴县夹浦镇中国棉布城轻纺
浙江东南沿海	温州市	温州市精纺市场；温州市区服装；鹿城区鞋业；乐清市磐石镇服装；苍南县龙港镇纺织
浙江中及西南内陆	金华市	义乌市服装、针织、袜业；东阳市西服；浦江县针织服装
	丽水市	龙阳市太阳伞业；青田县鞋革业

7.2

浙江省中小纺织企业创新网络发展与演化

——以绍兴为例

浙江省纺织产业集群按照能级高低可以分为水平集聚型、纵向集聚型或混合集聚型、创新集聚型或协同创新集聚型，依次对应中国纺织产业演化的三个阶段。从能级高低上讲，水平集聚型最低，纵向集聚型或混合集聚型居中，创新型或协同创新型最高。从演化特征看，集群不断从低级到高级，从简单到复杂。所以浙江纺织产业链的演化遵循"水平集聚→纵向集聚或混合集聚→协同创新集聚"（方澜，2011）。

（1）水平集聚阶段。该种类型的纺织产业链在浙江省有较多的分布，具体表现为"一镇一品"。集聚动因主要是专业化市场需求、历史文化、政府行为、自然禀赋等因素。主要是因追求生产要素低成本（如劳动力、运输成本）和专业化市场需求而集聚一起，进而演变为同业合作竞争和创新的氛围，形成产业规模，通常集中在某一产业部门。水平集聚型处于一个地区产业集群形成的初期。在这一阶段，企业规模相对较小，都集中于某一项商品的生产或销售，企业之间的合作以平等市场交易为主，各企业以水平联系分工来完成产成品的生产或销售。如大唐袜业、绍兴面料、和中国轻纺城等都是水平集聚的典型代表。

（2）纵向集聚或混合集聚阶段。在这一阶段中，一些真正意义上的纺织服装大企业出现了。它们把生产要素重新进行整合，形成稳定的主导产业和具有上、中、下结构特征的产业链，具有较好的产业支撑与配套条件，因此也具有较高附加值的产出和较强的经济实力。但是群内 R&D 机构不多，企业 R&D 能力较弱，研发主要依靠外部研究机构和研究型大学。纵向集聚型或混合集聚型一般处于产业集群发展的中期。大量中小企业围绕一家或几家大型核心企业进行协作配套，大企业处于支配地位，众多中小企业处于外围或下属，为核心大企业进行特定专业化加工，或根据要求提供专门化产品。如嵊州领带产业集群的形成，最初是由港资企业分裂成几个大企业，形成产业集群的核心企业，这些核心企业需要大量中小企业配套加工，进而产业集群逐步发展起来。

（3）协同创新集聚阶段。面对竞争日益加剧的国际纺织服装品市场以及产业成本压力、环保压力和社会责任压力的增加，低价竞争的弊端日益明显。这些因素促使浙江纺织产业集群正在向创新型集群方向发展。随着集群内主导产业竞争力的不断提高，群内企业的 R&D 能力加强，各类 R&D 中心也纷纷建立。产业链中各行为主体纷纷展开协同创新，并成为创新的主要形式。此外，大量风险资本的进入、原创性创新的涌现、交叉领域中创新聚集的增长点和"创新文化"的形成、高速的经济增长率和大量高附加值的产出等也成为这个产业链阶段的显著特征。宁波服装产业链可以认为是创新型或协同创新型集聚的例子。产业集群内部有完整创新链：研究开发→柔性专业化生产→市场开拓。此时产业链也演化发展到了成熟阶段。但从课题组在绍兴、萧山、宁波等地调研的实际情况来看，浙江省纺织产业如绍兴等地大多数仍处于纵向聚集或水平聚集阶段，少数企业处于协同创新的初级阶段，"创新文化"相对较弱，模仿创新占主导地位，创新合作较少。

下面，我们将以浙江省纺织产业的代表绍兴为例，详细分析浙江省中小纺织产业创新网络的发展和演化。

7.2.1 绍兴纺织产业现状

地处浙东平原的绍兴市，既是享誉海内外的历史文化名城，也是一个轻纺大市，有着厚重的纺织业历史传统和文化积淀，自古就有"旧出万绸，衣被天下"的美誉。改革开放之后，绍兴乡村纺织化纤企业的异军突起，奠定了纺织业在绍兴市的经济地位。依托传统轻纺业优势和 20 世纪 90 年代轰轰烈烈的无梭化纺机革命等，绍兴纺织行业走在了全国前列，成为国内装备最先进、企业密集度最高、化纤面料产量最大的纺织产品生产和出口基地，绍兴市被称为"托在一块布上的经济强市"。经过二十多年的发展，绍兴市形成了由聚酯、化纤、织造、印染、服装行业组成的完整产业链，并围绕该产业链出现了纺机、染料助剂、纺织技术服务等辅助性行业，这些有着紧密内在联系的行业及其所属企业通过各种形式的互动往来，构成了一个以中小企业为主体的国内最大的纺织产业集群。

据绍兴市经贸委统计，截至 2012 年年底，绍兴共有大小纺织企业 6.5 万家，从业人员 75 万人。其中规模以上纺织企业 1413 家，职工人数 37 万人，完成总产值 3234 亿元，产品销售收入 3162 亿元，实现利税 225 亿元，自营出口总额 1081 亿元。全市纺织业完成的产值分别占全国的 7.8%、全省的 30.6%，实现利润分别占全国的 7.3%、全省的 29.3%，自营出口分别占全国的 5.3%、全省的 25.4%。这些企业分别涉及各个生产单元，其中既有大型专业化集团如南方集团和恒柏集团，也有多元化集团如永通集团，更有大量家庭式企业，它们相互间建立了千丝万缕的联系，编织起多姿多彩的企业，初步展现出产业集群良好的集体效率，带来了喜人的经济效应。"纺织兴，经济兴；经济兴，百业兴"已成为绍兴经济的最好写照。与此同时，依托该集群迅猛发展起来的轻纺面料专业市场：中国轻纺城也已成为全国乃至亚洲最大的纺织品集散中心，又极大地促进了纺织产业集群和绍兴城市建设的发展。2009 年国际金融危机依然席卷全球，中国轻纺城市场成交额出奇地表现出了稳步增长的态势。中国轻纺城市场成交总额达到了 708 亿元，同比增长 11.5%。其中面料市场 391.5 亿元，同比增长 10.9%；原料市场 316.5 亿元，同比增长 12.3%。2011 年年底，中国轻纺城已经有 2.2 万余家商户，经营面料 3 万多种，日客流量 10 万人次，成交总额达到了 890 亿元。上述数据无疑非常有力地印证了绍兴纺织产业集群在区域经济和全国纺织行业内的显赫地位。

绍兴纺织业经过多年的发展，形成了自己的比较优势：一是产业链比较完整。化纤原料、纺织机械、印染、服装服饰等与纺织相关的行业都比较发达。二是块状特色鲜明。市区和绍兴县以化纤产品为主，上虞以棉纺织和印染染料为主，嵊州以领带为主，诸暨以袜子、衬衫为主，新昌以毛纺和纺机为主。三是专业市场健全。纺织专业市场起步早、数量多、规模大、综合功能强，现已拥有中国轻纺城、钱清化纤原料市场、大唐袜业市场、嵊州领带城等一批有较高知名度的专业市场。四是技术装备比较先进。经过多年的技术改造，绍兴纺织业的技术装备水平有了很大的提高。化纤行业进口设备比例接近 60%，在全国处于领先地位。绍兴县拥有无梭织机 2.67 万台，约占全国总量的 1/5，无梭化率达到 78%。

蓬勃发展的绍兴纺织业也有它的软肋，不足之处首先是化纤织物的质量总体不高；其次是与国际市场相比，绍兴市的技术水准、创新能力明显不足，在国际市场，有竞争力的产品是小批量、高水平以质取胜，而绍兴市目前很大程度上仍在以量取胜。

7.2.2　绍兴中小企业创新网络演化及其影响因素分析

绍兴纺织产业一直在不断改革创新中得到快速发展，改革开放以后，绍兴抓住了五次历史机遇，进行了五次创新①：

（1）第一阶段：产品创新，"化纤"纺织的崛起（1979～1988年）。绍兴纺织业具有悠久的历史，自古就有"日出华舍万丈绸"的美誉。但是，计划经济体制束缚了绍兴人的手脚，织丝绸，绍兴的桑蚕产量远远不够；织棉布，国家实行原料配给。只有化纤原料不受国家计划限制，而且"的确良"类的面料十分紧俏，又无须凭票购买。20世纪80年代初，绍兴的企业家在这个市场缝隙中抓住了历史性机遇，大批中小乡镇企业迅速崛起。而且由于纺织行业进入壁垒和科技含量都较低，因此这些新出现了的乡镇企业基本都集中在"化纤"纺织业，这些企业从上海、杭州等地引进设备和技术，产品销往全国各地。短短几年时间，绍兴以化纤为主的纺织工业已初成气候，纺织品产量从1978年的784万米迅速增加到1986年的27229万米，短短9年产量增加了约34倍。这时的企业以中小乡镇企业为主，企业技术含量普遍不高，"设备靠换酒、技术靠退休、产品靠推销"是当时绍兴人在纺织领域创业的真实写照。

（2）第二阶段：销售模式创新，轻纺城的诞生（1988～1993年）。当地的竞争攀比和对优惠政策的追逐使这些创办不久的纺织企业非常热衷于扩大生产规模，这一时期绍兴的有梭织机大量扩容，一度出现了增加扩容热。1987年前后，绍兴纺织工业出现"增产不增收"的尴尬局面，随后一种以"前店后厂"的模式迅速在一些乡镇铺开，自发形成了类似农村集贸市场：以交易布匹为主的"布街"。绍兴人意识到：流通跟不上生产，市场销售方式停留在"摆摊叫卖"的原始方式，不可能有大的发展。于是，1988年政府高瞻远瞩的集资650万始建了绍兴柯桥轻纺交易市场，1992年正式更名为中国轻纺城，几经扩建，现已发展成为亚洲最大的纺织品贸易集散中心。另一批专业市场，如纺织原料市场、服装市场、鞋革市场、皮件市场、小商品市场、服装辅料市场、装饰材料市场等也迅速在中国轻纺城内及周边地区崛起。全市65%以上的纺织产品通过这里走向全国，走向全世界，并集聚了巨大的资金流、信息流和技术流。

第一阶段和第二阶段可以认为是绍兴中小纺织企业集群和创新网络的形成阶段：在这个形成阶段，绍兴不仅积累了质朴的纺织文化，还使当地人得以积累起丰富的纺织经验和技能，这种特殊的文化资源和人力资源成为该地区纺织集群和

---

① http://www.enorth.com.cn.

创新网络孕育的基础（池仁勇，2005）。此阶段政府的突出贡献在于倡导了中国轻纺城的建设和发展。轻纺市场的建立不仅促进了产业链的形成，还使得企业集聚程度的相对增强和销售向轻纺市场的相对集中，使得外部规模经济和范围经济较为明显，极大地促进了绍兴纺织业的发展。这一阶段绍兴中小纺织企业之间的合作竞争和互惠共生机制起主导作用，交易市场初步形成，但企业之间联系较少，关系基本建立在交易之上，因而集群降低交易成本的优势很弱。企业技术以传统的纺织工艺为主，技术模仿盛行而极少进行科研投入，企业之间相互学习很少，因此谈不上集群的学习和创新效应。集群协调大多依赖于传统，出现了一些非正式的行业交流组织，但正式的协调机制尚未形成（朱小斌、林庆，2008）。

（3）第三阶段：制度创新，产权体制改革（1993～1995年）。早在1993年，绍兴就开始探索以股份合作制为主要内容的乡镇企业产权制度改革。1998年前后又掀起了股份制改造的浪潮。"两次改制"为绍兴经济发展提供了强大动力，也大大增强了纺织企业在市场竞争中的活力，目前全市乡镇企业改制面已经超过99%。

（4）第四阶段：设备创新，"无梭化"革命（1995～1998年）。邓小平同志南方谈话后，全国掀起新一轮改革开放高潮，韩国、我国台湾地区等大量进口高档纺织面料充斥整个中国轻纺城，而本地面料却无人问津，绍兴轻纺业面临危机。主要原因在于国内外企业的装备和技术差距，国外纺织企业已实现无梭化，印染采用电脑分色制版，而绍兴则仍以GK615等20世纪70年代织机为主，全是有梭织机，印染全是手工分色描稿。于是从1995年起，绍兴发动了一场"无梭化"革命，绍兴纺织企业在这一阶段大量引进具有国际先进水平的织造、印染设备，一度出现了纺丝、织造、印染设备进口热，短短三年时间里投入了技改资金达120亿元之巨。三年中淘汰了4万台有梭织机，引进了2万多台无梭织机，使无梭化率达到50%以上。这是绍兴纺织发展史上一次脱胎换骨的革命，绍兴的纺织企业装备水平一下子达到20世纪90年代中期世界发达国家水平。

第三阶段和第四阶段可以认为是绍兴中小纺织集群和创新网络的成长阶段：在这个成长阶段，企业集聚程度不断提高，市场销售进一步集中于中国轻纺城，并以相关的配套专业性市场为依托，区域内拥有中国轻纺城面料市场、钱清化纤原料市场等专业化市场，使进入集群的原料和产品都能够达到规模批量，从而降低了单个企业的运输成本和交易成本（王瑾等，2004），更加凸显了集群外部规模经济的优势。从化纤纺纱起直至织造、印染、整理、加工的产业链基本形成，织造成为核心产业链的主导环节。核心产业链周围还有基于功能分布的辅助产业，使得产业链进一步完善。企业之间除了交易联系，生产联系迅速增强并逐渐形成规模，企业生产合作的范围经济开始显现，同时企业之间开始建立以生产和交易双因素为基础的信任关系，基于长期合作的反复博弈降低了交易成本。同时，绍兴纺织盛行家族式管理，企业扩展时往往以亲缘关系为纽带，这也有利于信任关系的建立。充分体现在中小企业网络组织的惯例遗传和知识扩散机制。

从集群生态运行机制来看，出现了正式的行业协会以及一批从事科技、金融、物流等的中介服务机构，它们成为该产业集群网络的辅助系统，为集群提供知识、信息、人才等多方面的支持，并起着规范和协调集群内部行为的作用（池仁勇，2005），将集群内部各类不同的组织更紧密地联系在一起。此外，人力资源的日益丰富、轻纺市场形成的强大营销品牌资源都对绍兴中小纺织企业的创新网络的发展起到了关键作用（蔡茂森等，2006）。

成长阶段政府的作用主要表现在推动企业经营机制的转换、建设基础设施、完善法律法规、鼓励技术改造等方面。最突出的贡献仍然是大力发展轻纺城市场。

成长阶段学习和创新效应日益凸显，尽管研发活动很分散，但科研投入有所增加，企业之间学习交流较多，主要途径有生产互助、协会定期交流等。一批专门从事面料分析、花样设计、印花分色的科技型中介服务机构的兴起，也促进了集群内的学习和交流，满足了企业对技术的迫切要求。然而，在成长阶段集群虽然发展速度很快，但是由于没有形成核心竞争力，自己还不是创新中心（朱杏珍，2005），因而学习和创新还无法成为集群竞争优势最核心的来源。

（5）第五阶段：市场创新，"外贸"市场的开拓（1998～2004 年）。随着1995 年那场大规模的纺织技术改革后，布料产量与市场容量矛盾日益突出，市场淡旺季开始明显，"五荒六月、七死八活"成了当时纺织业的真实写照。1998年，受东南亚金融风暴影响，绍兴市纺织业受到沉重打击。几经市场洗礼的绍兴人从全球范围的比较中找到了症结：绍兴的纺织品出口率太低，仅 3%。当年，政府适时出台了鼓励扩大自营出口的一系列配套政策。企业也看到了"提高产品档次，打向国际市场"的巨大商机。一时间，纺织企业中掀起了"外贸"革命。1998～2003 年，全市纺织品自营出口年均增长速度超过 50%。在国内纺织行业不景气的情况下，绍兴纺织业依靠开拓国际市场，保持了生机和活力。同时，绍兴纺织致力于对前期引进的高档设备进行消化吸收，对现有项目进行填平补齐和配套完善，以尽可能发挥设备的效能。

第五阶段可以认为是绍兴中小纺织集群和创新网络的成熟阶段。政府的作用成为该阶段竞争优势最重要的来源之一。首先，政府倡导的"外贸革命"，不仅为绍兴纺织的发展开辟了一条广阔的道路，更将中国轻纺城的品牌打入了国际市场。其次市场建设，努力发展集群所依托的中国轻纺城交易市场。

学习和创新效应是该阶段竞争优势的另一个重要来源。继续大力推进无梭化革命，到 2003 年，绍兴化纤行业进口设备比例已接近 60%，处于全国领先地位。与发展阶段相比，除了企业之间的学习交流和科技服务中介之外，成熟阶段还出现了专门的纺织业生产力促进中心，由此导致了产学研战略联盟的结合。绍兴县轻纺科技中心是我国第一家民营生产力促进中心。作为我国纺织业的科技龙头，绍兴县轻纺科技中心不仅为中小企业提供优质科技中介服务，该中心在当地政府的大力支持下，承担起了创建"浙江省现代纺织及装备创新平台"的重任，借鉴国外科技创新服务机构的成功经验，充分整合和利用绍兴县轻纺科技中心及浙江理工大学、浙江大学等国内大学、研究所的技术、人才、科技资源，创建适合浙江纺织行业特色，具备前沿技术研发功能、科技成果转化功能、创新课题设计功能、全程技术服务功能、专业人才培育功能的公共创新体系，为浙江纺织企业技术、产品和装备的创新引进、创新集成和新技术推广创造条件（居新宇，2006）。

此外，区域资源中的交通环境改善，从而物流成本降低、投资环境更好。中国轻纺城的品牌影响从国内走向国际，营销效应极为突出，绍兴县政府和当地化纤、印染等多种纺织面料行业协会历年来举办了"国际纺织品博览会"、"纺织面料精品展"等各种展会及大型产品推介活动，利用新闻媒体推出"国际纺织中心、江南水乡名城"的营销广告，全力打造"中国轻纺看绍兴"的整体品牌，保证了当地纺织面料产品的国内外销售增长（蔡茂森等，2006）。现代市场制度基本得以确立，正式的行业协会数量增多且管理逐渐规范，中介系统以及辅助网络系统和外围支持网络系统进一步完善，这些都使得集群的协调功能更加全面、协调途径更加丰富、协调手段更加灵活，有利于保持规模不变的前提下实现集群整体运行效率的提高和运行成本的下降。群内企业数量继续增加但速度减缓，产业链进一步完善且十分明显，主导环节仍是织造业，并向纺织机械织造、燃料/助剂能延伸，产业的主体是家族企业。企业集聚程度进一步增强，且企业之间基于亲缘、交易、生产的信用关系日益稳固，专业分工和协作已达到相当广泛而深入的程度。因此，集群交易成本进一步降低，外部规模经济和范围经济也相当明显，但相对其他竞争优势来源而言则并不突出。

（6）第六阶段：发展模式创新，向集约型发展转型（2004 年至今）绍兴纺织的迅速发展，主要走的是粗放式经营、中低端产品的发展路线，注重短期利益，投资小、产量大、利润低、科技含量少等问题一直存在。2004 年以来，绍兴纺织曾出现了持续八个月的经济滑坡，发展面临着一道深坎，甚至有人怀疑绍兴纺织的发展是否走到了尽头（戴红梅，2006）。特别由于欧美的反倾销、特保等对我国纺织品频频设限，出口受阻、产能闲置、工人离岗、工厂停产等一系列问题考验着绍兴纺织业。绍兴陷入了"好机器造不出好产品"、"好产品也未必获高利润"的尴尬境地。绍兴纺织集群的种种问题逐渐暴露出来，如集群内部结构不尽合理，存在平面重复、无序扩张、恶性竞争等问题（包晓颖等，2006）；核心生产企业实力仍不够强，技术力量的分散也抑制了技术的创新；家族企业在用人机制、融资渠道等方面的局限性日益突出。绍兴纺织集群在发展中面临着升级的挑战。因此，2004年以后，绍兴一直在探索以技术创新为主线的从粗放型转向集约型的发展道路。

绍兴目前拥有设有纺织相关专业的普通高校4所，即绍兴文理学院、绍兴托普信息技术学院、绍兴越秀外国语职业学院、浙江工业职业技术学院。2006年拥有国家级生产力促进中心1个，省级高新技术研究开发中心35个，省级区域科技创新服务中心6个，市级工程技术开发中心78个，市级企业科技园22个，市级区域科技创新服务中心19个。目前绍兴市已有400余家企业与一些大专院校及科研机构建立了战略合作关系，如浙江化纤联合集团与上海东华大学共同组建的浙江东华纤维材料工程技术研发中心，已开发出十余种新产品，取得较好的经济效益①。近年来，绍兴市的专利授权数稳步上升，特别是2006年以来出来了快速增长（见图7-1）。

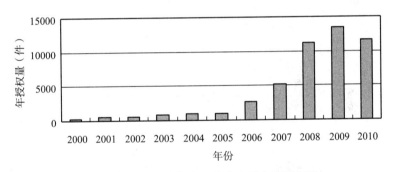

图7-1　2000~2010年绍兴市产品专利授权数

资料来源：根据浙江省知识产权局网站数据汇制，http://www.zjpat.gov.cn/。

第六阶段可以认为是绍兴纺织企业的转型升级阶段。与前五个阶段不同，这一阶段是以集群发展模式的整体创新为特色的，要走从粗放型转向集约型的发展道路。到2006年年底，绍兴拥有无梭织机比例已上升到72%，规模以上纺织企业的无梭化率高达90%以上②。尽管国外先进机器设备在逐年提高，但由于绝大部分企业注重短期利益，即使引进了先进设备，但仍不愿花高待遇聘请高级技术工人，也没有相应提高熟练纺织工人待遇，更不愿意花钱搞研发。这必然生产不

---

① 杭品厚，集群创新系统研究 [J].科技创业月刊，2007.9.
② 绍兴统计局.绍兴市统计年鉴2007 [M].中国统计出版社，2007.

出科技含量高、附加值高的质量产品（王尉东，2005）。

政府的作用在升级阶段同样至关重要，主要表现在以下几个方面。一是促进产业结构升级。针对绍兴纺织产业的现实问题，政府提出了"印染减量，织造控量，化纤稳量，服饰增量"的结构调整方针（戴红梅，2006）。二是推动集群创新战略。秉承"传统产业高新化，高新技术产业化"的思想，依托科技进步，引导企业更新技术，促进纺织产业结构优化升级，加强品牌建设，全面打造纺织品研发、制造、营销中心。三是实施"市场极"战略。充分利用中国轻纺城的品牌效应，以市场为依托，引导生产和销售，整合资源和信息，积极拓展国内外市场，使绍兴纺织集群嵌入全球价值链中，走"国内为本、外贸并举"的发展道路（张井波，2006）。四是提供充分、高质量的公共产品，提高社会化服务的水平，完善相关的市场制度、法规制度，保障集群升级战略有序顺利地开展。

集群的协调机制对于升级各项战略的顺利推行具有十分重要的意义。行业协会、企业联合会等协调组织在这个阶段发挥了重要的辅助和支持作用，如加强企业研发合作，组织企业联合参与国际竞争等。另外，这个阶段已经培养出了一些核心企业（焦点企业），并发挥其在技术创新、体制转换方面的带头作用，刘友金等（2005）认为焦点企业是集群形成与演化的核心，焦点企业对集群发展的主导作用是不可替代的。

7.3

浙江省中小纺织企业创新网络生态发展建议

7.3.1 完善重点产业群的全方位生态网络建设，以点带面，促进整体实力提升

在今后的发展过程中要不断建立和完善主导产业群的生态网络体系，加强企业的全方位合作网络建设，增加企业之间，企业与大专院校、科研机构之间，企业与各类中介服务机构之间以及企业家之间，技术人员之间，企业内部各阶层人员之间的交流与合作。同时，也要注意加强与不同地区、不同国家相关企业的交流，以降低企业之间的交易成本，提高企业之间知识信息和技术交流，增加区域创新机会，提升浙江纺织产业的整体竞争力。

（1）完善产业体系，促进产业链条企业之间的合理分工合作。产业链企业间的分工合作关系应该是自组织的结果，政府一般只扮演引导和鼓励的角色。但产业链的自组织常常会造成无序的重复建设，因此，适当的政府引导有时也必不可

少。目前浙江省纺织集群内部结构不尽合理，存在平面重复、无序扩张、恶性竞争等问题（包晓颖等，2006），产业结构不合理的矛盾一定程度上制约了产业的进一步发展空间。因此，在浙江省纺织产业今后的发展中要制定中长期发展规划，不断调整完善原有的产业分工布局，努力形成大中小企业密切配合、专业分工与协作完善的网络体系。选择纺织行业重要产业链进行培育试点，对于那些与浙江省重点产业链关联度高的企业，给予重点支持。依托行业龙头骨干企业，大力推进以"重点产业链 + 行业龙头骨干企业"为核心，以"产业基地、龙头企业、中小协作、关键技术、重大项目"五位一体为抓手的重点产业链培育体系，努力形成以龙头企业为引领、中小企业协同紧密稳定配套发展的良性格局，着力提升浙江省重点产业的国际竞争力，推动浙江省工业转型升级。

（2）加强"产学研"合作体系建设。美国硅谷、我国台湾新竹地区、北京中关村等地区的中小企业网络，都形成了较好的"产学研"合作体系，区域内有一些历史悠久的著名高校，许多知名企业就是这些高校或科研机构的人员创办成立的，因为企业与高校、科研机构合作非常密切，这些人进一步吸引带动以前的同事来企业工作或创办新企业，这样"产学研"之间形成一个有机整体，激发出强大的创新动力。浙江省绍兴等纺织产业最集中的区域也有一些高校和科研机构，通过"产学研"合作，一定程度上促进了浙江省纺织产业的技术创新，但多数纺织产业集群周围仍然缺乏类似研究机构，仍以低水平的技术模仿为主，而且由于浙江省纺织产业的中小企业占据较大比例，资金、技术、人才等资源相对欠缺，创新动力不强，与高校和研究机构合作较多的一般是一些大中型企业。因此，进一步引导、鼓励中小企业与高校、科研机构的合作是今后一段时期的一项重点工作。要开放性配置自主创新资源，注重人才、大学、科研院所的引进，以及相关科技服务市场的培育。在绍兴等纺织工业高度聚集地引进一些科研实力更强的国内外知名大学，鼓励引进的高校和科研机构创办企业，这样，才会形成更加密切的"产学研"合作氛围，产生较强的产业根植性。

另外值得一提的是，目前我国许多高校和科研机构的考核体系，也是制约"产学研"合作的一个重要因素。许多院校和科研机构没有真正树立起企业是创新主体，科学技术最终要服务于生产力的理念，把科研成果得奖、论文专著发表作为衡量学术水平、职务提升的最重要指标，甚至唯一指标，缺少创造企业效益等指标的衡量，这在一定程度上也阻碍了科研人员和高校教师与企业的合作积极性，产生科研与经济脱节、科技资源配置的市场化程度低、科研偏离现实、科技成果转化难等问题。

（3）进一步完善各类中介服务体系，为中小纺织企业提供完善的配套服务。浙江省纺织产业经过几十年的发展，以及政府的大力推动和支持下，中介服务体系建设已经相对比较完善。今后可以把工作重点放在以下几个方面：第一，全面发展各种规范的咨询和中介服务机构。如市场调查机构、技术咨询机构、科技成果交易中心、知识产权中心、产品展示中心、律师事务所、会计事务所等。第二，创业服务中心建设。为处于种子和创建阶段的高新技术企业的成长提供孵化器功能。第三，教育培训体系建设。在大力引进高校、科研机构，给予政策优惠的同时，不断发展技术培训机构，人才交流机构等，为人才培养、交流创造条件。第四，成立信息服务中心，实现信息共享，推动纺织企业的信息传播与交流。第五，加强对行业协会的管理，促进行业间协调、服务与自律。

(4) 积极推进区域间交流合作，为中小企业搭建更好的沟通平台。通过第5章对弱连接理论、结构洞理论和小世界模型的分析，我们发现跨区域的长程连接，会大大改善创新网络的连通效率，因而一方面可以不断加强与国内其他产业集群之间的信息沟通，使产业群之间的竞争与合作在更高层次展开，注意与国外相关产业集群的交流合作，学习它们先进的技术和管理经验。同时，我们还注意到占据结构空洞位置的企业会比其他企业具有更多的获利机会，浙江省一些大型纺织核心企业占据了联系国外和群内企业的有利位置，中小企业如果只与这些大型企业联系，而缺乏与外界的沟通，就会受制于这些大型企业，在谈判中处于被动地位，从而获利空间受到挤压。因而当地政府应该努力构建信息平台，鼓励、引导、帮助有能力的本地中小企业积极地与外界建立"长程连接"，促进集群和中小企业的共同发展。

7.3.2　促进浙江省纺织产业链价值升级，改变其全球价值链地位

浙江纺织产品由基本型的天然纤维纺织品趋向系列化、多元化产品出口，生产方式也由过去的简单代工生产向成衣化、品牌化发展，虽然经过了几十年的发展，浙江省纺织产业的企业规模、设备水平、资金实力、技术力量等已大大加强，但与世界先进水平相比，浙江省纺织业的整体技术水平仍不高，依靠的是中低档产品的低成本的竞争优势。与欧美等发达国家相比，在技术创新水平、高附加值产品的比例、时尚潮流的引领等方面仍存在较大差距；与韩国、日本、墨西哥、加勒比海国家、中东、我国台湾和香港地区等新兴工业国家及地区相比，在产业结构、关税政策、配额优惠、物流中心等方面也存在不足；同时，东南亚等地区的劳动力成本、土地成本、自然资源等优势，正不断冲击着浙江省纺织行业的低成本优势。

浙江省纺织产业多数集群企业融入全球价值链的程度较高，如绍兴纺织、宁波服装、海宁皮革等产业集群中，许多企业的产品是面向国际采购商，形成跨国

公司的海外制造基地。但是，这些产业虽然参与到全球价值链之中，有少数大型企业已经在设计、研发、品牌等方面可以与世界领先企业抗衡，但是绝大多数企业却以简单的生产制造为主，为国际采购商提供加工或者贴牌生产（OEM）活动，因此还处于全球价值链的底端（见图 7 - 2）。

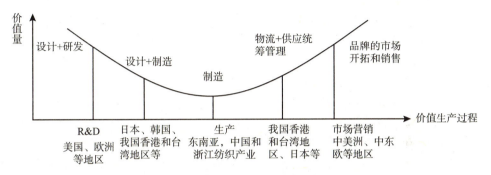

图 7 - 2　浙江纺织产业在全球价值链的地位

　　纺织服装产业链被认为是典型的购买商驱动的全球价值链，其核心竞争力在于设计、品牌和营销，主导企业有三类购买商：零售商（Retailer）、品牌专营商（Branded marketer）和品牌制造商（Branded manufacturer）。这三类主导企业控制着能够产生大多数利润回报的主要价值链环节，浙江纺织产业集群中的企业通常是以"三来一补"或 OEM 等方式为跨国公司进行生产加工而融入到全球价值链中。但是，由于这些产业的优势是生产制造的低成本，在相关技术的研发和品牌推广方面与那些国际采购商还有很大差距，因此只能获得全球价值链底端低附加值部分的利润。

　　对于浙江省纺织行业多数中小企业处于生产加工等世界纺织行业的中间环节来说，由工艺升级到产品升级再到功能升级的方式是其升级路径。目前一些比较成功的经验是沿着 OEM（贴牌生产）到 ODM（自行设计生产）再到 OBM（自有品牌生产）的路径进行升级，在确立制造基地的优势之后，浙江中小纺织企业更要注重向价值链中的龙头企业进行学习的机会，将投资转向研发设计或营销渠道的建立，成为自行设计的开发商或自行销售的销售商，实现产品升级、功能升级的目的。而且，当产业集群的总体技术水平发展到一定程度后，还可以凭借自身力量进入新的领域，实现跨链条的升级方式。

　　具体应对措施主要有：第一，推进纺织行业特色设计基地建设。引导纺织企业加大设计创新投入，支持企业建立工业设计中心；创造条件吸引国内外著名工业设计机构在浙江省设立分支机构或联络点，培育一批集成创新能力强、设计成果产业化绩效明显、为国内著名制造企业提供工业设计的专业企业。加快纺织设计成果产业化，加强设计知识产权应用和保护。重点依托纺织产业集群转型升级示范区，着力推进绍兴纺织、余杭家纺等特色工业设计基地建设。第二，发现培育创新龙头企业，重点扶植一批技术先进、能形成自主知识产权、具有较大发展潜力的和创新动力的高新技术企业，为它们提供更完善的配套服务，不但要培养一批加工制造型的企业，更要重点鼓励发展几个自主创新能力较强的以设计研发为主的本地龙头企业，突出发展集"研发设计、运营管理、集成制造、营销服务"为一体的总部型企业。第三，鼓励龙头骨干企业强强联合、跨地区兼并重组，支持龙头骨干企业通过品牌经营、虚拟经营等现代方式整合中小企业。支持和鼓励龙头骨干企业通过直接投资、参股并购等方式，在境外设立原材料基地、研发基地、制造基地、运营中心和营销网络，充分利用全球范围内的先进技术、知名品牌、市场渠道和高端人才，加快向跨国企业集团发展。第四，推进行业关键共性技术攻关和产业化。引导重点骨干企业加大研发投入，支持纺织企业参与国家科技计划和重大工程项目，加强国家级和省级企业技术中心建设，促进先进技术在行业内的有效推广应用。围绕高新技术纤维、染整后整理关键技术、高性能产业用纺织品、高端纺织机械、节能环保等重点领域进行技术攻关，力求在高性能纤维等关键技术开发及产业化应用上取得突破。第五，推进企业技术改造。围绕创新能力建设、技术装备升级、降低资源能源消耗、减少污染排放、提高规模效益等重点实施大规模技术改造。鼓励企业采用新工艺、运用新技术、应用新装备，加快项目实施进度，尽快形成新的竞争优势。第六，推进印染行业节能减排。充分发挥市场约束和资源约束倒逼机制作用，以建立完善落后产能退出机制为重点，促使企业加快淘汰落后产能。加强淘汰落后产能的检查考核。严格执行国家《印染行业准入条件》，加大项目投资管理力度，加强清洁生产和行业准入条件审核，促进印染行业的集聚发展、创新发展和绿色发展。第七，鼓励纺织企业优化组织结构。引导企业转变观念，整合资源，通过购并、控股、联合等方式，优化企业组织结构，进一步做强企业，提高集约经营程度，增强创新实力和竞争能力。纺织行业优势骨干企业对困难企业进行兼并重组，可享受国家有关税收优惠政策；兼并重组过程中，在流动资金、债务核定、人员安置等方面给予支持。对实施兼并重组企业符合条件的技术改造等项目给予优先支持。

当然，浙江省也有少数纺织集群处于采购者驱动型的价值链，但融入程度不高，这样的集群可以通过完善产业集群内的价值链构成，逐步形成本产业的优势价值链环节作为其升级路径。这是由于，该类型产业集群主要从事产品的加工制造，因此产业的竞争力集中体现在生产过程中的成本、质量和交货期限上。通过不断完善产业在集群内部的价值链体系，可以使产业在集群内部企业中得到更为细致的分工，最终形成每个企业在本地价值链上的竞争优势。这样，不仅可以使产业由于本地价值链的完善而得到发展，而且产业分工的细化还可以带动集群内其他服务性企业的发展。也有学者将这种集群内部价值链结构的完善称作地方产业集群供应链的整合。

此外，浙江纺织产业集群中价值链的完善可以进而成为产业融入全球价值链的一个重要途径。作为采购者驱动型价值链的龙头，国际采购商的任务是在全球范围内对价值链各个优势环节进行整合。随着浙江纺织产业集群内部价值链结构的完善和发展，集群企业在价值链环节上的竞争力也将得到不断加强。所以，集群企业可以借此优势融入全球价值链当中，成为全球价值链中的一个组成环节，并且企业由此可以面向更广阔的市场，吸取国际先进的制造技术。而这些高效的生产技术又可以通过集群内价值链的生产活动向其他企业扩散，从而促进产业集群内整个产业生产效率的提高，实现集群在产业内的工艺升级。

7.3.3　进一步完善中小企业创新服务平台，全面营造良好的创业创新环境

在建立完善创新服务平台方面应该做好以下几项工作：

（1）以本省纺织服装研究院、所，相关大学院系及行业协会的纺织服务信息平台为基础，加强和相关国家信息中心、国家质检中心、国家重点实验室、国家认定企业技术中心及相关出口贸易国、地区行业协会的合作。为企业提供政策法规、行业动态、准入条件、展示交流、供需对接等全面的信息服务。支持行业协会做好服务企业、规范待业发展产业的工作。

（2）进一步开拓国际市场，提高主导产业群与国际市场对接能力。政府可以在国际信息平台的建设、举办国际性产品或企业交流会等领域提供广泛的支持。同时，在反倾销方面，政府、企业、行业协会应相互合作，积极应诉。

（3）进一步引导企业加强行业自律，维护区域品牌形象。政府职能部门要与社会中介机构联合，共同制定地区产品质量、服务标准，建立质量调控体系，并监督执行。同时要强化法律约束，建设信用体系，提高企业因败德行为所付的代价。

（4）加强知识产权保护，对于企业侵权行为予以坚决打击，不留情面。

（5）构建自主创新公共技术平台，为大量中小企业提供研究开发、中试、检测等技术服务，进一步优化科技资源配置。

（6）要注意经济与环境协调发展，大力提倡绿色工厂，绿色生产，绿色营销，实现浙江纺织产业可持续发展战略。

（7）提高政府机关的办事效率，推进电子政务的不断发展，尽可能简化各种手续，积极推行"政府窗口一站式解决方案"，为中小企业创业创新提供高效服务，降低企业运营的制度成本。

7.3.4 促进金融创新，进一步完善多元化融资渠道体系

缺乏适应纺织产业发展特点的多元化融资体系和市场融资机制是制约浙江中小纺织企业快速发展的一个重要因素。实际上，中小企业的资金"瓶颈"是一个普遍现象。由于市场风险较大，中小企业从商业性金融机构获得贷款的可能性较小，贷款金额非常有限。银行和信用社等商业贷款根本无法满足中小企业的资金需求，因而大力发展各类风险投资机构、信用担保机构，以及建立完善资本市场成为解决中小微企业发展过程中资金"瓶颈"矛盾的必由之路。

从国家层面来看主要有以下几点：一是要进一步建立完善风险投资相关法律法规，保障促进风险投资机构健康发展；二是积极推进多层次资本市场建设，大力发展中小企业产权交易市场，逐步建立完善国家、地方股票和产权交易体系，在深圳中小板、创业板的基础上，建立规范场外交易市场，进一步降低中小企业风险融资门槛与"退出"障碍；三是研究解决中小企业信用担保过程中出现的政策障碍问题，从财税、收费等方面完善相关扶持政策，促进担保行业健康体系。

从浙江省纺织行业的实际来看，可做的工作主要有：第一，积极搭建银企对接平台，鼓励各类金融机构加大对重点纺织服装企业和基本面较好、信誉较好、暂时出现困难的中小纺织服装企业的信贷支持力度，鼓励银行对符合条件的企业按规定办理贷款展期。充分发挥各级中小企业信用担保机构的作用，对纺织服装中小企业予以倾斜支持。支持符合条件的重点纺织服装企业通过上市、发行债券进行融资。第二，发展完善浙江省创业风险投资引导基金，通过市场化的运作，吸引国内外风险投资机构共同参与，成立专业化的基金投资公司，向全社会募集资金，统一进行基金管理，大力支持符合浙江省纺织主导产业发展方向的科技型中小企业的资金需求。在创立初期，政府的示范引导作用至关重要，政府财政资金的适当参与会增加其他风险投资机构的信心，从而吸引更大规模的创投资金的加入；在引进国外大型风险投资机构的同时，注重培育发展本地风险投资机构，学习美国硅谷、印度班加罗尔、我国台湾新竹地区等成功经验，允许鼓励民间资本设立产业投资基金，同时给予与国际惯例相符的政策优惠，建立畅通的民营资本进入退出机制，更好地为园区内那些急需创业资金的高新技术中小企业服务；第三，积极推进浙江省科技型中小纺织企业在中小板、创业板的上市，进一步完善制度，形成规模，加快建立中小企业上市育成体系，同时积极推进中小企业境

外上市工作；第四，摸索建立符合我国特色的中小企业信用评价体系，成立中小企业信用担保中心，采取政府政策主导型担保与社会互助型担保相结合的担保体系，以政府政策主导型担保为主、社会互助型担保为辅的运作模式，加快信用担保机构的快速发展；第五，对符合浙江省纺织产业发展方向的高新中小企业，尝试中小企业贷款补偿机制，鼓励商业银行为高新中小企业提供所需资金；第六，不断鼓励引导拓宽其他多元化融资渠道，如互助基金、金融联合体、融资租赁、质押贷款等，为浙江省科技型中小纺织企业提供全方位资金支持。

7.4

本章小结

　　本章以浙江省中小纺织企业创新网络为研究对象，在简要分析浙江省纺织产业发展现状及创新网络演化的基础上，重点以绍兴纺织产业集群为例，对其中小企业创新网络的发展、演化及影响因素，进行了深入细致的分析，同时，结合前面章节提出的生态运行演化理论和国内外实践经验，有针对性地提出了浙江省纺织产业中小企业创新网络的生态发展建议。

第 8 章

总结与展望

8.1

总结与主要结论

（1）中小企业和网络组织都是相对模糊的概念，各国定义各不相同。作者在参考国内外有关中小企业与网络组织有关定义的基础上，给出了中小企业、网络组织以及中小企业网络组织的界定范围。同时认为，中小企业网络组织不但具有网络组织的一般特性，还具有资源互补性、边界模糊性、动态选择性、平等互利性和复杂演化性等特征。把中小企业网络组织分为六种常见类型：中小企业集群、战略联盟、虚拟企业、下包制、供应链协作网络、企业集团。这六种类型相互之间既有区别，又有联系，各有特点，适用范围不同。本书在对易混概念比较的基础上，从八个方面对这六种类型进行了系统比较。同时，论证了中小企业网络组织的竞争力与其灵活性和稳定性之和成正比，中小企业网络发展过程中应该兼顾稳定性与灵活性。

（2）提出了中小企业网络组织的三大生态运行机制。即合作竞争机制、互惠共生机制和集聚分散机制，并对每一种机制进行了系统分析。

运用博弈理论分析了中小企业网络组织合作竞争的条件，论证了在无限次重复博弈时，只要网络组织成员企业以后的合作机会足够大，双方在博弈中将采取合作行为。同时分析了在有限次重复博弈时，由于声誉和信任等社会资本的存在，在一定时期内，成员企业之间同样会产生合作行为。

运用共生理论构建了中小企业网络共生体系。中小企业不但要与政府、大型企业、社会、生态保持和谐统一，同时中小企业之间以及中小企业内部各要素之间也要建立和谐共生机制。同时，把中小企业与大型企业的关系归纳为恶性竞争、寄生、捕食和互惠共生四种模式，利用生态学 Logistic 模型构建了各自的互动模型，并对每一种模型进行了全面的稳定性分析，给出了四种模式下中小企业与大型企业的互动策略选择的各自结果，分析了各种模式下中小企业的最佳策略，进一步揭示了中小企业选择与大型企业互惠共生发展的内在机理。

运用生态位理论分析了中小企业网络集聚分散行为的产生机理，提出了企业多维生态演化模型，认为企业之间只有在几个关键生态位上均发生重叠，才会产生生态竞争。同时把企业生态周期划分为四个阶段，运用 Logistic 模型分析了企业在每一生态阶段的主要特征，同时指出了相应的中小企业适宜发展策略。

（3）系统分析了中小企业网络组织的遗传机制。在提出中小企业网络组织生命周期模型的基础上，分析了中小企业网络组织的企业衍生机制和惯例复制机制。同时，以知识扩散为突破口，重点分析了中小企业网络的知识遗传机制。在比较分析知识扩散相关概念的基础上，分析了中小企业网络组织中的知识共享、知识转移和知识溢出机制。

在知识共享机制方面对比了纵向联盟网络和横向联盟网络的知识共享和保护机制的异同；在知识转移机制方面，分析了知识转移过程、知识转移模式与途径，并仔细分析了影响中小企业网络组织知识共享与转移效率的主要因素；在知识溢出机制方面，找出了知识溢出的主要渠道，研究了知识溢出与中小企业网络组织的技术创新策略选择的关系。以中小企业集群为例分析了中小企业集群内成员企业的知识创新策略选择与知识溢出的关系。当知识溢出率较小时，中小企业采取自主创新效率比较高，当知识溢出率较大时，中小企业更适于采取模仿创新策略。当知识延滞期较长时，中小企业采取自主创新比较有利，当知识延滞期较短时，采取模仿创新成本更低。知识溢出率和知识延滞期主要是由知识的传播特性决定的。易于传播的知识，一般溢出率较高，延滞期较短。同时，知识溢出还受到企业知识吸收能力的影响，如果企业吸收能力较强，则主动获取的知识溢出量就会比较大，真正吸收运用的知识溢出量也就比较多。

（4）运用社会网络理论和复杂网络理论对中小企业网络组织的变异选择机制进行了论述。社会网络理论以社会资本理论、结构空洞理论以及弱关系力量与社会资源理论为基础，复杂网络理论以 WS 模型（小世界网络）和 BA 模型（无标度网络）为基础，分别分析了中小企业网络组织的结构演化机制、效率改进机制等，得出了中小企业的网络发展思路，即加强与其他地区、其他网络的联系；与"桥梁"结点建立紧密联系，发展新的"桥梁"关系；建立"长程"连接、直接连接；尽可能地选择"度数"较高的活跃结点，与那些拥有广泛合作伙伴的企业进行深入合作等。

（5）研究了中小企业网络组织的层次互动机制。把中小企业网络组织分为三个层次，即企业家网络（第三层次）、中小企业网络（第二层次）和中小企业网络之网络（第一层次）。认为第二层次网络与第三层次网络之间存在着相互促进的关系，促进第二层次网络的发展是根本。通过企业家之间良好的关系网络，加强中小企业间技术创新合作，提高企业竞争能力才是真正目标。第一层次网络为第二层次网络提供了必要的信息来源，第二层次网络间中小企业的互动合作，促进了第一层次网络的进一步发展。如果中小企业在保持现有第二层次网络联系的基础上，同时又与其他第二层次网络建立起非冗余的连接关系，这时两个第二层次网络之间的资源或信息流动，都要通过这个企业进行，那么该企业将会在网络组织中处于相对有利的地位。

（6）研究了中小企业网络组织的伙伴选择机制。在列举了定量分析在中小企业合作伙伴选择应用方面的众多困难之后，确定了中小企业合作伙伴的选择的思路，即要坚持定性与定量分析相结合，以定性分析为主的思路。详细分析了影响中小企业伙伴选择的一些重要的定性因素，除了国内外学者研究较多的因素如互补性、一致性、整合性、合作态度、财务状况、信任程度、政治法律约束之外，还分别分析了地理位置、社会网络关系、合作经历、能力匹配、产业链关系、环境的不确定性、市场环境的变化及时间等因素对中小企业合作伙伴选择的影响。

（7）探讨了中小企业网络组织的进入退出机制，找出了影响中小企业进入与退出网络组织行为的内外部关键因素。同时，在总结国内外中小企业网络组织稳定性研究的基础上，分别从中小企业网络组织的冲突周期、进入退出壁垒、利益分配三个新的视角研究了中小企业网络组织的稳定性。

（8）分析讨论了国内外的一些典型中小企业网络组织生态发展的成功之路。国外选取了美国硅谷的高新技术企业创新网络、"第三意大利"地区的中小企业网络组织、日本的下包制中小企业网络组织以及印度班加罗尔的软件产业网络组织，国内选择分析了我国台湾地区的"中小企业出口导向型"网络组织、中关村"政府推进型"科技园区以及两个中小企业集群的代表：广东省"外生型"中小企业集群和浙江地区"原生型"中小企业集群，找出了这些中小企业网络组织的成功生态发展经验。然后，详细分析了浙江省中小纺织企业创新网络的现状、类型及其演化特征，同时，以绍兴为例，对浙江省中小纺织企业创新的阶段特征进行了阐述。最后，结合本书的生态运行演化理论与国内外经验，有针对性地提出了浙江省纺织产业中小企业创新网络的生态发展建议。

8.2

主要创新点

（1）系统构建了中小企业网络组织的生态运行演化机制。以生态学理论为主线，运用演化经济学、社会网络理论、复杂网络理论、博弈论等分析工具，确定了中小企业网络组织的生态发展思路。

（2）提出了中小企业网络组织的三大生态运行机制，即合作竞争机制、互惠共生机制和集聚分散机制，并分别运用博弈论、共生理论和生态位理论对每一种机制进行了系统分析。

（3）提出了中小企业网络组织的遗传机制，对其企业衍生机制、惯例复制机制和知识扩散机制进行了系统分析，研究了知识扩散过程中的知识共享、知识转移和知识溢出机制以及知识扩散与中小企业的创新策略间的关系。

（4）系统分析了中小企业网络组织的变异选择机制。把社会网络理论和复杂网络理论应用到中小企业网络组织的分析中，得出了一些有益的结论。提出了中小企业网络组织的层次互动机制、伙伴选择机制和进入退出机制。从三个新的视角研究了中小企业网络组织的稳定性。

8.3

进一步的研究与展望

（1）本书更多的是从理论角度建立了中小企业网络组织的生态运行演化架构，这些理论与模型在生态学和其他社会网络领域得到了验证，但是否完全适用于中小企业网络组织，与中小企业网络组织的演化特征存在哪些差别，还有待进一步在实践中接受检验。

（2）本书仅对浙江中小纺织企业创新网络进行了定性分析，虽然也回收了一些调查问卷，但由于数据量不足，缺乏统计意义。因此，本书暂时没有进行定量分析。对本书的相关理论和假设进行实证验证是今后深入研究的重点。

（3）中小企业遗传机制包括许多方面，本书主要对其衍生机制、惯例复制机制和知识扩散机制进行了分析，可以进一步对其物质资本、人力资本的遗传进行调查分析，尤其是在网络组织内部的文化传承过程以及惯例复制、变异、搜寻和选择过程等方面，还有许多需要进一步研究的内容。

关于印发中小企业划型标准规定的通知

工信部联企业〔2011〕300 号

各省、自治区、直辖市人民政府，国务院各部委、各直属机构及有关单位：

为贯彻落实《中华人民共和国中小企业促进法》和《国务院关于进一步促进中小企业发展的若干意见》（国发〔2009〕36 号），工业和信息化部、国家统计局、发展改革委、财政部研究制定了《中小企业划型标准规定》。经国务院同意，现印发给你们，请遵照执行。

工业和信息化部　国家统计局

国家发展和改革委员会　财政部

二〇一一年六月十八日

中小企业划型标准规定

一、根据《中华人民共和国中小企业促进法》和《国务院关于进一步促进中小企业发展的若干意见》（国发〔2009〕36 号），制定本规定。

二、中小企业划分为中型、小型、微型三种类型，具体标准根据企业从业人员、营业收入、资产总额等指标，结合行业特点制定。

三、本规定适用的行业包括：农、林、牧、渔业，工业（包括采矿业，制造业，电力、热力、燃气及水生产和供应业），建筑业，批发业，零售业，交通运输业（不含铁路运输业），仓储业，邮政业，住宿业，餐饮业，信息传输业（包括电信、互联网和相关服务），软件和信息技术服务业，房地产开发经营，物业管理，租赁和商务服务业，其他未列明行业（包括科学研究和技术服务业，水利、环境和公共设施管理业，居民服务、修理和其他服务业，社会工作，文化、体育和娱乐业等）。

四、各行业划型标准为：

（一）农、林、牧、渔业。营业收入 20000 万元以下的为中小微型企业。其中，营业收入 500 万元及以上的为中型企业，营业收入 50 万元及以上的为小型企业，营业收入 50 万元以下的为微型企业。

（二）工业。从业人员 1000 人以下或营业收入 40000 万元以下的为中小微型企业。其中，从业人员 300 人及以上，且营业收入 2000 万元及以上的为中型企业；从业人员 20 人及以上，且营业收入 300 万元及以上的为小型企业；从业人员 20 人以下或营业收入 300 万元以下的为微型企业。

（三）建筑业。营业收入 80000 万元以下或资产总额 80000 万元以下的为中小微型企业。其中，营业收入 6000 万元及以上，且资产总额 5000 万元及以上的为中型企业；营业收入 300 万元及以上，且资产总额 300 万元及以上的为小型企业；营业收入 300 万元以下或资产总额 300 万元以下的为微型企业。

（四）批发业。从业人员 200 人以下或营业收入 40000 万元以下的为中小微型企业。其中，从业人员 20 人及以上，且营业收入 5000 万元及以上的为中型企业；从业人员 5 人及以上，且营业收入 1000 万元及以上的为小型企业；从业人员 5 人以下或营业收入 1000 万元以下的为微型企业。

（五）零售业。从业人员 300 人以下或营业收入 20000 万元以下的为中小微型企业。其中，从业人员 50 人及以上，且营业收入 500 万元及以上的为中型企业；从业人员 10 人及以上，且营业收入 100 万元及以上的为小型企业；从业人员 10 人以下或营业收入 100 万元以下的为微型企业。

（六）交通运输业。从业人员 1000 人以下或营业收入 30000 万元以下的为中小微型企业。其中，从业人员 300 人及以上，且营业收入 3000 万元及以上的为中型企业；从业人员 20 人及以上，且营业收入 200 万元及以上的为小型企业；从业人员 20 人以下或营业收入 200 万元以下的为微型企业。

（七）仓储业。从业人员 200 人以下或营业收入 30000 万元以下的为中小微型企业。其中，从业人员 100 人及以上，且营业收入 1000 万元及以上的为中型企业；从业人员 20 人及以上，且营业收入 100 万元及以上的为小型企业；从业人员 20 人以下或营业收入 100 万元以下的为微型企业。

（八）邮政业。从业人员 1000 人以下或营业收入 30000 万元以下的为中小微型企业。其中，从业人员 300 人及以上，且营业收入 2000 万元及以上的为中型企业；从业人员 20 人及以上，且营业收入 100 万元及以上的为小型企业；从业人员 20 人以下或营业收入 100 万元以下的为微型企业。

（九）住宿业。从业人员 300 人以下或营业收入 10000 万元以下的为中小微型企业。其中，从业人员 100 人及以上，且营业收入 2000 万元及以上的为中型企业；从业人员 10 人及以上，且营业收入 100 万元及以上的为小型企业；从业人员 10 人以下或营业收入 100 万元以下的为微型企业。

（十）餐饮业。从业人员 300 人以下或营业收入 10000 万元以下的为中小微型企业。其中，从业人员 100 人及以上，且营业收入 2000 万元及以上的为中型企业；从业人员 10 人及以上，且营业收入 100 万元及以上的为小型企业；从业人员 10 人以下或营业收入 100 万元以下的为微型企业。

（十一）信息传输业。从业人员 2000 人以下或营业收入 100000 万元以下的为中小微型企业。其中，从业人员 100 人及以上，且营业收入 1000 万元及以上的为中型企业；从业人员 10 人及以上，且营业收入 100 万元及以上的为小型企业；从业人员 10 人以下或营业收入 100 万元以下的为微型企业。

（十二）软件和信息技术服务业。从业人员 300 人以下或营业收入 10000 万元以下的为中小微型企业。其中，从业人员 100 人及以上，且营业收入 1000 万元及以上的为中型企业；从业人员 10 人及以上，且营业收入 50 万元及以上的为小型企业；从业人员 10 人以下或营业收入 50 万元以下的为微型企业。

（十三）房地产开发经营。营业收入 200000 万元以下或资产总额 10000 万元以下的为中小微型企业。其中，营业收入 1000 万元及以上，且资产总额 5000 万元及以上的为中型企业；营业收入 100 万元及以上，且资产总额 2000 万元及以上的为小型企业；营业收入 100 万元以下或资产总额 2000 万元以下的为微型企业。

（十四）物业管理。从业人员 1000 人以下或营业收入 5000 万元以下的为中小微型企业。其中，从业人员 300 人及以上，且营业收入 1000 万元及以上的为中型企业；从业人员 100 人及以上，且营业收入 500 万元及以上的为小型企业；从业人员 100 人以下或营业收入 500 万元以下的为微型企业。

（十五）租赁和商务服务业。从业人员 300 人以下或资产总额 120000 万元以下的为中小微型企业。其中，从业人员 100 人及以上，且资产总额 8000 万元及以上的为中型企业；从业人员 10 人及以上，且资产总额 100 万元及以上的为小型企业；从业人员 10 人以下或资产总额 100 万元以下的为微型企业。

（十六）其他未列明行业。从业人员 300 人以下的为中小微型企业。其中，从业人员 100 人及以上的为中型企业；从业人员 10 人及以上的为小型企业；从业人员 10 人以下的为微型企业。

五、企业类型的划分以统计部门的统计数据为依据。

六、本规定适用于在中华人民共和国境内依法设立的各类所有制和各种组织形式的企业。个体工商户和本规定以外的行业，参照本规定进行划型。

七、本规定的中型企业标准上限即为大型企业标准的下限，国家统计部门据此制定大中小微型企业的统计分类。国务院有关部门据此进行相关数据分析，不得制定与本规定不一致的企业划型标准。

八、本规定由工业和信息化部、国家统计局会同有关部门根据《国民经济行业分类》修订情况和企业发展变化情况适时修订。

九、本规定由工业和信息化部、国家统计局会同有关部门负责解释。

十、本规定自发布之日起执行，原国家经贸委、原国家计委、财政部和国家统计局 2003 年颁布的《中小企业标准暂行规定》同时废止。

参 考 文 献

[1] Adizes I. Corporate lifecycles: How and why corporations grow and die and what to do about it [M]. Prentice Hall, Englewood Cliffs, NJ, 1989.

[2] Ahuja Manju, Kathleen K, Carley M. Network structure in virtual organization [R]. www. ascuse. org, 2002.

[3] Albert-Laszlo Barabasi, Eeic Bonabeau. Scale-free network [J]. Scientific American, 2003 (5): 50~59.

[4] Albert R, Barabási A L. Statistical mechanics of complex networks [J]. Rev. Mod. Phys. , 2002, 74: 47~97

[5] Albert R, Jeong H, Barabási A L. Attack and error tolerance in complex networks [J]. Nature, 2000, 406: 387~482.

[6] Alstyne M V. The state of network organization: A survey in three frameworks [J]. Journal of Organization, 1997, 7 (3): 83~151.

[7] Alter C, Hage J. Organizations working together [M]. Sage Library of Social Research, California: SAGE Publications, Inc. 1993. 191.

[8] Amburgey T L, Rao H. Organizational ecology: Past, present, and future directions [J]. Academy of Management Journal, 1996, 39 (5): 1265~1286.

[9] Applegate L M. Cash J I. & Mills D Q. Information technology and tomorrow's manager [J]. Harvard Business Review, 1988, 66 (6): 128~136.

[10] Arcari Anna et al.. The Governance of network organization: Assessing the role of traditional management control system [R]. Working Papar, 2002.

[11] Arie de Geus. The living company [M]. Harvard Business School Press, 1997.

[12] Baker W. The network organizations in theory and practice [M]. In N. Nohria & R. Eccles (Eds) Network and Organizations, Boston, MA: Harvard Business Press, 1992: 397~429.

[13] Barabási A L, Albert R. Emergence of scaling in random networks [J]. Science, 1999, 286 (10): 509~512.

[14] Barnett W, Hansen M. The Red Queen in organizational evolution [J]. Strategic Management Journal, 1996 (17): 139~157.

[15] Baum Joel A C, Paul Ingram. Interorganizational learning and network organization: Toward a behavioral theory of the interfirm. [R]. Working Paper, 2002.

[16] Bechman C M, Haunschild P R, Philips D J. Friends or strangers? Firm-specific uncertainty, market uncertainty, and network partner selection [J]. Organization Science, 2004, 15 (3): 259~275.

[17] Bianconi G, Barabási A L. Bose-Einstein condensation in complex networks [J]. Phys. Rev. Lett. , 2001, 86: 3632~5635.

[18] Bian Y J. Bring strong ties back in: Indirect ties, network bridges and job searches in China [J]. American Sociology Review, 1997, 62: 366~385.

[19] Bourdieu P. Distinction [M]. Tranlated by Richard Nice, London: Routledge and Kegan Paul, 1984.

[20] Burt R. Structural holes: The social structure of competition [M]. Cambridge MA: Harvard University Press, 1992.

[21] Chen G, Fan Z P, Li X. Modeling the complex Internet topology [M]. In G Wattay, L Kocarev eds, Complex Dynamics in Communication Networks, Berlin: Springer-Verlag, 2005.

[22] Churchill N, Lewis V L. The five stages of small business growth [J]. Harvard Business Review, 1983, 61 (3): 30~35.

[23] Cohen R, Havlin S. Scale-free networks are ultra small [J]. Phys. Rev. Lett. , 2003, 86: 3682~3685.

[24] Coleman J. Social capital in the creation of human capital [J]. American Journal of Sociology (Supplement), 1988, 94: 95~120.

[25] Conway Steve et al. Realizing the potential of the network respective in innovation studies [R]. Working Paper, www. ki-network. org, 2001.

[26] D'Aspremont C, Jacquemin A. Cooperative and noncoperative R&D induopoly with spillovers [J]. American Economic Review, 1988, 78: 1133~1137.

[27] Dennis Maillat et al. Innovation networks and territorial dynamics: A tentative typology [M]. In Borje Jonansson et al. eds, Patterns of a Network Economy. Springer-Verlag, 1993: 125~136.

[28] Douglas A E. Symbiosis interactions [M]. Oxford University Press, 1994.

[29] Doz Y L, Prahalad C K. Managing DMNCs: A search for a new paradigm [J]. Strategic Management Journal, 1991 (12): 145~164.

［30］ Eccles R G, Crane D B. Managing through network in investment banking ［J］. California Management Review, 1987, 30 （1）: 176～195.

［31］ Fronczak A, Froczak P, Holyst J A. Mean-field theory for clustering coefficients in Barabási-Albert networks ［J］. Phys. Rev. E. , 2003, 68: 046126.

［32］ Galaskiewicz J, Marsden P V. Interorganizational resource networks: Formal patterns of overlap ［J］. Social Science Research, 1978 （7）: 89～107.

［33］ Galbraith J R. The stages of growth ［J］. Journal of Business Strategy, 1982, 3 （4）: 70～79.

［34］ Granovetter M. The strength of weak ties ［J］. American Journal of Sociology, 1973, 78 （6）: 1360～1380.

［35］ Greiner L E. Evolution and revolution as organization grow ［J］. Harvard Business Review, 1972, 50 （4）: 37～46.

［36］ Gulati R. Network location and learning: The influence of network resources and firm capabilities on alliance formation ［J］. Strategic Management Journal, 1999, 20 （5）: 397～420.

［37］ Hamel G, Doz Y L, Parahalad C K. Collaborate with your competitors and win ［J］. Harvard Business Review, 1989, 67 （1）: 133～139.

［38］ Hanks S H, Watson C J, Jansen E, Chandler G. Tightening the life-cycle construct: A taxonomic study of growth stage configurations in high-technology organizations ［J］. Entrepreneurship Theory and Practice, 1993, 18 （2）: 5～29.

［39］ Hannan M T, Freeman J. The population ecology of organizations ［J］. American Journal of Sociology, 1977, 82 （5）: 929～964.

［40］ Harrigan K R. Joint Ventures and Competitive Strategy ［J］. Strategic Management Journal, 1988 （2）: 141～158.

［41］ H. Brinton Milward & Keith G. Provan. Governing the Hollow State ［J］. Journal of Public Administration Research and Theory, 2000, 10 （2）: 359～379.

［42］ Ichak Adizes. Corporate Lifecycles ［M］. Prentice Hall, 1989.

［43］ Jaffe A B. Trajtenberg M. & Henderson R. Geographic localization of knowledge spillovers as evidenced by patent citations ［J］. Quarterly Journal of Economics, 1993, 63: 577～598.

［44］ Jarillo Jose C. On strategic networks ［J］. Strategic Management Journal, 1988 （9）: 31～34.

［45］ Jarvenpaa S L, Ives B. The global network organization of the future: Information management opportunities and challenges ［J］. Journal of Management Information Systems, 1994 (4): 25 ~57.

[46] Johanson J, Mattson L G. Interorganizational relations in industrial systems: A network approach compared with the transaction cost approach [J]. International Journal of Management and Organization, 1987, 17 (1): 34 ~48.

[47] Johnston R, Lawrence P R. Beyond vertical integration: The rise of the value-adding partnership [J]. Harvard Business Review, 1988, 66 (4): 94 ~101.

[48] Jones C, Hesterly W S, Borgatti S P. A general theory of network governance: Exchange conditions and social mechanisms [J]. Academy of Management Review, 1997, 22 (4): 911 ~945.

[49] Kalling T. Organization-internal transfer of knowledge and the role of motivation: A qualitative case study [J]. Knowledge and Process Management, 2003, 10 (2): 115 ~126.

[50] Kazanjian R K. Relation of dominant problems to stages of growth in technology based new venture [J]. Academy of Management Journal, 1988, 31 (2): 257 ~279.

[51] Khanna T, Gulati R, Nohria N. The dynamics of learning alliance: Competition, cooperation, and relative scope [J]. Strategic Management Journal, 1998, 19: 193 ~210.

[52] Kreps D, Milgrom P, Roberts J, Wilson R. Rational cooperation in the finitely repeated prisoners' dilemma [J]. Journal of Economic Theory, 1982, 27: 245 ~252.

[53] Lewin A Y, Volberda H W. Prolegomena on coevolution: A framework for research on strategy and new organizational forms [J]. Organization Science, 1999, 10 (5): 519 ~534.

[54] Levinthal D A. Learning and Schumpeterian Environment [M]. In Malerba F. Dosi G. (eds) Organization and Strategy in the Evolution of the Enterprise. Hamshire: Macmillan Press, 1996.

[55] Lin Nan. Social resources and instrumental action [M]. In Marsden and N. Lin eds, Social Structure and Network Analysis, Sage Publications, 1982.

[56] Lin Nan. Social Capital: A theory of social structure and action [M]. Cambridge, Cambridge University Press, 2001.

[57] Li X, Chen G. A local world evolving network model [J]. Physica A, 2003, 328: 274 ~286.

[58] Li X, Jin Y Y, Chen G. R. Complexity and synchronization of the world

trade web [J]. Physica A, 2003, 328: 287~296.

[59] Malone T W, Rockart J F. Computers, Networks and the Corporation [J]. Scientific American, 1991 (3): 128~136.

[60] Miles R E, Snow C C. Network organisations, new concepts for new forms [J]. California Management Review, 1986, 28 (3): 62 – 73.

[61] Miller D, Friesen P H. A longitudinal study of corporate life cycle [J]. Management Science, 1984, 30 (10): 1161~1183.

[62] Nelson R R, Winter S G. An evolutionary theory of economic change [M]. Cambridge University Press, 1982.

[63] Newman M E J. The structure and function of complex networks [J]. SIAM Review, 2003, 45: 167~256.

[64] Nonaka I. The knowledge-creating company [J]. Harvard Business Review, 1991, 69 (6): 96~104.

[65] Nonaka I. A dynamic theory of organizational knowledge creation [J]. Organization Science, 1994, 5 (1): 14~37.

[66] Oliver E. Williamson. Market and hierarchies [M]. New York, NY: Macmillan Publishing Co, 1975.

[67] Parkhe A. Strategic alliance structuring: A game theory and transaction cost examination of inter-firm cooperation [J]. Academy of Management Journal, 1993, 36: 794~829.

[68] Podolny J M, Page K L. Network forms of organization [J]. Annual Review of Sociology, 1998, 24 (1): 57 – 76.

[69] Porter M E. The competitive advantage of nations [M]. New York: Basic-Books, 1990.

[70] Porter M E. Clusters and the new ecomics of competion [J]. Harvard Business Review, 1998, 11~12.

[71] Powell W W. Neither market nor hierarchy: Network forms of organization [J]. Research in Organization Behavior, 1990 (12): 295~336.

[72] Quinn R E, Cameron K. Organizational life cycles and shifting criteria of effectiveness: Some preliminary evidence [J]. Management Science, 1983, 29 (1): 33~51.

[73] Ranjay Gulati. Alliances and networks [J], Strategic Management Journal, 1998, 19: 293~317.

[74] Richard Larson. The handshake between invisible and visible hands [J].

International Studies of Management and Organization, 1993, 23 (1): 87 ~ 106.

[75] Ring P S, Van de Ven A H. Structuring cooperative relationships between organizations [J]. Strategic Management Journal, 1992, 13 (4): 483 ~ 498.

[76] Robert Putnam. Making democracy work: Civic traditions in modern Italy [M]. Princeton: Princeton University Press, 1993.

[77] Robert M Grant. Contemporary strategy analysis: Concepts, techniques, applications [M]. Basil Blackwell, 1991: 79.

[78] Saxenian A. Bangalore: The Silicon Valley of Asia? [C]. Conference on Indian Economic Prospects: Advancing Policy Reform, Center for Research on Economic Development and Policy Reform, Stanford, May 2000.

[79] Scott M, Bruce R. Five stages of growth in small business [J]. Long Range Planning, 1987, 20 (3): 45 ~ 52.

[80] Snow C C, Miles R E. Causes for failure in network organizations [J]. California Management Review, 1992, 34 (4): 53 ~ 72.

[81] Strader T J, Lin F R, Shaw M J. Information infrastructure for electronic virtual organization management [J]. Decision Support System, 1998, 23: 75 ~ 94.

[82] Szulanski G. Exploring internal stickiness: Impediments to the transfer of best practice within the firm [J]. Strategic Management Journal, 1996, 17 (Winter Special Issue): 27 ~ 43.

[83] Thorelli H B. Networks: Between markets and hierarchies [J], Strategic Management Journal, 1986 (7): 37 ~ 51.

[84] Uzzi Brian. The sources and consequences of embeddedness for the economic performance of organizations: The network effect [J]. American Sociological Review, 1996, 61: 674 ~ 698.

[85] Watts D J, Strogatz S H. Collective dynamics of 'small-world' networks [J]. Nature, 1998, 393 (6): 440 ~ 442.

[86] Wholey D R, Brittain J W. Organizational ecology: Findings and implications [J]. Academy of Management Review, 1986, 2: 513 ~ 533.

[87] Winter S G. & Szulanski G. Replication as strategy [J]. Organization Science, 2001, 12 (6): 730 - 743.

[88] Yashino M Y, Rangan U S. Strategic alliances: An entrepreneurial approach to globalization [M]. Boston MA: Harvard Business School Press, 1995.

[89] Yunhong Shen, Hengshan Wang. Research on Harmonious Symbiosis Mechanism of Chinese Small and Medium-sized Enterprises [C]. Proceedings of 2005 Inter-

national Conference on Management Science & Engineering（12th），2005：1091 – 1095.

[90] Yunhong Shen, Hengshan Wang. To Improve the Performance of SMEIN: An Effective Way for TSMEs' Growth [C]. The Eighth West Lake International Conference on SMB, 2006：1434 – 1438.

[91] Yunhong Shen. Knowledge Spillover and Enterprise Innovation Strategy Choices in SME Clusters [C]. Proceedings of the 9th West Lake International Conference on Small & Medium Business, 2007（12）.

[92] Yunhong Shen. Research on the Evolution of Enterprise Developing Strategies Based on Ecological Niche Theory [C]. The Proceedings of the 15th International Conference on Industrial Engineering and Engineering Management，2008（6）.

[93] Yunhong Shen. Research on the Structural Evolution and Efficiency Improvement of S-NetOrg [C]. Proceedings of 2008 International Congress on System Management，2008（12）.

[94] Zaheer A, Zaheer S. Catching the wave：Alertness, responsiveness, and market influence in global electronic networks. [J]. Management Science，1997，43：1493～1509.

[95] 中小企业已成中国经济增长重要力量 [N]. 中国财经报，2004 – 06 – 29.

[96] 安纳利·萨克森宁著. 曹蓬等译. 地区优势：硅谷和128公路地区的文化与竞争 [M]. 上海远东出版社，1999.

[97] 包国宪、贾旭东. 虚拟企业的组织结构研究 [J]. 中国工业经济，2005（10）：96 – 103.

[98] 陈殿阁. 企业战略联盟：一种全新的企业发展模式 [J]. 经济与管理研究，2000（2）：32～35.

[99] 陈剑、冯蔚东. 虚拟企业构建与管理 [M]. 清华大学出版社，2002.

[100] 陈莉平、黄海云. 战略联盟伙伴的动态管理模型及其运用 [J]. 科技进步与对策，2006（5）：17～20.

[101] 陈守明. 现代企业网络 [M]. 上海人民出版社，2002.

[102] 陈天乙. 生态学基础教程 [M]. 南开大学出版社，1995：50～52.

[103] 程德俊. 基于专用知识的网络组织特性分析 [J]. 科学学与科学技术管理，2004（2）：121～124.

[104] 戴淑芬、侯巍伟. 企业集群与战略联盟的对比分析 [J]. 商业研究，2005（3）：129～132.

[105] 邓向荣. 企业组织演化理论评析 [J]. 经济学动态，2004 (8)：108 ~ 111.

[106] 方澜. 中国纺织产业集群的演化理论与实证分析 [M]. 科学出版社，2011.

[107] 凤进，韦小柯. 西方企业生命周期模型比较 [J]. 商业研究，2003 (7)：179 ~ 181.

[108] 冯蔚东、陈剑. 虚拟企业中伙伴收益分配比例的确定 [J]. 系统工程理论与实践. 2002 (4)：45 ~ 49，90.

[109] 傅家骥、姜彦福、雷家骕. 技术创新 [M]. 企业管理出版社，1992.

[110] 傅京燕. 中小企业集群的竞争优势及其决定因素 [J]. 外国经济与管理，2003，(3)：29 ~ 34.

[111] 盖文启. 创新网络——区域经济发展新思维 [M]. 北京大学出版社，2002.

[112] 过聚荣、茅宁. 基于进入权理论的技术创新网络治理分析 [J]. 中国软科学，2005 (2)：73 ~ 79.

[113] 郭跃华、尹柳菅. 创新网络组织学习研究 [J]. 管理学报，2004 (3)：345 ~ 350.

[114] 韩福荣、徐艳梅. 企业仿生学 [M]. 企业管理出版社，2001.

[115] 何畔. 战略联盟：现代企业的竞争模式 [M]. 广东经济出版社，2000.

[116] 胡俊杰. 产业集群的稳定性分析 [D]. 华中科技大学硕士论文，2004.

[117] 黄泰岩、牛飞亮. 西方企业网络组织理论评述 [J]. 经济学动态，1999 (4)：63 ~ 67.

[118] 黄泰岩、牛飞亮. 西方企业网络理论与企业家的成长、[J]. 中国工业经济，1999 (2)：75 ~ 78.

[119] 黄志斌. 绿色和谐管理理论——生态时代的管理哲学 [M]. 中国社会科学出版社，2004：24 ~ 47.

[120] 贾根良. 网络组织：超越市场与企业两分法 [J]. 经济社会体制比较，1998 (4)：13 ~ 19.

[121] 贾根良. 理解演化经济学 [J]. 中国社会科学，2004 (2)：33 ~ 41.

[122] 姜启源. 数学模型（第二版）[M]. 高等教育出版社，1993：200 ~ 209.

[123] 姜文. 网络组织中企业间知识共享的影响因素分析 [J]. 情报杂志，

2007，（10）：8~10，14.

[124] 金祥荣，叶建亮. 知识溢出与企业网络组织的集聚效应 [J]. 数量经济技术经济研究，2001（10）：90~93.

[125] 金祥荣，朱希伟. 专业化产业区的起源与演化——一个历史与理论视角的考察 [J]. 经济研究，2002（8）：74~82.

[126] 姜晨，刘汉民. 组织演化理论研究进展 [J]. 经济学动态，2005（7）：88~92.

[127] 肯·巴斯金. 公司DNA——来自生物的启示 [M]. 中信出版社，2000.

[128] 李庚寅，黄宁辉. 中小企业理论演变探析 [J]. 经济学家，2001（3）：97~105.

[129] 李庚寅，周显志等. 中国发展中小企业支持系统研究 [M]. 经济科学出版社，2003：3~34.

[130] 李航. 论知识联盟中的企业知识共享及其风险防范 [D]. 武汉大学硕士论文，2005.5

[131] 李凯，李世杰. 装备制造业集群网络结构研究与实证 [J]. 管理世界，2004（12）：68~76.

[132] 李维安等. 网络组织——组织发展新趋势 [M]. 经济科学出版社，2003.

[133] 李新春. 高新技术创新网络–美国硅谷与128公路的比较 [J]. 开放时代，2000（4）：23~28.

[134] 李新春. 企业联盟与网络 [M]. 广东人民出版社，2000.

[135] 李永刚、祝青. 浙江小企业群落式发展初探 [J]. 财经论从，2000（9）：34~37.

[136] 李永刚. 中小企业群落衍生发展研究 [D]. 浙江大学博士论文，2005.

[137] 李玉潭. 日美欧中小企业理论与政策 [M]. 吉林大学出版社，1992：97.

[138] 梁丹等. 技术扩散研究研究进展 [J]. 科研管理，2005（4）：29~34.

[139] 梁嘉骅，范建平，李常洪，宫丽华. 企业生态与企业发展 [M]. 科学出版社，2005.

[140] 刘东等. 企业网络论 [M]. 中国人民大学出版社，2003.

[141] 刘东，杜占元. 中小企业与技术创新 [M]. 社会科学文献出版社，

1998.

[142] 刘丽莉、关士续. 硅谷创新网络形成过程的历史考查 [J]. 自然辩证法研究, 2002, 18 (12): 13~15, 42.

[143] 刘晔, 彭正龙. 企业进化的基因结构模型及其启示 [J]. 商业经济与管理, 2006 (4): 22~25.

[144] 林汉川. 中国中小企业发展机制研究 [M]. 商务印书馆, 2003.

[145] 林润辉. 网络组织与企业高成长 [M]. 南开大学出版社, 2004.

[146] 林润辉, 李维安. 网络组织——更具环境适应能力的新型组织模式 [J]. 南开管理评论, 2000 (3): 4~7.

[147] 卢福财, 胡平波. 网络组织成员合作的声誉模型分析 [J]. 中国工业经济, 2005 (2): 73~79.

[148] 陆立军, 盛世豪等. 科技型中小企业: 环境与对策 [M]. 中国经济出版社, 2002: 183~184.

[149] 吕坚, 孙林岩、范松林. 网络组织类型及其管理机制适应性研究 [J]. 管理科学学报, 2005 (2): 61~67.

[150] 罗珉、高强. 中国网络组织: 网络封闭和结构洞的悖论 [J]. 中国工业经济, 2011 (11): 90-99

[151] 罗若愚. 我国区域间企业集群的比较及启示 [J]. 南开经济研究, 2002, 18 (6): 52~55.

[152] 罗文标, 程功. 社会网络视角下企业联盟战略的路径选择 [J]. 华南理工大学学报 (社会科学版), 2006, 8 (1): 38~41.

[153] 罗仲伟. 中小企业理论研究的渊源与轨迹 [J]. 北京联合大学学报 (人文社会科学版), 2010, 8 (4): 100-110

[154] 罗仲伟. 网络组织的特性及其经济学分析 (上) [J]. 外国经济与管理, 2000 (6): 25~28.

[155] 罗仲伟. 网络组织的特性及其经济学分析 (下) [J]. 外国经济与管理, 2000 (7): 13~18.

[156] 罗仲伟, 罗美娟. 网络组织对层级组织的替代 [J]. 中国工业经济, 2001 (6): 23~30.

[157] 马歇尔. 经济学原理 (上卷) [M]. 商务印书馆, 2005.

[158] 马越峰. 试论中小企业战略联盟 [J]. 前沿, 2005 (9): 92~93.

[159] 迈克尔·E·波特. 簇群与新经济学 [J]. 经济社会体制比较, 2000 (2): 21~31.

[160] 冒海燕. 中小企业与核心大企业共生集群优化研究 [D]. 吉林大学

硕士论文，2008.

[161] 内勒巴夫，布兰登勃格著，王煜昆，王煜全译. 合作竞争 [M]. 安徽人民出版社，2000.

[162] 欧新黔，提高中小企业自主创新能力，2005.

[163] 欧志明，张建华. 企业网络组织的演进及类型研究 [J]. 决策借鉴，2002（2）：2~6.

[164] 彭灿. 区域创新系统内部知识转移的障碍分析与对策 [J]. 科学学研究，2003（2）：107~111.

[165] 全裕吉. 中小企业网络组织及其治理研究 [D]. 中南大学博士论文，2003.

[166] 全裕吉，贺正楚、罗永泰. 中小企业网络组织的规模经济分析 [J]. 系统工程，2003（1）：76~80.

[167] 芮鸿程. 网络组织的形成与运作机理研究 [J]. 学术界，2001（3）：202~208.

[168] 芮鸿程. 企业网络的治理边界探析 [J]. 财经科学，2003（5）：69~72.

[169] 芮杰明，周勃. 构建中小企业战略联盟 [J]. 企业管理，2003（5）：90~91.

[170] 尚玉昌，蔡晓明. 普通生态学 [M]. 北京大学出版社，1992：85~95，105~157.

[171] 沈运红，王恒山. 生命周期理论与科技型中小企业动态发展策略选择 [J]. 科学学与科学技术管理，2005，26（11）：146~149.

[172] 沈运红，王恒山. 中小企业网络组织生态运行演化机制初探 [J]. 科学学研究，2006（s1）：246~249.

[173] 沈运红，王恒山. 中小企业网络组织共生模式及其特性分析 [J]. 商业研究，2006（21）：86~88.

[174] 沈运红，王恒山. 中小企业与大型企业互动策略选择研究 [J]. 系统工程理论方法应用，2006，15（5）：417~420.

[175] 沈运红，王恒山. 中小企业创新网络稳定性及其效率分析 [J]. 科学学研究，2006（s1）：300~303.

[176] 沈运红，王恒山. 中小企业创新网络分层战略定位与层次互动关系研究 [C]. 李凯，樊治平，郭伏编，中国管理科学与工程研究进展，机械工业出版社，2006.9：305~308.

[177] 沈运红. 国内外网络组织研究及其新进展 [J]. 科技进步与对策，

2007（3）：198～200.

[178] 盛亚. 技术创新扩散的学习论 [J]. 科技进步与对策，2004（1）：36～37.

[179] 盛亚. 技术创新扩散与新产品营销 [M]. 中国发展出版社，2002.

[180] 盛昭瀚、蒋德鹏. 演化经济学 [M]. 上海三联书店，2002：53～58.

[181] 舒马赫. 小的是美好的 [M]. 商务印书馆，1984.

[182] 苏延云. 知识转移的障碍及应对策略 [J]. 科技情报开发与经济，2006（5）：194～195.

[183] 孙国强. 关系、互动与协同：网络组织的治理逻辑 [J]. 中国工业经济，2003（11）：14～20.

[184] 孙国强. 网络组织的内涵、特征与构成要素 [J]. 南开管理评论，2001（4）：38～40.

[185] 孙国强. 西方网络组织治理研究评介 [J]. 外国经济与管理，2004（8）：8～12.

[186] 孙国强，兰丕武. 企业网络组织模式比较 [J] 西财经大学学报，1999（10）：51～54.

[187] 孙国强，李维安. 网络组织治理边界的界定及其功能分析 [J]. 现代管理科学，2003（3）：3～4.

[188] 孙国强，王博钊. 网络组织的决策协调机制：分散与集中的均衡 [J]. 山西财经大学学报，2005（2）：77～81.

[189] 孙国强. 网络组织前沿领域研究脉络梳理 [J]. 外国经济与管理，2007（1）：19～24.

[190] 孙国强、石海瑞. 网络组织负效应的实证分析 [J]. 科学学与科学技术管理，2011（7）：24～30.

[191] 孙一民. 现代企业技术创新 [M]. 山西经济出版社，1998：140～141.

[192] 孙兆刚，刘则渊. 知识产生溢出效应的分析 [J]. 科学学与科学技术管理，2004（3）：57～61.

[193] 孙兆刚，徐雨森，刘则渊. 知识溢出效应及其经济学解释 [J]. 科学学与科学技术管理，2005（1）：87～89.

[194] 唐华. 产业集群论 [D]. 四川大学博士论文，2004.

[195] 陶长琪. IT企业集群的共生性和稳定性研究 [J]. 科技管理研究，2004（5）：62～64.

[196] 万兴亚. 中小企业成长原理与方略 [M]. 人民出版社，2005：27～

39.

[197] 王爱武. 苏南地区纺织产业集群的发展研究 [D]. 东南大学硕士论文，2006

[198] 王冬春，汪应洛，王能民. 战略联盟的知识转移模式研究 [J]. 科学管理研究，2006，24 (6)：88~91，100.

[199] 汪锋. 战略联盟不稳定性理论研究综述 [J]. 经济经纬，2005 (4)：82~84，97.

[200] 王丰，汪勇，陶宽. 网络组织：21世纪的新型组织结构模式 [J]. 当代财经，2000 (5)：65~67.

[201] 王俊豪等. 现代产业组织理论与政策 [M]. 中国经济出版社，2000：40~52.

[202] 王伟，章胜晖. 印度班加罗尔软件科技园投融资环境及模式研究 [J]. 亚太经济，2011 (1)：97~100

[203] 王维国. 协调发展的理论与方法研究 [M]. 中国财政经济出版社，2000：21~28.

[204] 王信东，纪寿文，李振杰. 虚拟企业联盟体与企业战略联盟的联系与区别 [J]. 工业技术经济，2006 (3)：72~74.

[205] 汪小帆，李翔，陈关荣. 复杂网络理论及其应用 [M]. 清华大学出版社，2006.

[206] 王询. 论企业与市场间的不同形态 [J]. 经济研究，1998 (7)：34~40.

[207] 王毅. 产学研合作中粘滞知识的成因与转移机制研究 [J]. 科研管理，2001 (11)：114~121.

[208] 韦福祥. 企业间网络组织及创新机制的形成新探 [J]. 现代财经，2001 (1)：50~53.

[209] 韦洛霞. 复杂网络模型和方法 [J]. 东莞理工学院学报，2004 (4)：17~20.

[210] 吴德进. 产业集群论 [M]. 社会科学文献出版社，2006：206~236.

[211] 吴飞驰. 企业的共生理论——我看见了看不见的手 [M]. 人民出版社，2002.

[212] 吴光飙. 企业发展的演化理论 [M]. 上海财经大学，2004：31~33.

[213] 吴国林等，广东专业镇：中小企业集群的技术创新与生态化 [M]. 人民出版社，2006：36-76.

[214] 吴海滨. 战略联盟不稳定性的研究现状与展望 [J]. 科研管理，

2004, 25 (5): 46~51.

[215] 吴宇晖, 宋冬林, 罗昌瀚. 演化经济学述评 [J]. 东岳论丛, 2004 (1): 56~60.

[216] 席西民, 尚玉钒. 和谐管理理论 [M]. 中国人民大学出版社, 2002.

[217] 夏晓军. 温州民营企业集群的缺陷分析 [J]. 工业技术经济, 2003 (6): 15~18.

[218] 肖鸿. 试析当代社会网研究的若干进展 [J]. 社会学研究, 1999 (3): 1~11.

[219] 谢仁寿, 中小企业战略联盟的系统构建 [J]. 企业改革与管理, 2005 (7): 18~19.

[220] 许国志. 系统科学 [M]. 上海科技教育出版社, 2000.

[221] 徐和平等. 虚拟企业中的知识扩散与技术创新 [J]. 工业工程与管理, 2003 (1): 26~29, 57.

[222] 闫二旺. 网络组织的机制、演化与形态 [J]. 当代财经, 2005 (1): 69~72.

[223] 闫安, 达庆利. 企业生态位及其能动性选择研究 [J]. 东南大学学报 (哲学社会科学版), 2005 (1): 62~66.

[224] 杨丁元, 陈慧玲. 业竞天择——高科技产业生态 [M]. 航空工业出版社, 1999.

[225] 杨蕙馨, 冯文娜. 中间性组织存在的合理性与稳定性分析 [J]. 经济学动态, 2004 (9): 28~32.

[226] 杨忠直. 企业生态学引论 [M]. 科学出版社, 2003.

[227] 杨小凯. 经济学原理 [M]. 中国社会科学出版社, 1998.

[228] 姚小涛, 席西民. 社会网络理论及其在企业研究中的应用 [J]. 西安交通大学学报 (社会科学版), 2003, 23 (3): 22~27.

[229] 叶建亮. 知识溢出与企业集群 [J]. 经济科学, 2001 (3): 23~30.

[230] 喻红阳. 网络组织集成及其机制研究 [D]. 武汉理工大学博士论文, 2005.

[231] 喻红阳, 李海婴, 吕鑫. 网络组织集成论 [J]. 理论月刊, 2005 (2): 110~112.

[232] 袁纯清. 共生理论——兼论小型经济 [M]. 科学技术出版社, 1998.

[233] 袁纯清. 共生理论及其对小型经济的应用研究 [J]. 改革, 1998 (2): 101~105.

[234] 袁磊. 战略联盟合作伙伴的选择分析 [J]. 中国软科学, 2001 (9):

53 ~ 57.

[235] 詹姆斯·弗·穆尔. 竞争的衰亡——商业生态系统时代的领导与战略 [M]. 北京出版社，1999.

[236] 张帆、廖貅武、李垣. 网络组织的演化边界 [C]. 西安：系统工程与和谐管理——第十届全国青年系统科学与管理科学学术会议论文集，2009 - 10 - 17.

[237] 张钢. 企业组织网络化发展 [M]. 浙江大学出版社，2005.

[238] 张光明，谢寿昌. 生态位概念演变与展望 [J]. 生态学杂志，1997 (6)：46 ~ 51.

[239] 张其仔. 新经济社会学 [M]. 中国社会科学出版社，2001.

[240] 张毅，张子刚. 企业网络与组织间学习的关系链模型 [J]. 科研管理，2005 (2)：137 ~ 141.

[241] 张毅，张子刚. 企业网络组织间学习过程的影响因素研究 [J]. 研究与发展管理，2006 (6)：22 ~ 28.

[242] 张耀辉. 技术创新与产业组织演变 [M]. 经济管理出版社，2004：229 ~ 245.

[243] 郑兴山，王莉. 企业网络组织治理机制研究综述 [J]. 学术月刊，2004 (6)：103 ~ 107.

[244] 朱伟东. 区域经济集群研究——论长江三角洲区域经济的演进 [D]. 复旦大学博士学位论文，2003

[245] 朱向梅. 网络组织治理研究综述 [J]. 未来与发展，2009 (7)：100 ~ 103.

[246] 朱小斌，林庆. 中小企业集群竞争优势来源的演化差异——基于浙江绍兴纺织业集群的案例研究 [J]. 管理世界，2008 (10)：75 ~ 86.

[247] 周浩. 企业集群的共生模型及稳定性分析 [J]. 系统工程，2003 (4)：32 ~ 37.

[248] 周立群. 中小企业改革与发展研究 [M]. 人民出版社，2001：297 ~ 325.

[249] 周立新，李传昭. 社会资本与家族企业网络的演进 [J]. 软科学，2004，18 (6)：24 ~ 27.

[250] 周晓燕，何海燕. 管理学视角的企业网络组织分析 [J]. 价值工程，2002 (6)：15 ~ 18.

后　记

从 2004 年以来，我一直聚焦在"中小企业成长"这一方向，对中小企业发展战略，中小企业网络组织，中小企业集群，中小企业成长机制，中小企业技术创新等问题进行了一系列的思考。这本书是近年来研究成果的一个简单总结，全书是在我 2007 年的博士论文的基础上，结合近几年几个课题的最新研究成果修改而成的。这些课题分别是：浙江省高校人文社科重点研究基地"决策科学与创新管理"项目："浙江省纺织企业自主创新能力网络化提升路径与对策研究"（RWSKZD02 - 201101），教育部人文社会科学研究规划基金面上项目"内生型集群中小企业协同创新网络构建与自主创新能力提升策略研究"（13YJA630074）；国家自然科学基金面上项目："基于多层网络的内生型产业集群核心企业动态竞争优势形成机理与演进路径研究（70872028）"等。

在研究过程中，得到了许多人的无私帮助。首先是我博士论文的导师——上海理工大学管理学院院长王恒山教授，是他把我带入了瑰丽的学术殿堂。三年博士期间，王院长对我的学习、科研和生活关怀备至。他那深厚的学术底蕴、严谨的治学态度、博大的胸怀和独具特色的人格魅力，带给我许多潜移默化的影响。这种影响成为我人生之路的宝贵财富，不断激励我前行，让我终生受益。在此，谨向敬爱的恩师表示由衷的感谢，并致以崇高的敬意！

在写作过程中，得到了多位老师和同学的指导和建议，在此表示衷心的感谢。他们分别是上海理工大学的车宏安教授、徐福缘教授、严广乐教授、孙绍荣教授、钱省三教授、叶春明教授、高岩教授等；还有美国 Fairfield 大学的 Xin James He 教授，伍斯特理工学院（WPI）的 Frank Hoy 教授，上海交通大学的陈宏民教授、陈忠教授等。同时也感谢许许多多攻读博士学位期间经常在一起讨论的同学给了我许多思想的火花。

实证工作的研究主要是来到杭州电子科技大学后进行的，感谢研究过程中一起合作的同事们，主要有王核成教授、朱素英副教授、高海霞副教授、杨波副教授、田茂利博士等，以及对本书的调研工作起到很大帮助作用的上海市科委的杨平处长，浙江省科技厅、中小企业局、绍兴县、杭州萧山区政府管理部门的负责领导和所有被调研企业的受访人员。

感谢我的亲人一直以来对我的关爱、鼓励与支持，感谢双方父母、妻子、女儿的理解与支持，预祝女儿沈玥莩高考顺利。还有许许多多关心和帮助过我的老师、同学、亲戚、朋友，无法一一言表，在这里也表示深深的谢意。祝所有我认识的人和认识我的人一生平安、幸福！

最后，也非常感谢经济科学出版社李雪女士等人在本书的出版、编辑和文字校对等方面所做的辛苦劳动和耐心指正。由于本人水平有限加上出书时间限制，书中不可避免地存在着许多疏漏及不足之处，本书写作前后跨度有六年多时间，也许个别文献会出现漏引，欢迎各位读者批评指正。

沈运红

2013 年 7 月 17 日